Vaincre
la dépendance affective

DU MÊME AUTEUR

Les tours de Babel – Parler, écouter, raconter, dire ;
savoir se faire comprendre
Jean-Claude Lattès, 1993.

Bien vivre sa vie de couple – Affectivité, psychologie, communication
InterÉditions, 1998.

Nos paysages intérieurs. Ces idées qui nous façonnent
InterÉditions, 2000.

L'art de s'aimer sans mots
Albin Michel, 2003.

Cherche désespérément l'homme de ma vie.
Le regard d'un psy sur la solitude des femmes d'aujourd'hui
Albin Michel, 2004.

L'hypnose éricksonienne : un sommeil qui éveille
Dunod-InterÉditions, 2005.

L'esprit de la magie, la PNL ; relation à soi, relation à l'autre,
relation au monde
Dunod-InterÉditions, 2005.
(avec Josiane de Saint-Paul).

L'Ennéagramme. Connaissance de soi et développement personnel
Dunod-InterÉditions, 2006.
(avec Françoise Cavé et Dominique Laugero).

Journal d'une psychothérapeute
Ramsay, 2007.

C'est encore loin, le bonheur ?
Dunod-InterÉditions, 2007.

Le pardon. Tyrannie ou libération
InterÉditions, 2008.

Sylvie Tenenbaum

Vaincre
la dépendance
affective

Pour ne plus vivre uniquement
par le regard des autres

Albin Michel

*Ouvrage publié
sous la direction de Laure Paoli*

Je dédie ce livre à vous tous que j'aime tant,
vous dont la gentillesse et l'intelligence du cœur
savent si bien m'émerveiller.
Je vous souhaite le meilleur de la vie.

La dépendance se définit comme le stade où l'envie est devenue besoin, avec apparition de la tolérance, c'est-à-dire de la nécessité d'augmenter les doses pour obtenir les mêmes effets, et l'apparition de signes de sevrage en cas de non-consommation. Une fois passé de l'usage à l'abus, puis à la dépendance, il n'y a plus de plaisir. Et même quand il en reste, il est une maladie… qui peut être d'amour.

Michel Reynaud

Tous nos breuvages alcaloïdes excitants ne sont que le substitut de la toxine unique, encore à rechercher, que l'ivresse de l'amour produit.

Sandor Ferenczi

Le seul voyage dont on ne revient pas toujours les mains vides est intérieur.

Amos Oz

Sommaire

Introduction

« Entre une impossible perfection, qui n'appartient qu'aux dieux, et une dépendance si harcelante qu'elle mène à la paralysie, à la destruction ou à l'agression, il existe beaucoup de nuances. »

Albert Memmi

L'être humain est avant tout un être social : nous sommes donc tous dépendants affectivement dans la mesure où nous avons non seulement besoin les uns des autres, mais aussi besoin de savoir que nous sommes aimés. C'est une dépendance on ne peut plus normale : l'affectivité, l'attachement, l'approbation et la reconnaissance, les émotions nées des relations interpersonnelles sont des composantes essentielles dont nous ne pouvons pas nous passer à moins de mettre notre santé psychique et physique en grand danger. Durant toute sa vie, chacun d'entre nous a besoin de nourritures affectives au moins autant que de nourritures terrestres. Et « un grand nombre de nos besoins vitaux trouvent leur satisfaction dans le commerce avec nos semblables[1] ».

Parler de dépendance affective pathologique amène logiquement à parler d'addiction, dernier recours pour « pallier les conséquences d'une souffrance psychique souvent

---

1. A. Memmi, *La Dépendance. Esquisse pour un portrait du dépendant*, Gallimard, Folio, Essai, 1979, p. 174.

15

déterminée par des traumatismes anciens, sinon archaïques[1] ». Un début de vie chargé de grande souffrance, indicible, en raison de liens parents-enfant problématiques ou pathologiques qui ont installé une grande insécurité affective chez le tout-petit, que l'on retrouve chez l'adolescent puis, plus tard, chez l'adulte. Cette forme d'attachement, affectivement et émotionnellement très carencée, n'a pas su répondre aux besoins psychiques essentiels de l'enfant. L'adulte qu'il deviendra souffrira de dépendance affective problématique ou, pire, pathologique.

Cette dépendance conditionne les autres, ce qui signifie que **toutes les formes d'addiction sont les conséquences d'une dépendance affective pathologique**. L'on sait bien aujourd'hui qu'il existe un grand nombre d'addictions et leur quantité comme leur variété vont croissant. Il peut s'agir de **produits** en vente libre comme l'alcool, le tabac, les médicaments psychotropes en tous genres vendus sur ordonnance, ou bien de produits interdits comme l'héroïne, la cocaïne, la marijuana, le cannabis, l'ecstasy, les amphétamines ou autres dopants et anabolisants. Il peut aussi s'agir de **comportements**, comme l'addiction à la nourriture (qu'il s'agisse d'anorexie ou de boulimie), aux jeux (de plus en plus nombreux et d'accès facile puisque la Toile en propose un grand choix), à la sexualité, au sport, au travail (on parle de *workhaolisme* pour les bourreaux de travail), à une idéologie (c'est le militantisme exacerbé), à la recherche frénétique d'argent ou de prestige social, de pouvoir aussi

---

1. S. Ferenczi, *Sur les addictions*, Petite Bibliothèque Payot, 2008, Préface de C. Audibert, p. 18.

16

(comme la politique). Dans ce même cadre, il peut s'agir encore d'une quête insatiable de spiritualité (qu'il s'agisse d'une religion ou d'une secte), ou bien d'amour. C'est de cette dernière recherche que je parle dans ce livre. Je précise que l'on n'utilise le terme addiction que si les produits ou les comportements sont destinés à combler des manques d'une façon à la fois automatique et systématique : « La dépendance s'installe dès que l'on ne peut plus se passer de l'objet ou de la substance choisie[1]. »

En raison des graves et profondes carences affectives installées dès la petite enfance, les dépendants affectifs pathologiques **ne s'aiment pas** et, ne s'aimant pas, cherchent à **l'extérieur** ce qu'ils ne trouvent pas en eux. C'est le désamour d'eux-mêmes qui les entraîne dans cette pathologie. Ils sont ainsi à l'affût de marques de reconnaissance et d'amour, de gratification, qui leur confèrent un sentiment de valeur personnelle, la confirmation de leur existence. C'est parce qu'ils ont été empêchés de s'aimer qu'ils cherchent cet amour chez les autres : une façon de compenser ce qui leur a manqué et leur manque encore cruellement. Une façon aussi de repousser la terreur de la solitude.

Pourtant, ils ne parviennent jamais à être totalement satisfaits : un jour ou l'autre, ils sont amenés à consulter un médecin qui leur prescrit le plus souvent un antidépresseur et un anxiolytique, ce qui peut les soulager mais ne règle pas leur problème. Il ne leur viendrait d'ailleurs pas à l'esprit de prendre un rendez-vous avec un addictologue car

---

1. Dr W. Lowenstein, *Ces Dépendances qui nous gouvernent. Comment s'en libérer ?*, Poche, 2005, p. 23.

s'étant éloignés d'eux-mêmes, ils ne peuvent pas prendre conscience de l'origine de leur incapacité à être heureux, pas plus que de la réalité de leur aliénation et de leur besoin de l'autre dans l'espoir de le combler. Leurs comportements n'allant pas dans le sens de leurs objectifs et les autres se lassant de leurs demandes excessives et constantes, leur vie peu à peu se transforme en enfer : le manque s'accentuant, les « doses » deviennent insuffisantes et la boucle se referme sur leur impossibilité à s'aimer. La dépression, les crises d'angoisse, les insomnies et de nombreuses somatisations les mènent inévitablement chez le médecin.

Nous verrons comment les dépendants affectifs problématiques et pathologiques démontrent par leurs actes une véritable pathologie de l'attachement et une immaturité affective qui les contraint à s'enfoncer toujours davantage dans cette addiction à l'amour de l'autre. Puis nous décrirons ce qui, dans leur enfance, a contribué à installer cette dépendance et comment leur vie émotionnelle subit dramatiquement les conséquences néfastes de leurs comportements addictifs dont ils semblent vouloir ignorer les causes profondes. Enfin, nous aborderons l'approche thérapeutique qui va permettre à ces patients de comprendre pourquoi et comment ils se sont enferrés dans cette dépendance et, surtout, d'améliorer leurs relations avec eux-mêmes et les autres afin de s'en libérer.

1.

Une pathologie du lien

« L'autre devient une drogue apaisante et rassurante. Celui qui règlera nos affaires d'enfance. Il ne représente plus l'être cher mais l'oxygène dont on a besoin pour vivre. »

Dr William Lowenstein

J'ai donné pour titre à cette partie «La pathologie du lien», car c'est bien de cela qu'il s'agit. Même si l'équilibre psychoaffectif de tous les êtres humains a besoin de nourritures affectives, ce besoin ne dénote pas nécessairement une dépendance pathologique. Celle-ci n'existe que chez les individus affectivement carencés dont les conduites et les dysfonctionnements ne font malheureusement qu'aggraver la problématique. La dépendance affective pathologique représente en effet une «tentative infructueuse de maîtriser la culpabilité, la dépression ou l'angoisse[1]», ce qui est le trait commun des toxicomanies. Elles trouvent toutes leur origine dans cette dépendance-là, affective, dont elles ne sont que les symptômes. Proust évoquait à juste titre «l'amour-drogue»… Se noyer dans la quête désespérée d'amour en devenant étranger à soi-même correspond au même processus que se noyer dans les drogues qui modifient les états de conscience : l'alcool et toutes les autres, qu'elles soient «dures» ou «douces», car il existe une façon

---

1. O. Fénichel, *La Théorie psychanalytique des névroses*, PUF, 1953.

21

« dure » de se droguer, même avec ces dernières. Ainsi, la dépendance affective pathologique – et son cortège de dépression, d'angoisse, de sentiment d'échec – est **à la base de toutes les autres addictions** et l'individu ainsi drogué devient l'esclave de ce qu'il consomme, qu'il s'agisse d'un être humain, d'un comportement – comme les bourreaux de travail – ou d'un produit.

Je parle donc de pathologie du lien car les formes d'attachement mises en place par les patients qui en souffrent ne peuvent jamais être satisfaits et contribuent – par leur préoccupation excessive des autres – à leur aliénation dans autrui qui, seul, peut leur conférer le sentiment d'exister. Tant leur besoin d'amour est maladif. Mais un amour possessif, un amour exigeant, un amour qui n'en est pas un, tant il vampirise, tant il peut être destructeur. L'autre, totalement idéalisé, n'est pas aimé tel qu'il est : il n'est finalement qu'un outil, un fournisseur de drogue, un dealer de marques d'amour : un moyen pour apaiser la détresse et le désamour de soi. Il est bien évident qu'aucune relation ne peut croître et embellir sur un terreau de cette sorte. Les patients dépendants affectifs pathologiques sont narcissiques, c'est-à-dire, sans en être conscients, constamment en recherche de marques de reconnaissance et d'approbation qui les rassureraient sur leur valeur. Ce qui pourrait leur permettre de faire naître une ébauche d'estime de soi. Pourtant, ils payent très cher cette pathologie du lien dans la mesure où aucun attachement durable ne peut survivre à une telle obsession. Quant aux nombreux sacrifices auxquels ils consentent pour tenter de se faire aimer, ils finissent évidemment par générer de la colère, de la rancune contre ces autres qui, tout bien considéré, ne savent pas les apprécier à leur juste valeur. Car la pathologie du lien découle directement d'une certitude : le sentiment de leur valeur personnelle et leur bonheur ne peuvent advenir que de l'extérieur.

Plaire à tout prix

Vous avez sans doute déjà observé ces gens qui se conduisent comme vos meilleurs amis – même sans vous connaître réellement : il leur suffit d'avoir le désir de vous plaire. Donnez-vous votre avis ? Ils acquiescent. Émettez-vous une demande ? Ils se précipitent pour la satisfaire. Exprimez-vous une plainte ou une doléance ? Ils vous écoutent, compatissants, et vous donnent des conseils. Déplorez-vous le comportement de quelqu'un à votre égard ? Ils prennent instantanément votre parti, fustigeant cet individu (connu ou non) qui vous a déplu. Car les dépendants affectifs pathologiques ne vivent que dans la quête de plaire à tout prix pour obtenir de l'amour, recevoir des compliments, être reconnus pour leurs qualités relationnelles. Certains mots (ou expressions) semblent exclus de leur vocabulaire : « Je ne suis pas d'accord », « Non », « Je ne peux pas », « Je n'en ai pas envie », « Là, vous avez tort »… Pour plaire à coup sûr, il convient avant tout de **se focaliser sur ce qui va faire plaisir à l'autre**, sur la « bonne » façon de s'occuper de lui, de veiller à ses intérêts, d'en prendre soin.

Critères internationaux des personnalités dépendantes affectives

Dans le DSM IV[1], l'on ne trouve, dans le classement des troubles de la personnalité, que les « Personnalités dépendantes ». Cependant, ces dernières ont, évidemment, des points communs avec les personnalités dépendantes affectives problématiques et pathologiques. Il s'agit en particulier des « comportements soumis », de la « peur de la séparation », que ce soit dans le cadre des relations de couple ou simplement familiales ou amicales. D'autres critères leur sont également communs, comme la difficulté « à exprimer son désaccord avec autrui de peur de perdre son approbation, d'être rejetées », le « manque de confiance en soi, en son propre jugement ou en ses propres capacités ». Mais aussi le fait de « se sentir très mal à l'aise ou impuissantes » quand elles sont seules, l'acceptation de tâches désagréables – voire parfois dévalorisantes – pour être aimées, la recherche « de manière urgente d'une relation » dès la fin de la précédente. Ces personnes sont préoccupées « de manière irréaliste par la crainte » d'être laissées seules, cette peur les poussant à faire tout leur possible pour l'éviter. Elles vivent dans la terreur de l'abandon (alors que ce terme ne s'applique en réalité qu'aux enfants), ressentent une profonde blessure d'amour-propre à chaque critique ou marque de désapprobation – ce qui contribue à la chute de l'estime de soi, déjà bien faible.
Déjà, dans la première version du DSM, en 1952, les auteurs (G. Loas et J.-D. Guelfi) parlaient d'une « person-

1. *Manuel diagnostique et statistique des troubles mentaux*, traduction française, Masson, 1996.

nalité passive-dépendante » comme d'une classe de la personnalité passive-agressive. Les principaux éléments permettant ce diagnostic étaient le fait d'aliéner ses propres
besoins, envies et désirs à ceux des autres et la faiblesse de
la confiance en soi et de l'estime de soi, en particulier dans
des situations de solitude. Cette classe, qui n'apparaît plus
dans le DSM II (1968), revient en 1980 dans le DSM III
comme typologie ne faisant plus partie d'une autre classe,
mais bien comme « personnalités dépendantes ».
C'est à partir du DSM III que l'on explique l'apparition de
cette pathologie par des facteurs qui remontent à la petite
enfance, en particulier l'angoisse de séparation. Lorsque la
dépendance affective problématique devient pathologique, les
personnes qui en sont atteintes peuvent souffrir de troubles
de l'humeur, d'anxiété et même s'enfoncer dans la dépression.

Si les dépendants affectifs problématiques se montrent
extrêmement attentifs aux autres, ils demeurent le plus souvent **sourds à leurs propres désirs et souhaits**. Ce sont
ceux des autres qu'ils savent écouter, pas les leurs, ces derniers ayant depuis fort longtemps été refoulés. C'est aux
autres qu'ils cherchent à plaire en obéissant à des diktats
qu'ils se sont imposés (fortement aidés en cela par leur
éducation) : ainsi, ils agissent comme ils pensent *devoir* le
faire et non comme ils ont *envie* de faire. L'essentiel étant
de **maintenir l'image** qu'ils veulent donner aux autres,
celle d'une personne altruiste, gentille, généreuse, dévouée,
compatissante et tellement disponible ! Mais derrière cette
image, leurs **besoins et envies sont étouffés**, emprisonnés

dans un carcan – de peur de déplaire à ces autres qui, seuls, les rassurent jour après jour et **leur donnent l'impression d'exister**. Même si cette (illusion de) sécurité se paye au prix fort de l'oubli de soi – de l'abandon de soi. Même si cette sécurité demeure fragile, même si l'on en perd parfois le sommeil, même si l'on tombe parfois aussi dans des conduites addictives pour oublier sa **terreur de n'être pas aimé** – ou pas bien aimé, ou pas assez aimé. **Seul.**

Alors, surtout, pour se sentir exister grâce au regard positif de l'autre sur soi, pour croire un tant soit peu en soi, s'accorder quelque valeur, il faut se détourner de soi, ne jamais se révéler, taire ses « failles » pourtant bien humaines – comme, le croient-ils, leurs émotions et leurs besoins. Alors, surtout, ne pas rater une occasion d'être aimé, d'être apprécié. Car cette addiction-là est terrible : le besoin va croissant, le dépendant affectif n'est jamais suffisamment rassasié et les doses, finalement, se révèlent insuffisantes pour qu'il se sente rassuré sur sa capacité à plaire. Attirer l'attention des autres sur eux grâce à ce don permet de reléguer aux oubliettes **la peur du vide, de la solitude, le désamour de soi, l'immense sentiment d'impuissance à être aimé et de ne rien valoir**. Car lire de l'amour, de l'approbation dans le regard de l'autre (cette « prothèse à l'estime de soi »[1]), pendant un moment, est la seule nourriture qui vaille la peine, qui justifie l'existence.

---

1. C. André et F. Lelord, *L'Estime de soi. S'aimer pour mieux vivre avec les autres,* Odile Jacob, 1999, p. 117.

26

Recherche d'amour, d'approbation, de reconnaissance

« Si je suis suffisamment généreux, utile, aidant, disponible, à l'écoute, je serai aimé » : telle est la conviction profonde du dépendant affectif pathologique. C'est l'autre qui lui fera savoir qu'il est quelqu'un de « bien », d'aimable, au sens premier du terme : digne d'amour. Dispenser sans cesse de l'attention, du soutien, de la présence permet d'obtenir de la reconnaissance, dans la vie privée (famille, amis, couple) et professionnelle. « Et comme j'aimerai bien celui qui saura m'aimer, m'apprécier ! » : tel est le credo de ce dépendant affectif pathologique qui fera tout, oui tout, pour montrer, démontrer que l'autre a bien raison de l'avoir choisi, lui, comme objet d'amour ou de reconnaissance. Peu importent les sacrifices, l'oubli de soi : il s'agit de plaire, il s'agit surtout de ne pas déplaire.

Léonard, 48 ans. Depuis presque trois décennies, sa vie affective est « un véritable cauchemar ». Il vit seul et, dit-il, « je fuis la solitude dans l'hyperactivité ». Sa peur de l'abandon ne le quitte pas et, par non-hasard, il est attiré par des femmes « hyperexigeantes qui ne savent jamais apprécier » tout ce qu'il fait pour elles. Il admet qu'il souffre d'un « donjuanisme aigü » qui lui procure une ivresse lui permettant d'oublier sa « tristesse fondamentale ». Quand il ne se « tue pas au travail », il passe une grande partie de son temps sur les sites de rencontre pour avoir l'illusion d'être entouré de nombreuses femmes afin « de remplir le vide, de fuir la solitude et l'ennui ».

« Je vis constamment dans le désir de l'autre », dit-il et, « en réalité, je crois bien que je suis dépressif. Avec mes amis comme en

amour, je recherche très vite la fusion, sans savoir mettre des cadres qui me protègent. J'ai parfois tellement peur de ne pas séduire suffisamment qu'il m'arrive d'avoir des troubles de l'érection. J'ai un ulcère qui ne veut pas cicatriser... Je suis chaque fois tellement déçu par les femmes... Je leur en veux tellement... et je m'en veux aussi à moi. Je sais que je suis très immature sur le plan affectif, mais pourquoi est-ce que mon choix se porte toujours sur des femmes qui ne me comprennent pas ? »

Léonard vit dans l'angoisse quasi perpétuelle de n'être pas aimé, pas bien aimé, angoisse qu'il transpose sur ses performances sexuelles et professionnelles. Ainsi il ne se remet pas d'avoir échoué, il y a fort longtemps de cela, à un concours important. Son image, très importante pour lui, s'en est trouvée rabaissée et il ne s'en relève pas. Rempli de peurs, il ressent aussi au plus profond de lui une immense colère qu'il exprime avec une « violence verbale proportionnelle » à sa souffrance. Alors qu'il fuit le conflit comme la peste.

Léonard est profondément malheureux : il ne s'aime pas, et déclare qu'il ne sait pas à quoi ça pourrait bien lui servir de s'apprécier davantage...

Les « règles comportementales » des dépendants affectifs pathologiques dictent constamment leurs actes vis-à-vis d'autrui. Donner (de son temps, de son énergie, de sa personne, de son argent), prendre sur soi les problèmes des autres (qu'ils en aient ou non exprimé le désir), prendre en main leur bien-être, éviter à tout prix les désaccords et les conflits, éviter de déplaire et d'être critiqué, dissimuler ses propres émotions et désirs, être toujours de bonne humeur et disponible, empathique, compatissant. « Tant que je fais le bonheur de l'autre, je suis heureux», sous-entendu (et inconsciemment le plus souvent) : «Tant qu'il aura besoin de moi, il m'appréciera.» Les dépendants affectifs pathologiques apprennent ainsi à se conformer aux désirs des autres (à ce qu'ils croient être les désirs des autres) en espérant satisfaire leurs propres besoins (besoins qu'ils ne s'avouent que rarement), sachant que le seul qui compte vraiment est celui d'être aimé.

La dépendance affective ne se décline pas qu'au féminin

Des siècles durant, l'on a seriné deux choses aux fillettes et aux adolescentes, les deux seules choses qui, pensait-on, feraient d'elles à coup sûr des femmes respectables et respectées : plaire aux hommes pour trouver un mari et, afin de ne pas être rejetées ou abandonnées, se conformer totalement à leurs désirs. Leur bonheur n'était pas le sujet. C'est ainsi qu'elles ont été «formatées» pour séduire – et, ce faisant, aliéner leur propre personnalité – et subir. La littérature ne manque pas d'exemples! Comme le rappelle Alice Miller[1] : «Les femmes (étaient) prêtes à payer de l'humiliation et de la violence leur tendresse.» Conditionnées pour devenir des dépendantes affectives pathologiques… Mais il ne s'agit bien sûr pas que des femmes. Cette dépendance affective se rencontre tout autant chez les hommes. Tout comme la peur (la terreur pour certains) d'être quittés, l'angoisse de la séparation, le sentiment d'incapacité à se prendre soi-même en charge, à être autonome sont déclinés sans distinction de sexe.

1. Voir Bibliographie, p. 321.

Pour obtenir de l'amour, de l'admiration pour son dévoue-ment, de la gratitude aussi, de la reconnaissance et de l'appro-bation, le dépendant affectif pathologique aliène totalement sa liberté et refoule longtemps ses propres sentiments et émotions – jusqu'à s'en rendre malade parfois. « S'il le faut, je me trans-formerai en serpillière, pourvu qu'on m'aime », dit Luce. Tant il a besoin, tant il est absolument nécessaire pour lui de plaire, encore et toujours, tant l'amitié ou l'amour des autres lui est vital. Sans pour autant se demander ce qu'il éprouve lui-même pour ces autres, sans même s'enquérir de ce que ces derniers désirent vraiment. Car il ne leur donne que ce qu'il voudrait recevoir, sans chercher à savoir ce que ces autres attendent réellement de lui. Viendrait-on lui expliquer que chaque être humain est unique et différent de tous les autres ? Il se rendrait sourd à ce discours qui l'obligerait à se remettre en question, lui, ce « spécialiste » de l'amour. Et si cet amour, cette approba-tion viennent à lui manquer, si le regard de l'autre se détourne de lui, il s'écroule, s'effondre dans son mépris de lui et ne s'en relève qu'en plaisant ailleurs. « À l'insupportable regard de l'Autre qui choit, répond cette demande cannibalique de la présence[1]. » De nombreux auteurs ont décrit cette **avidité** que l'on retrouve chez ces patients pathologiquement dépendants. Cette forme d'avidité correspond tout à fait au phénomène de manque, terme utilisé lorsque la prise de produit toxique est devenue une addiction et que ce dernier vient à manquer.

Certains dépendants affectifs pathologiques, dans leur

---

1. J.-R. Freymann, *Les Parures de l'oralité*, Springer-Velag, 1992, p. 102.

quête infinie de reconnaissance, deviennent des « bourreaux de travail » totalement dépendants de leur activité professionnelle – ou associative – qui leur apporte tant d'approbation et les valorise. Non seulement ils ne rechignent jamais à la tâche, mais ils se chargent souvent de travaux dont des collègues se défaussent sur eux. Et non seulement ils ne refusent pas ces efforts supplémentaires, mais ils prennent aussi en charge les difficultés personnelles des gens qui travaillent avec eux. N'étant jamais tout à fait certains que les autres les admirent, ils ne sont jamais en paix et ne s'octroient aucun repos. Il leur faut aider, soutenir, encourager, écouter, plaindre, consoler, sans jamais rien demander pour eux : il serait honteux et humiliant de ne pas aller bien.

L'on parle souvent de « personnalités narcissiques » au sujet des patients dépendants affectifs pathologiques. Rappelons que le narcissisme primaire est le sentiment d'omnipotence du très jeune enfant. Le narcissisme secondaire s'installe quand cesse la fusion entre la mère et son enfant : celui-ci, en se tournant vers lui-même, va compenser cette perte. Ce rapprochement est logique dans la mesure où l'égocentrisme se retrouve, entre autres, dans les personnalités dites narcissiques. D'après le DSM IV, les principaux aspects en sont le besoin d'être admiré, le fréquent manque d'empathie, l'illusion d'un amour idéal, le besoin excessif d'être aimé, l'utilisation d'autrui. Comme les dépendants affectifs pathologiques, les personnes ayant une personnalité narcissique sont souvent envieuses, ont tendance à la manipulation, multiplient les courtes amours successives. Elles souffrent de somatisations, d'anxiété, deviennent la plupart du temps dépressives et ont des comportements addictifs (drogues, abus d'alcool, etc.)

31

Les bourreaux de travail

Dans une société où la compétition, le culte de la performance, de l'excellence et l'insécurité de l'emploi font rage, quand tous les salariés – quelle que soit leur place – sont aujourd'hui sur des « sièges éjectables » et quand les travailleurs indépendants ignorent combien de temps ils vont pouvoir « tenir », les bourreaux de travail (appelés aussi *workaholiques*, un terme qui n'a que 20 ans d'existence !) sont extrêmement nombreux. Quel meilleur moyen d'obtenir de la reconnaissance, de se forger une image gratifiante d'eux-mêmes ? Quel meilleur moyen de se sentir exister ? Et ce n'est pas toujours pour amasser de l'argent. Nous en rencontrons tous les jours, ou presque. Ils vont en vacances – huit jours par-ci, par-là, car ils n'aiment pas beaucoup ça – avec leur téléphone portable professionnel et leur ordinateur, au cas où l'on aurait besoin d'eux de façon urgente. Être indispensable, se montrer disponible à tout moment, sacrifier sa vie personnelle (familiale, amicale et sociale) au travail, confondre vivre et travailler : telles sont les caractéristiques des « alcooliques du travail ». Ils sont portés aux nues, encensés et montrés comme modèles. Comme s'il n'existait que cette façon de réussir sa vie…

Pourtant, les médecins spécialisés dans l'addictologie les connaissent bien, les thérapeutes aussi : ils sont dépendants pathologiques au travail. Leurs symptômes font partie d'un tableau clinique précis : « Migraines, hypertension, problèmes cardiaques et rénaux, indigestion, douleurs gastriques, insomnies. Irritabilité, agressivité, apathie, tristesse, colère, troubles du comportement, anorexie ou boulimie[1]. » Quand les antidépresseurs et les anxiolytiques ne suffisent plus, ils « craquent » : c'est le *burn out*, la dépression, l'angoisse. Ils ne comprennent pas très bien pourquoi, persuadés de n'être motivés que par une ambition de bon aloi qui correspond à notre modèle de société. L'épuisement est tout autant physique que psychique. À partir du moment où la vie privée de ces femmes et de ces hommes n'est plus suffisamment prise en compte, qu'elle est sacrifiée, il s'agit de dépendance au travail.

Les bourreaux de travail, pratiquant inconsciemment l'autothérapie (comme tous les dépendants), se sont jetés corps et âme perdus pour ne plus penser à autre chose qu'à leur activité professionnelle. Surtout, ne plus ressentir, éviter toute confrontation avec soi-même. Ils sont le plus souvent nés dans une famille où l'on confondait l'*être* et le *faire*, où la réussite et l'efficacité étaient des valeurs prépondérantes, ce qui, inévitablement, a provoqué une faille importante dans la construction de leur narcissisme, d'une image positive d'eux-mêmes. Toute cette agitation pour... pour devenir, un temps, ces héros des temps modernes qui prônent le dépassement de soi. Ils croient ne pouvoir recevoir des marques d'approbation, d'amour et de reconnaissance qu'en fonction de leur puissance de travail. Ce qui explique leur dépression lorsque leurs résultats sont moins bons, qu'ils éprouvent des difficultés à se concentrer... Car même le temps de la fierté pour ce qui est accompli s'efface devant l'angoisse née de l'incertitude à maintenir le même niveau de réussite. Lorsqu'ils entrent en dépression, ce qui est bien normal tant ils font subir de

---

1. Dr W. Lowenstein, *op. cit.*, p. 223.

violence à leur psychisme et à leur corps, les bourreaux de travail décompensent enfin. De façon brutale et inattendue : ils souffrent d'une sévère *overdose*. En s'écroulant, en s'effondrant, ils perdent leur raison d'exister : la reconnaissance. Mais, ce qui est positif, ils vont enfin avoir la possibilité de prendre soin d'eux…

Si leur humeur semble plutôt égale et joyeuse – elles donnent d'ailleurs l'impression d'avoir une assez haute estime de soi –, il ne s'agit là que d'une apparence, car le contrôle sur elles-mêmes est grand, pour dissimuler leur crainte d'être critiquées, de déplaire, d'être rejetées. Cette maîtrise de chaque instant ne résiste cependant pas toujours à des accès de colère incontrôlables. Dans leur vie relationnelle, la nuance est rarement de mise. Selon le DSM IV, les autres sont soit admirés, soit utiles, soit méprisés. Ce que nous observerons dans de nombreux exemples. Il est possible de comprendre cette pathologie en analysant leur enfance : leur développement se serait arrêté au stade de la centralité de leurs besoins. Ce qui implique que, devenues adultes, elles soient égocentriques – sans remettre en cause pour autant leurs facultés intellectuelles.

Les personnalités narcissiques ont ainsi des comportements qui, parfois, se rapprochent de ceux des personnes souffrant de troubles de la personnalité histrionique. Se retrouvent en effet la quasi constante quête d'attention venant d'autrui, les attitudes visant à se mettre en valeur, à séduire (la séduction est devenue un véritable besoin, celui de plaire), attirer le regard ou la compassion. Car il faut être et rester sous les projecteurs. L'égocentrisme de ces personnes est très marqué, tout comme leur dépendance aux autres. Leur intolérance à la frustration peut aussi les conduire à la dépression.

Le piège du perfectionnisme

Non seulement il serait honteux et humiliant de ne pas aller toujours bien, mais il serait honteux et humiliant de n'être pas parfait. La perfection ! Un idéal dont tant de patients en thérapie peinent à se défaire. Car s'ils ne sont pas parfaits, on risque de ne pas les aimer, on risque même de les rejeter. Ou bien ils vont trahir leurs parents, tout au moins les décevoir. Le droit à l'erreur leur est (depuis toujours) interdit – ou alors il peut coûter parfois très cher. Car c'est la peur, la terreur pour certains, qui les maintient sur le chemin de l'illusoire perfection. Le moindre faux pas les entraînerait sur la voie de la moquerie, du mépris, de la désapprobation. Et que deviendrait la belle image ? Comment regagner la confiance, l'estime, le respect des autres ? La pression constante d'un idéal de perfection tend leur cou, raidit leurs épaules, brise leur dos, trouble leur sommeil. Qu'importe ! Cette « idéalopathie[1] » conditionne leurs comportements. Tyrannique, exigeante à l'excès, elle les maintient dans leur extrême dépendance et leur évite la dépression où les entraîneraient tout manquement, toute erreur.

Charlotte vient juste d'avoir 40 ans. Chef d'entreprise,

---

1. C. André et F. Lelord, *op. cit.*, p 179.

mère de deux jeunes enfants, sa vie est « une tornade ».
« Bourreau de travail », elle veille aussi au bien-être de ses
employés, se dépensant sans compter. Ce qui ne l'empêche
pas de tenter d'être une « mère parfaite », très dévouée à ses
enfants, tout comme une « femme d'intérieur parfaite » et
une « compagne parfaite ». Elle vit avec M. depuis sept ans,
M. qui a un gros problème de toxicomanie :

*J'ai été une petite fille très gâtée par la vie et j'ai peur
de devoir le payer. Alors même si cette peur parfois me
paralyse, je m'efforce d'être la meilleure pour montrer que
je ne suis pas ingrate. C'est vrai que je dois tout assumer,
mais je ne veux surtout pas qu'on me plaigne. Après tout,
il faut souffrir pour réussir, non ? Et je me dois de faire
fructifier tout ce que j'ai reçu. La seule difficulté que je
rencontre, c'est le relationnel avec M. Il peut être charmant, mais le plus souvent, il me critique. Selon lui, je ne
suis pas une bonne mère, je m'occupe mal de la maison, je
suis trop gentille avec mes employés. Pourtant je fais ce que
je peux alors que je ne peux jamais compter sur lui. Je ne
lui reproche pas ses problèmes de drogue ou d'alcool, je
veux seulement que les enfants ne le voient pas quand il ne
va pas bien. Peut-être que je ne suis pas assez compréhen-
sive, peut-être que je lui en demande trop… Il me met
une pression énorme sur tous les tableaux et je fais vraiment ce que je peux… La seule vie sociale que j'ai, c'est
grâce à mon travail : je rencontre beaucoup de gens qui ont
l'air de m'apprécier. C'est agréable. Ce que je ne
comprends pas, c'est pourquoi j'ai toujours été attirée par
les écorchés… Je suis insatisfaite de moi en permanence,*

alors que j'ai l'impression de tout gérer le mieux possible...
C'est comme à la maison : j'ai été une enfant très sage et
une adolescente sans problème. Mais on se moquait tou-
jours de moi à la maison parce que j'avais un TOC : je me
douchais au moins trois fois par jour, ce qui faisait rire
tout le monde. Ma mère m'a même demandé de participer
au règlement de la facture d'eau... Je vis constamment
« dans un état d'urgence interne » pour que tout le monde
soit content...

« Seule la perfection m'apportera l'amour et la reconnaissance dont j'ai besoin pour vivre » : ainsi se formule la
croyance des dépendants affectifs pathologiques. Un tel
idéal ne donne aucune permission, n'impose que des interdits et des devoirs, qu'il s'agisse de l'apparence, des actes ou
des paroles. La vie émotionnelle est murée car il faut se taire
sur ce que l'on ressent : les seules expressions autorisées sont
la joie de faire plaisir, le contentement d'y avoir réussi et la
peine éprouvée face à la douleur de l'autre. Puisque ne sont
importantes que les émotions des autres : tels les caméléons
qui prennent la couleur de la feuille, ces grands dépendants
affectifs se réjouissent du bonheur des autres et se désolent
de leurs malheurs. Du moins le croient-ils, mais leur idéal
de perfection les a coupés de ce qu'ils ressentent vraiment
au plus profond d'eux-mêmes. D'une humeur en apparence
égale, ils se conforment à ce qu'ils croient que les autres
exigent d'eux. Et lorsqu'ils évoquent leurs propres émotions, ils se cantonnent à leur bonheur de rendre les gens
heureux, d'avoir pu les aider...
Il existe une autre façon de vivre la dépendance affective

pathologique, plus discrète et masquée. Elle se rencontre chez les personnes qui clament haut et fort qu'elles n'ont besoin de personne, qui sont généralement à l'écoute de leurs besoins et désirs qu'elles parviennent parfois si bien à satisfaire que d'aucuns peuvent les accuser d'égoïsme ou d'égocentrisme. Si l'on s'avisait de leur proposer un diagnostic de dépendance affective, elles ne comprendraient pas et le refuseraient. Elles ne sont pas en recherche constante d'amour ou d'approbation et se montrent tout à fait capables de s'exprimer sur leurs idées, certaines de leurs émotions, leurs souhaits. Le plus souvent, elles vivent très bien leur célibat, en apprécient le confort et la liberté. Lorsqu'elles sont amoureuses, elles éprouvent assez vite – passés les premiers émois de la passion – le sentiment d'étouffer, elles se sentent oppressées, comme si leur partenaire, au fil du temps, les entravait. Ce qui, au bout de quelque temps, leur devient si invivable qu'elles provoquent la rupture[1]. Cette description, bien que romanesque, pourrait très bien leur convenir : « Il y eut toujours, au moins, deux femmes en moi, une femme perdue et désespérée qui sentait qu'elle se noyait, une autre qui entrait dans une situation comme elle serait montée sur scène, dissimulant ses vraies émotions parce qu'elles n'étaient que faiblesse, impuissance, désespoir, pour présenter au monde un sourire, de l'ardeur, de la curiosité, de l'enthousiasme, de l'intérêt[2]. »

_____

1. Je décris ce type de comportement dans *Cherche désespérément l'homme de ma vie*, Albin Michel, 2004.
2. Anaïs Nin, *Être une femme*, Stock, 1977.

Florence, 38 ans : « *Je manquai de tomber amoureuse. Vraiment. De toute ma hauteur, de tout mon long. Mais un certain instinct de survie me sauva la vie et le cœur. Je décidai, car l'homme me plaisait, et j'étais joueuse, de m'amuser en sa compagnie. Toute la difficulté résidait en un point précis : comment ne pas se brûler les ailes, comment s'épargner de nouvelles plaies.*

Nous traversâmes le fleuve pour nous embrasser sur sa rive, comme des enfants. Oui, il me plaît (attention, ne passons pas le Rubicon…). Alors oui, ma peau brûle contre la sienne, comme la sienne brûle contre ma peau. Cela ne dure pas. Cela ne durera pas. Le temps… Aussi fugace qu'un vol d'hirondelles.

Il va falloir bientôt se refuser, esquiver, dire non, pour ne pas passer le fleuve sacré, pour se protéger des blessures trop profondes. Et très bientôt, très vite, bien plus vite encore, mon printemps aura goûté le goût d'une peau que mon été ne connaîtra pas. Ma vie va ainsi. Elle est compliquée, et je choisis les hommes qui la traversent et me renversent en conséquence. C'est ce que je veux. Enfin…

Du goût délicat d'une peau à la blessure du vent et de la pluie… Cela me donne de jolis mots, de beaux souvenirs, et des lendemains fourbus. Je sais si bien jouer le rôle de la fille qui ne s'attache pas, qui garde sa distance. M'imposer une distance de sécurité. Mais parfois, peu à peu, je sens bien que je faillis. Je flanche, je vacille. Je sens quelque chose de nouveau au fond de moi. Qui pourrait me porter… Qui pourrait faire que le soleil brille même par temps de pluie. Parfois, au fond de moi, je sens une histoire naître. Mais je reste calme. Je ne veux pas entendre grincer le tapis de verre brisé sur lequel je marche. Garder toujours la tête haute, malgré tout. »

Ces femmes sont très autonomes dans tous les domaines de leur vie, indépendantes et sûrement pas déprimées, enfin la plupart du temps. Pourtant, leur vie amoureuse est faite de ruptures successives tant elles craignent l'engagement dans ce domaine. Florence a toujours eu « peur de l'engagement total », elle se décrit « très exigeante, trop impatiente » : « Je me tiens à distance pour me protéger. Alors je suis toujours la seconde tant j'ai peur de souffrir. Et ma plus grande peur est de faire une rencontre en tant que « femme qui cherche l'amour » : je ne veux pas qu'un homme pense ça de moi. Je refuse d'imaginer qu'un homme puisse découvrir ma plus grande faille : n'être pas parfaite. Mon adolescence m'a permis d'agrandir ma palette de culpabilité et de dénigrement. Mes parents m'ont foiré leur amour, j'ai vu ma mère tellement souffrir, que l'amour me fait peur. Et pourtant, parfois, je me laisse aller à rêver d'un homme qui m'aime et me protège. J'aurais tellement aimé que ma mère me dise qu'elle croyait en moi, qu'elle m'aimait comme j'étais ; que mon père me dise que j'étais intelligente… » Leur volonté farouche d'indépendance « totale » n'est pas rassurante pour les postulant(e)s en amour qui se heurtent à un mur et sont déroutés, dans tous les sens du terme. Quand elles ne sont pas célibataires, elles sont très souvent déçues et frustrées par la piètre qualité (à leurs yeux) des échanges de marques d'amour – mais préfèrent se taire. Même avec leurs ami(e)s, pourtant nombreux.

Anabelle, 36 ans : « Depuis la fin de mon adolescence, j'ai très peur de m'attacher, de me perdre dans des sentiments amoureux, de me dévoiler, de me sentir affaiblie et vulnérable. Pourtant, je n'aime pas vivre seule, alors je sors presque tous les soirs, je rencontre des hommes et des femmes et j'ai craint un moment que je souffrais d'addiction au sexe. Dans la journée, je me montre silencieuse et plutôt sombre pour tenir les gens à distance… »

Pourquoi alors parle-t-on de dépendance affective pathologique pour ces personnes qui sont autonomes, responsables, qui savent très bien se prendre en charge et ne sont en rien isolées, tout en ne craignant pas, apparemment, la solitude ? La raison réside dans leur enfance : aucune envie ne pouvait être exprimée – et donc encore moins satisfaite. La constante intrusion de leurs parents, par ailleurs tyranniques quant aux idées, pensées et sentiments « autorisés », les a à ce point empêchées de développer leur propre personnalité qu'elles éprouvent de très grandes difficultés à associer intimité et amour, engagement et amour authentique. Les demandes de l'autre sont souvent vécues comme des intrusions, l'expression de leur amour comme des freins à leur indépendance. Une indépendance qu'elles défendent farouchement… au prix de leur solitude. Elles vivent ainsi un combat intérieur particulièrement pénible, combat entre leur désir d'aimer et d'être aimées et la défense de leur indépendance si chèrement acquise. Exprimer leurs désirs et leurs émotions, formuler des demandes sont des comportements qu'elles évitent : elles se dévoileraient et, ce faisant, oseraient prendre le risque de révéler leur vulnérabilité.

41

Alors, trop souvent, elles se satisfont de relations «en surface», où sensualité et sexualité prennent toute la place, ou presque. Pourtant, tout au fond d'elles-mêmes, elles ne comprennent pas pourquoi elles ne «tombent» que sur des hommes qui ne sont pas disponibles, pourquoi elles sont toujours la «deuxième», pourquoi elles sont, finalement, toujours seules.

La suradaptation au désir de l'autre

Les personnes dépendantes affectives pensent et décident leurs comportements selon ce qu'elles imaginent du jugement des autres à leur endroit – jugement forcément présumé. Elles bâtissent des hypothèses sur les attentes des autres vis-à-vis d'elles et s'ajustent à ces hypothèses. Et puisqu'il faut être parfait, il faut aussi se taire en soi et se taire à l'autre. Car entretenir l'image impose de garder sous silence – de ne même pas imaginer – une critique, un jugement négatif, une idée différente, l'expression d'un sentiment personnel qui irait à l'encontre de la relation parfaite, de l'entente totale. Les dépendants affectifs pathologiques sont muselés par leur besoin impérieux de plaire et d'être approuvés en tout. Ce ne sont pas leurs désirs qui comptent (ils n'en ont conscience qu'au creux de leur solitude), mais ceux de l'autre. Leurs idées, croient-ils, n'intéressent personne et risquaient de heurter cet autre qui pourrait alors les rejeter, ne plus porter sur eux ce regard grâce auquel ils se sentent exister et peuvent continuer à vivre.

Comment reconnaître une dépendance affective pathologique ?

Pour diagnostiquer une personnalité affectivement trop dépendante, plusieurs éléments sont à prendre en compte. En tout premier lieu une estime de soi très faible (voire inexistante), un besoin majeur de se sentir sinon aimée du moins très appréciée et, conséquence directe de ce besoin, une véritable terreur de la séparation, vécue comme un rejet – qui lui démontrerait, une fois encore, son impuissance à être reconnue comme quelqu'un de « bien », d'« aimable ». D'autres facteurs sont importants pour confirmer un tel diagnostic, comme la façon dont sont vécues (ou ont été vécues) les ruptures – dans la famille, en amitié ou en amour, ou encore dans les situations de deuil. Si, pour ces derniers, les dépressions dites réactionnelles sont considérées comme « normales » et parviennent à être surmontées, le plus souvent les dépressions des personnalités affectivement trop dépendantes s'installent et s'accumulent au cours de la vie, qu'elles soient reconnues – ou diagnostiquées – ou non.

Un autre élément est également à prendre en compte : l'anxiété ressentie devant la solitude, entraînant presque automatiquement une recherche quasi obsessionnelle d'autres relations (amicales ou amoureuses). Donc l'impossibilité à s'imaginer sans aucun lien affectif – ce qui, en réalité, est une situation excessivement rare.

Alors, au prix de graves et très nuisibles contorsions avec leur identité profonde, avec ce qu'ils sont vraiment, ces grands dépendants acceptent non seulement de s'adapter au désir de l'autre, mais de s'y **suradapter** – tels des enfants qui craignent de perdre le seul amour qui leur importe, celui de leurs parents. Et tant pis s'ils sont appréciés, aimés pour ce qu'ils ne sont pas, pour leur grand talent à jouer un rôle : l'essentiel est d'être apprécié, aimé, parfois admiré. Et tant pis si leurs actes vont à l'encontre de certaines de leurs valeurs, pourvu qu'ils conviennent à l'autre. C'est ainsi qu'ils peuvent se surprendre à affirmer des idées qui ne sont pas les leurs, à émettre des opinions différentes de ce qu'ils pensent vraiment. Ils peuvent même mentir délibérément pour ne pas risquer la désapprobation, protégeant ainsi leur image – et jouant parfaitement leur rôle.

Jusqu'à ne plus savoir ce qu'ils pensent vraiment. Car il est bien ici question d'un rôle dont l'autre écrit les dialogues et organise la mise en scène – malgré lui. Les grands dépendants affectifs n'ayant pas droit à la spontanéité, ils ne font que **réagir** : leurs paroles, leurs actes viennent en réponse à l'autre, ce qu'il attend, ce qu'il désire, ce qu'il dit, fait et veut faire, pense, etc. S'ils se donnent le droit à l'initiative, ce n'est qu'en fonction de l'autre : ce qui peut lui plaire, le contenter. Pour qu'il ne se détourne pas, surtout pas. Afin d'éviter une réplique malheureuse, ils se contiennent jusqu'à paraître parfois rigides – mais toujours à l'écoute, attentifs. Puisqu'il faut sans cesse se contrôler pour rester aimable, le plus aimable. **Jusqu'à ne plus savoir non plus qui ils sont vraiment :** à force de porter un masque, un costume qui ne sont pas les leurs, bon nombre de ces grands dépendants affectifs sont dans un *faux self*. Ils se sont tellement coupés de leur véritable personnalité, de leur véritable identité, qu'ils finissent par confondre le rôle et leur réalité. Une réalité qu'ils n'aiment pas, qui les confronterait directement avec leur problème, une réalité qu'ils refusent de regarder en face. D'autant plus qu'ils n'apprécient pas vraiment le tête-à-tête avec eux-mêmes, loin s'en faut : ils ont trop besoin d'être entourés. La solitude est bien trop pénible… Elle risquerait d'imposer une forme de confrontation avec soi-même avec son cortège d'émotions étouffées, de problèmes psychoaffectifs non résolus… et si anciens !

Jusqu'à ne plus savoir ce qu'ils ressentent vraiment. Tellement soucieux de l'humeur de l'autre, craignant tellement le mot maladroit, le geste mal compris, ils se raidissent dans leur désir de maîtrise de ce qu'ils pourraient dire ou faire qui déplairait à cet autre à qui ils donnent tout pouvoir sur eux – le pouvoir de les rendre heureux ou malheureux. Un pouvoir que la plupart du temps cet autre ignore…

Yalcin a 35 ans : enfant maltraité par un père tyrannique et sadique et une mère à la fois dépressive et cruelle, il continue, adulte, à se suradapter aux désirs et besoins des autres. Depuis sa plus petite enfance, il cède à tous les chantages de ses parents, de ses frères et sœurs. Il vit aujourd'hui avec une femme un peu plus âgée que lui, qu'il ne parvient pas à quitter :

> *Pour ne pas me sentir seul, je me rendais complice de toutes les bêtises de mes frères : comme j'étais le plus jeune, ils m'obligeaient à prendre sur moi leurs fautes en me menaçant de ne plus jouer avec moi. Pour me punir, mon père me*

contraignait à rester des heures à genoux, les bras levés, me surveillant ou chargeant mes frères de me surveiller à tour de rôle. Quand ma mère était en colère, elle me pinçait tellement fort que j'avais des bleus plein les bras.

Ma compagne, I., a repris le flambeau de mes parents en se plaignant tout le temps de ses propres parents, ne m'écoutant que d'une oreille lorsque je lui parlais des miens. Pour lui plaire, lui montrer que je vivais ses propres souffrances, j'ai développé une empathie surdimensionnée. En réalité, j'ai accepté de vivre avec elle pour fuir mes parents. Il y a quinze ans déjà. Je suis allé jusqu'à m'interdire de partir avec elle en vacances pour laisser ma place à son frère qui, disait-elle, était très déprimé.

Il y a sept ans, j'ai rencontré une jeune femme avec qui je m'entendais bien. Je l'ai dit à ma compagne, ce qui m'a coûté beaucoup d'efforts, mais elle m'a ordonné de rester avec elle, me traitant de traître, de manipulateur. En réalité, j'ai l'impression qu'elle m'empêche de penser puisque, à la fin de nos discussions, elle me prouve toujours que j'ai tort. Je ne peux pas la quitter, je n'ai pas le droit de la faire souffrir. Je n'ai jamais su dire non, je n'ai jamais rien demandé pour moi. Tout au contraire : ma famille peut me demander de l'argent, des services, je suis toujours là pour tout le monde. Je suis allé voir un psy qui, à la première séance, m'a traité de c… molles[1] *: je ne lui ai rien répondu. J'avais envie de mourir.*

Là, quand je viens vous voir, je retrouve de la force. Mais je sais que ça ne tiendra pas longtemps, c'est trop profond en

---

1. Je rappelle qu'il est inadmissible qu'un « psy » s'adresse ainsi à un patient.

moi cette peur de déplaire aux autres… Pourtant, ma pire craint est justement d'être aimé, car c'est alors que je me perds moi-même : j'accepte tout de l'autre, je fais tout pour l'autre. Je disparais complètement – et je finis par lui en vouloir.

Les dépendants affectifs vont **jusqu'à vivre, dans leurs relations amoureuses, une sexualité peu satisfaisante :** le plaisir de l'autre étant leur seule préoccupation – une fois admise la certitude que cet autre les désire –, il faut alors, comme dans tous les autres domaines, se soumettre au (à la) partenaire. Que l'on éprouve ou non l'envie de faire l'amour, que l'on soit ou non dans ce désir : la soumission à l'autre est largement prioritaire, peu importe son propre plaisir. Et, surtout, ne jamais dire que l'on préférerait juste un câlin, que l'on n'apprécie pas telle ou telle pratique, que l'on voudrait dormir, ou bien même partir…

Du rôle à la manipulation

Cette maîtrise, qui exerce une tension bien pénible, implique cependant une forme évidente de manipulation. Car le projet est de se faire aimer : comportements de séduction, amabilité, douceur, serviabilité et disponibilité ne sont pas totalement désintéressés. Même si bon nombre de grands dépendants affectifs excellent dans leur rôle, depuis très longtemps, jusqu'à oublier qu'ils jouent un rôle, il n'en reste pas moins que la manipulation, bien réelle, se dissimule souvent derrière une extrême gentillesse.

47

Lucien a 38 ans. Son divorce vient d'être prononcé, après six ans d'un mariage plutôt mouvementé avec Nina. « J'ai le sentiment de ne plus exister, disait-il en sortant du tribunal, je passe mon temps à me remettre en question. En même temps, je suis en colère contre notre incapacité à communiquer. » Il ressent une grande tristesse, a même pleuré, jusqu'à ce qu'il trouve la solution : « Je ne veux plus tenir compte de ma tristesse. Désormais, je ne vivrai que dans le mental. Rideau sur mes émotions. »

Depuis deux ans, il vit avec S. : il s'ennuie, a le sentiment d'être enfermé, ce qui provoque en lui une irritation qui, accumulée, est devenue de la colère contre cette femme. Il est devenu distant, n'éprouve plus de désir pour elle. Il se sent fatigué, trouve que S. est devenue trop exigeante avec lui. Il voudrait qu'elle parte mais ne parvient pas à le lui dire. Son estime de lui est si faible qu'il ressent une grande émotion à l'idée qu'il pourrait être aimé pour ce qu'il est. Très sensible à l'image qu'il donne aux autres, il se piège lui-même en s'infligeant des règles comportementales très contraignantes : « Je veux être admiré, donc je ne dois jamais décevoir. Si je suis spontané, on jugera mal ce que je fais ou dis, donc je me ferai remarquer et juger négativement. »

Lucien est littéralement « terrifié » à l'idée qu'on ne le trouve pas intelligent, c'est pour lui une qualité fondamentale : ainsi il se contient sans relâche. Il se coupe de ses émotions pour être en mesure de se « réguler pour mieux se contrôler ». « Je veux que l'on m'admire pour mon équanimité, mon infini respect des autres, ma qualité d'écoute. » Il aimerait aussi être quelqu'un de connu pour se faire « remarquer par les filles », dit-il en souriant. Il a bien

48

conscience qu'il est beaucoup trop sensible à ce que pensent les autres de lui sur le plan intellectuel.

Dans sa vie de couple avec S., il ne dit jamais ce qui le dérange pour éviter les discussions pénibles. Il « laisse pourrir la situation pour ne pas prendre en charge la séparation ». D'autant plus qu'il s'est déjà détaché de sa compagne et exprime l'envie de vivre quelques aventures… Mais il ne sait pas très bien « quel rôle jouer » : « Si je me montre joyeux, on pourrait abuser de moi. Si je me montre rassurant, protecteur, j'aurai le bon rôle, mais je risque de m'oublier. Pourtant, quand je suis amoureux, j'ai envie d'aider la femme à s'épanouir, je l'encourage. Je suis persuadé que c'est ce qu'une femme attend d'un homme. Je serai alors dans le désir de l'autre et j'oublierai le mien. Je ne peux décemment pas dire à une femme que j'ai juste envie de la séduire, d'être séduit, de vivre une belle aventure avec elle, ou simplement de la sauter. J'aime donner mais je donne trop. Je vais changer de tactique, mais comment dire aux femmes que j'ai besoin d'isolement, de distance, que je dois garder le contrôle… C'est pour ça que je montre de moi des choses pas vraies, pour être sûr d'être accepté, aimé… Je n'ai pas le droit de m'affirmer tel que je suis, alors je suis sans cesse en suradaptation à l'autre pour être aimé… Je fais le gentil, c'est-à-dire que je donne ce qu'on attend de moi, de la gentillesse… Je ne dois surtout pas montrer que je suis égoïste, et je ne le suis pas… Je dois rendre une femme heureuse, mais je ne peux pas être aimé tel que je suis, alors je suis trop gentil… »

Lucien a décidé d'arrêter d'être « trop gentil » avec les femmes : après une nuit passée avec une jeune femme rencontrée sur un site Internet, il dit : « Je l'ai sautée puis virée !

Elle me caressait la tête ! J'en ai assez des femmes fusion-nelles ! » Et, avec d'autres – car en quelques petites semaines, il s'est retrouvé entouré d'une petite cour –, il admet qu'il cherche à les manipuler : « Quand nous bavardons, je leur démontre que je sais et qu'elles ne savent pas, c'est une façon de me valider et de prendre l'ascendant sur elles. Et aussi de me prouver que j'ai de la valeur : comme elles vont m'aimer, je vais pouvoir diriger leurs sentiments »…

Exposez-vous un problème ? Les dépendants affectifs problématiques ou pathologiques vous trouvent une solu-tion. Ils seraient même capables d'en trouver sans qu'il y ait réellement de problème ou de difficulté à résoudre tant ils sont à l'affût de votre gratitude. Ils peuvent ainsi se charger de tâches éminemment désagréables sans rechigner – surtout pas devant vous car il faut être parfait. Ce qui ne les empêche pas, nous le verrons, d'être furieux d'être allé vous chercher à l'aéroport à cinq heures du matin ! D'avoir dû nourrir vos chats pendant deux semaines ! Mais jamais, ô grand jamais, ils ne vous refuseraient ce-petit-service-de-rien-du-tout… Ce serait indigne et honteux de leur part. Pourtant, enfoui dans l'inconscient, se cache trop souvent le désir de rendre l'autre redevable : « Après tout ce que j'ai fait pour lui, il peut bien m'aider aussi, faire quelque chose pour moi »… Malheureusement, pour être aidé, il faut savoir le demander…

Les maîtres chanteurs

Même s'ils en « font » beaucoup pour séduire et maintenir
le lien, les grands dépendants affectifs ne sont pas tous, loin
s'en faut, des « maîtres chanteurs affectifs » qui, s'ils sont des
personnalités trop dépendantes affectivement, sont également des pervers. Tyranniques à l'excès, terroristes à leurs
heures, ils utilisent les sentiments de l'autre pour prendre le
pouvoir sur lui et l'obliger à leur obéir en tout. Tantôt ils
useront de colère et de violence verbale, tantôt ils préféreront une manière plus douce, voire aimante, pour parvenir
à leurs fins. Mais d'une façon ou d'une autre, la menace est
là, le chantage affectif opère. Connaissant parfaitement bien
leurs victimes et leurs points faibles (peurs, espoirs, sentiments, secrets parfois), que ce soit dans la vie professionnelle ou dans le domaine privé, ils se servent de ce savoir
pour les contrôler et obtenir ce qu'ils veulent. Ignorant le
sens du mot empathie, ils prennent plaisir à voir l'autre
perdre ses moyens, souffrir, douter de lui et, finalement,
toujours céder par crainte d'être rejeté ou dans l'espoir que
cette tyrannie enfin cessera.

Si l'on veut être admiré, aimé, il convient de démontrer
une compassion hors du commun, de se montrer le plus
attentif, le plus serviable, le plus affable, celui qui sait le
mieux aimer, s'occuper des autres, les prendre en charge.
Une attitude qui ressemblerait à de la générosité, de la bonté,
de l'altruisme, de l'amour même. Alors qu'il est surtout question ici de chercher à satisfaire un incoercible besoin d'être

apprécié, aimé. Là est le cœur de la manipulation – certains parlent de malhonnêteté… Sourire malgré la colère ou la tristesse au creux de la gorge, donner sans compter de son énergie et de sa vaillance alors qu'on se sent las, vidé ; paraître intéressé par ce qui ennuie ou ne concerne en rien, réfléchir à ce qui fera plaisir à coup sûr, choisir les bons mots, s'accuser et présenter ses excuses pour une erreur dont l'on n'est pas responsable (« J'aurais dû prévoir…, je m'en veux… »)…

Le harcèlement amoureux

Contrairement au harcèlement moral, le harcèlement amoureux n'est pas dénoncé dans le Code pénal français. Il l'est au Canada et aux États-Unis. Dans ces pays, il porte le nom de « *criminal harassment* ». Les seules infractions reconnues (par l'article 222-16), sont le harcèlement télé-phonique et les violences délibérées. En Grande-Bretagne, la loi décrit le *stalking*, ce qui signifie « s'approcher à pas feutré » : une forme de harcèlement amoureux et moral, Synonyme aujourd'hui de persécution, de terrorisme psy-chologique, il est qualifié de « persécution obsessionnelle ». Les persécuteurs ainsi désignés peuvent inonder leur victime de lettres, de cadeaux, de coups de téléphone ou de messages (SMS) incessants, les épier, les surveiller, les attendre au travail ou devant leur domicile, ou, pire, les menacer, pro-voquer des dégâts matériels – sur les voitures, par exemple. Ces comportements, pathologiques, peuvent tout à fait émaner de dépendants affectifs pathologiques qui ont perdu toute mesure…

Nous allons voir maintenant que les personnes trop dépendantes affectivement se donnent bien souvent la responsabilité du bonheur de l'autre, ne se fiant malheureusement qu'à leurs propres certitudes sur ce qui peut le rendre heureux ou malheureux. Ainsi, elles cherchent à faire pour l'autre ce qui les rendrait heureuses elles-mêmes, ce qu'en réalité elles attendent de lui, certaines que tous les êtres humains sont construits de la même façon, qu'ils éprouvent les mêmes désirs.

Le triangle infernal

Dénommé « triangle dramatique » par Stephen B. Karpman, ce triangle, que je qualifie d'« infernal[1] », est l'un des éléments majeurs de l'analyse transactionnelle[2]. Il offre une grille de lecture des comportements humains et de leurs interactions tout à fait intéressante et totalement adaptée dans le cadre des dépendances affectives pathologiques. Il formalise bon nombre de « jeux psychologiques » très nuisibles à la vie relationnelle et affective.

---

1. Voir S. Tenenbaum, *Nos paysages intérieurs. Ces idées qui nous façonnent*, InterÉditions, 2007, p. 24.
2. Approche thérapeutique formalisée par le Dr Eric Berne.

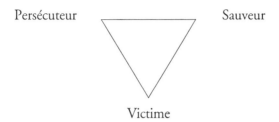

De quoi s'agit-il ? Ce triangle décrit l'un de ces « jeux » et demande au moins deux joueurs, chacun tenant l'un des trois rôles possibles : Sauveur, Bourreau (ou Persécuteur) et Victime. J'utiliserai des majuscules lorsqu'il s'agira de ces comportements en terme de rôle sur le triangle. Chaque joueur se place (inconsciemment) sur l'une des pointes (tout être humain, depuis l'enfance, a un rôle préférentiel). Au cours du jeu, c'est-à-dire d'une suite d'interactions avec une autre personne, les interlocuteurs vont « tourner » et changer de rôle. Par exemple, le Sauveur peut se retrouver en Victime, celle-ci devenant Bourreau :

Le père : Quand tu auras fini tes devoirs, je t'emmène faire un tour, d'accord ? Tu dois avoir envie de prendre un peu l'air, non ? (Sauveur)

Le fils : J'aimerais mieux aller voir mes copains, ils m'attendent dehors…

Le père : Tu ne préfères pas sortir avec moi ? On serait bien tous les deux, rien qu'un petit tour… (Victime)

La mère : Mais laisse-le aller avec ses amis, tu ne vois pas que tu l'embêtes ? (Bourreau)

Le père : Ne me parle pas comme ça devant lui ! Je suis son père et je veux faire un tour avec mon fils, ne te mêle pas de ça ! (Bourreau) Et toi, viens, on va aller entre hommes taper quelques balles! Viens avec ton vieux père, tu me feras plaisir... (Victime)

La mère : Et moi, là-dedans, qu'est-ce que je fais ? La cuisine, comme d'habitude! (Victime)

Je tiens à préciser qu'il convient de distinguer la gentillesse et l'altruisme du jeu du Sauveur, tout comme il n'est évidemment pas question ici des victimes d'incidents ou d'accidents réels lorsque nous parlons du rôle de Victime.

Nous allons voir comment les personnes trop dépendantes affectivement jouent tour à tour les trois rôles, comment une Victime devient Bourreau et un Sauveur une Victime :

« Bonjour, Maman, c'est moi!

— Oh, bonjour ma chérie! Je suis bien contente que tu m'appelles... Tu m'as laissée trop longtemps sans nouvelles... Tu sais, une semaine, c'est long pour moi... (amorce du jeu en Victime).

— Oui, je sais, mais je suis très occupée... Tu sais bien que je pense à toi même si je ne t'appelle pas.

— Oui, mais un coup de fil, c'est vite fait...

— Maman, je voulais te dire que je ne pouvais pas venir dîner chez toi demain soir, j'ai une réunion de travail importante qui risque de se terminer tard.

— Mais j'ai déjà tout préparé... Tu m'avais promis.

— Oui, Maman, je t'avais promis, mais on vient juste de me prévenir... Je viendrai une autre fois... Tu n'as qu'à tout mettre au congélateur, comme ça tout sera prêt... (conseils du Sauveur).

— Ton travail est plus important que moi… Tu me fais beaucoup de peine, ma petite fille…

— Non, ce n'est pas ça… Tu ne peux pas essayer de comprendre ?

— Ce que je comprends, c'est que je ne peux jamais compter sur toi ! Tu me fais penser à ton père, tu es aussi égoïste que lui ! (la Victime devient Bourreau).

— Arrête Maman… Bon, écoute, j'assisterai au début de la réunion et je prétexterai une urgence familiale pour me sauver avant la fin… mais tu ne me facilites pas la vie, tu sais… (le Sauveur devient Victime).

— Mais enfin, je suis ta mère, c'est normal que tu fasses des efforts pour moi… Bon, à demain… »

Pour bien jouer son rôle, tout Sauveur a besoin d'une Victime : comment, sinon, pouvoir aider les autres, prendre la responsabilité de leur bonheur, en un mot les sauver ? Car les Sauveurs « prennent soin des gens qui pourraient prendre soin d'eux-mêmes, en les empêchant de prendre leurs propres décisions ou de trouver leur propre voie[1]. » Le Sauveur use et abuse d'expressions telles : « Tu devrais faire ceci, tu ne devrais pas faire cela », « Non, tu t'y prends mal, laisse-moi faire », « À ta place, je… », « Tu n'as qu'à me demander… » De la même façon, la Victime, par sa plainte, est à la recherche d'un Sauveur : qui la sauvera de son malheur ou de son impuissance ? Par définition, une Victime se sent impuissante, incapable de faire des choix, de prendre la

---

1. C. Steiner, *L'ABC des émotions. Développer son intelligence émotionnelle*, InterÉditions, 1998, p. 141.

moindre décision pour ce qui la concerne, sinon elle n'aurait pas besoin d'un Sauveur. Donc elle se plaint : « Qu'est-ce que je peux faire ? », « À ma place, que ferais-tu ? », « Qu'en penses-tu ? », « Je ne sais pas quoi faire… », « Je n'y comprends rien… » Quant au Bourreau (appelé aussi le Persécuteur), il critique, donne des leçons sur tout. Il a bien sûr besoin qu'une Victime se présente : sinon, qui punir, qui critiquer, sur qui prendre le pouvoir, à qui donner une bonne leçon, qui réprimander ? Le Bourreau dit souvent : « Je te l'avais bien dit ! », « Tu ne m'as pas écouté », « Tu es vraiment trop nul ! », « Tu fais vraiment n'importe quoi ! », « C'est stupide ! », etc. Ces trois rôles sur le triangle que je qualifie d'Infernal ont pour « mission » d'obtenir des marques de reconnaissance qui donnent le sentiment d'exister.

Quand le dépendant affectif est un « Sauveur »

Quel que soit le type de problème d'une personne, le Sauveur se l'approprie et rien n'est alors plus important pour lui que d'y trouver une solution – quand il n'anticipe pas la plainte… Car le Sauveur « sait » parfaitement bien ce qui convient à cet autre qu'il considère comme une Victime – qui se présente comme telle, par sa plainte, formulée directement ou non – qui ne sait pas se prendre en charge. Lui saura quoi faire, quoi conseiller, bien mieux que tout autre. C'est son rôle, celui qu'il sait merveilleusement bien jouer ! Le Sauveur est constamment inquiet pour la Victime : a-t-elle bien compris ses conseils ? Cette inquiétude lui sert d'ailleurs d'alibi pour se mêler sans cesse des affaires de ces « pauvres » Victimes dont il doit bien s'occuper, car sans lui… C'est ainsi que le Sauveur pratique assidûment l'intrusion dans la vie des autres : « Pour mieux aider, il faut bien savoir, n'est-ce pas ? », « C'est parce que je suis inquiet pour toi que je te pose toutes ces questions », « Si je suis si inquiet, c'est parce que t'aime… »

À quoi reconnaît-on un sauveur ?

Il existe plusieurs critères définissant un Sauveur. Il suffit d'en remplir au moins trois parmi les suivants pour en mériter le qualificatif.

Un Sauveur ne répond pas à une demande d'aide **directe.**

Un Sauveur se **contraint** à aider l'autre, même lorsqu'il n'en a pas envie.

Un Sauveur fait **plus de quarante pour cent** de la tâche.

Un Sauveur n'est **pas toujours compétent** dans ce qu'il entreprend pour l'autre.

Un Sauveur ne sait pas **refuser**, même s'il en a envie.

Un Sauveur fait quelque chose **à la place** de l'autre (qui est tout à fait capable de le faire lui-même).

Un Sauveur en fait toujours **un peu plus** que ce qui lui est demandé.

Un Sauveur se sent toujours **plus compétent** que l'autre pour résoudre ses problèmes (même si c'est faux).

Un Sauveur se sent toujours **indispensable**.

Un Sauveur a constamment **besoin** de « Sauver » quelqu'un.

Un Sauveur a besoin de croire que l'autre est **impuissant**, incompétent, même si c'est totalement faux.

Ce n'est qu'en aidant l'autre que le Sauveur a une **bonne opinion** de lui-même.

Un Sauveur ne demande pas à l'autre ce qu'il peut faire pour lui : il lui **impose** son aide selon ses propres critères.

Un Sauveur se permet de penser, de parler **à la place** de l'autre.

Un Sauveur prend des **initiatives** concernant la vie de l'autre sans lui en parler auparavant.

Un Sauveur ne tient pas compte de ses propres besoins, désirs et envies : seuls ceux **de l'autre** sont pris en compte, qu'ils soient exprimés ou non.

Un Sauveur est donc un **expert** dans le domaine de **l'assistanat**.

L'objectif du Sauveur est, évidemment, de recevoir de la reconnaissance, de la gratitude, de l'amour bien souvent, ou de l'amitié. De l'admiration parfois aussi. En général, les Sauveurs sont persuadés que toute personne qui a des problèmes à résoudre ou qui se trouve devant une difficulté est incapable de s'en sortir seule, ne sait même pas ce qui serait bon pour elle, a absolument besoin d'être aidée ou même prise en charge. Cette conviction, bien ancrée, s'est installée dans l'enfance : certaines méthodes éducatives distillent régulièrement ces sortes d'idées dans les têtes si malléables des enfants. Fort malheureusement.

Liliane a toujours été une mère très « enveloppante » et intrusive avec ses deux enfants. Pourtant, ils n'ont pas manqué de lui expliquer qu'ils étaient devenus des adultes, qu'ils savaient se prendre en charge, s'organiser, penser par eux-mêmes. Bref, qu'ils étaient devenus autonomes et adultes, malgré tous les obstacles que cette mère avait pu dresser sur le chemin de leur indépendance. Sophie, sa fille, s'est plainte un jour de l'ambiance pesante qui régnait à son travail. Juste une petite remarque comme ça, en passant. Mais qui n'a pas échappé à Liliane… Une semaine plus tard, quelle ne fut pas la surprise de Sophie lorsque son supérieur direct est entré dans son bureau, la mine quelque peu renfrognée. « Sophie, lui demanda-t-il, pourquoi ne m'avez-vous pas informé de votre désir de nous quitter, de donner votre démission ? » « Je vous demande pardon ? », répondit Sophie, abasourdie. « Vous avez bien mis plusieurs demandes d'emploi sur différents sites, n'est-ce pas ? ».

Ce n'était bien sûr pas Sophie qui s'était chargée de ces annonces, mais bien Liliane, qui « s'inquiétait » tellement pour sa fille…

Marion (32 ans) est « encore » célibataire et sa mère ne le supporte pas. Sans cesse elle la questionne sur ses rencontres, ses sorties, les gens qu'elle fréquente. Sans cesse elle déplore de n'être toujours pas grand-mère. Marion a été élevée dans l'idée « qu'il ne faut jamais décevoir ses parents » et elle ressent une grande culpabilité de ne pas les satisfaire. Pourtant, elle ne répond jamais aux remarques, questions et jérémiades de sa mère. Un soir, alors qu'elle était passée chez ses parents, Marion fut « invitée » par sa mère à la rejoindre dans son bureau. L'ordinateur était allumé. Quelle ne fut pas la sur-prise horrifiée de la jeune femme lorsqu'elle découvrit que sa mère avait répondu à de nombreuses annonces sur des sites de rencontre. Se faisant passer pour sa fille, elle avait sélec-tionné quelques jeunes gens qui lui convenaient et qui n'attendaient qu'un mot de Marion pour la rencontrer…

Lucile est désespérée : à 38 ans, elle est encore célibataire et ne comprend pas pourquoi elle ne « tombe » que sur des « hommes à problèmes ». Effectivement, le tableau qu'elle brosse de ses compagnons laisse rêveur… « À croire que tu les attires », remarque son père. « Mais je ne comprends pas, ils ont l'air tout à fait normaux quand je les rencontre. Et puis petit à petit, je découvre qu'ils ont de graves problèmes. L'un était toxicomane, l'autre complètement inféodé à sa mère (il vivait avec elle à 43 ans), un autre encore m'avait caché qu'il vivait déjà avec une autre femme, sans oublier celui qui s'était inventé une profession… Je n'y comprends rien. Qu'est-ce que j'ai qui les attire tellement ? Et pourquoi ce sont justement ceux-là qui me plaisent ? »

Certains parents peuvent se révéler de véritables carica-tures de Sauveurs très intrusifs, d'autant plus que, durant de très longues années, bon nombre d'enfants n'osent pas se rebeller – et n'y consentent parfois que très difficilement lorsqu'ils sont devenus adultes. Il n'y a évidemment pas que les parents qui empiètent sur le territoire des autres. Les amis ou les partenaires d'un couple, quand ils souffrent d'une dépendance affective pathologique, ont également des comportements de Sauveurs.

Jérôme, 32 ans : « *Il y a beaucoup de choses que j'aime-rais dire à Lætitia, mais elle croit tellement bien me connaître qu'elle finit mes phrases et je ne peux pas aller au bout de mes pensées. C'est sûrement pour me prouver qu'elle me comprend, et je n'ose pas lui dire qu'elle se trompe… Et je ne veux rien dire quand je suis en colère, parce qu'elle me reprocherait de la faire souffrir. Je lui parle de moins en moins…* »

En bonne dépendante affective pathologique qui ne sup-porte pas la solitude, Laure ne veut pas que sa collègue Camille rentre seule chez elle (son compagnon est parti deux jours à Londres pour ses affaires). Il est 19 heures et Camille sort de son travail, se réjouissant à la perspective d'une soirée tranquille à la maison, quand Laure la rejoint en courant. « Ma voiture est garée à deux pas, je t'enlève pour la nuit. Il n'est pas question que tu restes seule ce soir ! » Camille se défend : « Non, je t'assure, c'est très gentil, mais j'avais prévu une bonne soirée chez moi… », « Ne me raconte pas d'his-toires, tu seras bien mieux avec moi. Je vais faire des grillades, je vais bien m'occuper de toi ! », « Non, je t'assure, je préfère… », « Taratata, je te connais, tu vas broyer du noir toute la soirée… » C'est ainsi que Camille se retrouva, sans l'avoir désiré, chez Laure… qui ne supportait pas la solitude.

Quand deux sauveurs vivent en couple

Jacques et Jacqueline vivent ensemble depuis bientôt treize ans. Ils avaient tout juste 20 ans lorsqu'ils se sont rencontrés. L'enfance de Jacqueline avait été très difficile – tout comme celle de Jacques. Durant des années, ce dernier s'est consacré à faire le bonheur de Jacqueline – tout comme elle l'a fait pour lui. Ils sont restés ainsi durant une dizaine d'années un couple de Sauveurs (mais aussi de Victimes et de Bourreaux) très dépendants affectivement l'un de l'autre. Et ce de façon pathologique car, à les entendre, chacun s'est sacrifié pour l'autre et, en toute logique, chacun en veut terriblement à l'autre, chacun se sentant la Victime de l'autre : « J'ai tout fait pour lui, et voilà comme il me remercie ! », « J'ai tout fait pour elle, et voilà comme elle me remercie ! »

Jacqueline n'a vu chez Jacques qu'un homme généreux, extrêmement dévoué, dont le seul souci était de la protéger du malheur et de réparer son enfance douloureuse. Jacques n'a vu chez Jacqueline qu'une femme capable de le comprendre, de s'occuper de lui et de réparer son enfance malheureuse. Pourtant, ils se reprochent aujourd'hui de s'être trop « oubliés », d'avoir laissé de côté leurs propres besoins et désirs. Très fragilisée, leur relation est désormais compromise, chacun reprochant à l'autre de n'avoir pas su l'aimer, d'avoir déçu ses attentes de compréhension et d'épanouissement : « J'ai l'impression de ne pas le connaître, il me reproche de n'avoir pensé qu'à moi », « Je découvre une autre femme qui, depuis plus de douze ans, a voulu me contrôler. »

Comment Jacques a-t-il voulu Sauver Jacqueline ?

Depuis sa plus tendre enfance, il est persuadé que, pour bien aimer, il faut s'effacer complètement et remettre son bonheur entre les mains de la personne aimée – et qui l'aime. Il a toujours cru que Jacqueline savait mieux aimer que lui : au tout début de leur relation, il l'a laissée à la fois définir ce qu'est l'amour mais aussi ses modalités « pratiques » et ses règles comportementales (« Quand on s'aime, il faut... »). C'est ainsi que Jacques, pour « bien » aimer Jacqueline et la Sauver, apprit à lui obéir en tous points, à l'écouter encore et encore se plaindre de sa famille, se taisant sur ses propres émotions, ses propres besoins et désirs, ses goûts. Car, lui assurait-elle : « Je sais ce qui est bon pour toi, pour nous. Ne sommes-nous pas heureux ensemble ? » Et Jacques, en bon Sauveur, se conformait à ses demandes, endossant le rôle du bon « réparateur ».

Car Jacqueline a très longuement décrit, au cours de ces années, son enfance pénible : sans cesse elle y revenait, se présentant en Victime et suscitant alors le Sauveur chez Jacques. De façon très indirecte mais bien réelle, elle lui demandait de la guérir de ces longues années si difficiles à vivre. Elle attendait de lui qu'il lui apporte ce que ni son père ni sa mère n'avaient su lui donner. Passant tour à tour du rôle de Victime à celui de Bourreau, elle se servait de sa souffrance pour obtenir de cet homme tout ce qu'elle désirait, se donnant tous les droits – ne lui en octroyant aucun. Elle consultait son téléphone portable (« Quand on s'aime, on n'a pas de secret l'un pour l'autre »), ouvrait son courrier, le triait, le rangeait (« avoir un secret, c'est déjà une trahison. ») Elle prenait toutes les décisions, de façon unilatérale. Alors Jacques, petit à petit, s'est enfermé dans le silence. Il ne lui a jamais parlé de la maltraitance qu'il a subie dans son enfance et son adolescence : c'est Jacqueline qui occupait tout le territoire de la parole, mais aussi de la plainte. Il n'a jamais osé formuler le moindre petit souhait. Afin que Jacqueline se sente « bien » aimée, Jacques a fait des efforts inouïs pour se conformer à ses désirs. Ce faisant, il lui apportait enfin tout ce dont elle avait été privée durant de longues années.

Comment Jacqueline a-t-elle voulu Sauver Jacques ?
Elle lui a enseigné le « mode d'emploi » de l'amour (selon elle). Elle lui a donc appris qu'il fallait « tout se dire, tout faire ensemble » et, surtout, suivre ses conseils à la lettre car, disait-elle : « Moi, je sais ce qu'est aimer ». En échange, elle lui offrait une vie facile : elle s'occupait de tout dans la maison, le déchargeait de toutes les tâches administratives, le soutenait financièrement lorsqu'il en avait besoin. Elle multipliait les attentions, proposait sans cesse de nouvelles activités, le sollicitait très souvent sexuellement, organisait les vacances. Et Jacques suivait.

Si le « Sauvetage » de Jacqueline était autoritaire – il frôlait souvent le jeu du Persécuteur –, celui de Jacques était agi sur un mode complaisant, plus effacé. Mais, progressivement, une grande colère s'est développée en lui car il supportait de moins en moins de se conformer aux désirs de Jacqueline. Il s'est alors permis d'exprimer, d'abord timidement puis de

plus en plus fermement, quelques désaccords et avis person-
nels non «conformes» aux règles jusque-là admises. Et
Jacqueline menaçait alors de le quitter, lui reprochant de ne
plus vouloir l'aimer. C'est ainsi que, depuis trois ans, leur
relation se détériore. Aujourd'hui, elle est en sursis. Jacqueline
se demande ce qu'elle pourrait faire pour garder Jacques, sans
songer un seul instant qu'il pourrait, lui aussi, avoir un avis
sur la question. Selon leurs mouvements sur le Triangle, ils
adoptent successivement les trois rôles: Sauveur («Si tu fais
comme je le veux, tu seras heureux car je t'aimerai bien»,
«Elle a besoin de moi, elle a déjà tant souffert»), Victime
(«Après tout ce que j'ai vécu, je ne supporterais pas que tu
m'abandonnes», «Je ne peux pas faire mieux, tu m'en
demandes tellement») et Bourreau («Si tu ne suis plus mes
conseils, je te quitterai», «Personne ne pourra t'aimer comme
moi ni supporter ton caractère»). Ou comment maintenir
des liens fusionnels qui empêtrent au lieu d'épanouir...

Il convient bien sûr que la Victime reste bien dans son
rôle afin que le Sauveur puisse conserver son pouvoir sur
elle. Car elle ne doit en aucun cas montrer qu'elle peut
devenir autonome: elle doit constamment ou presque avoir
besoin de son aide. C'est ainsi que le Sauveur a tout intérêt
à «choisir» des Victimes qui désirent le rester. Selon
S. Egleston: «On agit en Sauveur chaque fois que l'on
prend quelqu'un d'autre en charge – dans ses pensées, ses
sentiments, ses décisions, ses attitudes, son évolution, son
bien-être, ses problèmes ou son destin[1].» L'évolution de la

1. M. Beattie, *Vaincre la codépendance*, J.-C. Lattès, 1991, p. 113.

Victime ne fait pas vraiment partie des projets du Sauveur qui devrait alors se tourner vers des personnes encore plus «faibles et impuissantes», bref de «meilleures Victimes». Victimes consentantes, du moins dans les premiers temps.

Quand le dépendant affectif est une « Victime »

Lorsque son aide est refusée, ou mal interprétée, le Sauveur se sent rejeté : vexé, il se lamente sur l'ingratitude de la Victime qui n'a pas su l'apprécier à sa juste valeur.

Lorsque Sophie a découvert ce qu'avait fait Liliane, sa mère, elle s'est précipitée chez elle dès la fin de sa journée de travail. Sans même prendre le temps de s'asseoir, elle l'a invectivée :

« Comment as-tu osé me faire ça ? Qui t'a donné la permission de t'immiscer ainsi dans ma vie ? Pour qui tu te prends à la fin ? Et pour quoi me prends-tu ?

— Mais... Je voulais seulement t'aider...

— Non, Maman, tu ne voulais pas m'aider, tu voulais fourrer ton nez dans mes affaires, comme tu l'as toujours fait !

— Moi ? Non, jamais ! J'étais inquiète pour toi, tu disais que...

— Est-ce que tu comprends que je ne peux plus rien dire devant toi ? Je ne peux plus te parler ! Est-ce que tu t'imagines une seule minute ce que mon patron a pensé quand

il a vu tes annonces ? Est-ce que tu peux au moins l'imaginer ?

— Mais tu disais que…

— Est-ce que je t'ai dit que je voulais changer de travail ? Est-ce que je t'ai dit ça ?

— Non, mais tu te plaignais…

— Et alors ?

— Alors je ne veux que ton bonheur… Je voulais juste t'aider… Ne me parle pas si méchamment !

— C'est moi la méchante ? C'est moi ? Et toi, comment peux-tu te qualifier ?

— Je suis ta maman, je t'aime, je m'inquiète pour toi, je ne veux que ton bonheur…

— Surtout, surtout, arrête de t'inquiéter pour moi, d'accord ? L'inquiétude, c'est pas de l'amour… Je ne sais pas si tu sais vraiment aimer…

— Oh, Sophie ! Mais c'est monstrueux ce que tu dis là ! Moi, je ne sais pas aimer ? Moi ? Après tout ce que j'ai fait pour toi ! »

Il est aisé d'imaginer le désarroi de Liliane devenue la Victime de sa fille qui a pris le rôle du Bourreau. Elle qui faisait de son mieux, elle qui était si attentive à la moindre parole de Sophie… Liliane s'est rendue tellement malade après cette scène qu'elle a été hospitalisée pour dépression. Victime de l'« ingratitude » de sa fille, elle a baissé ses bras de Sauveur pour se faire prendre en charge par un autre Sauveur, institutionnel celui-là.

À quoi reconnaît-on une Victime ?

« Je n'en peux plus ! », « Je suis débordée ! », « Je n'y arrive-rai jamais ! », « C'est affreux, tu ne sais pas ce qui m'arrive ? », « Si encore j'étais capable… », « Je ne sais pas vers qui me tourner », « Si encore on m'avait appris ! », « C'est toujours à moi que ça arrive ! », « C'est trop compliqué pour moi », « Je préfère baisser les bras », « Ce n'est pas de ma faute ! », « On ne me demande jamais mon avis ! », « C'est toujours moi qui me dévoue pour les autres ! », « Je n'ai qu'à me résigner », « Quand on a besoin de moi, on me trouve, mais personne ne se demande de quoi j'ai besoin, moi ! »… Les litanies des Victimes ponctuent leurs discours de plaintes et de réclama-tions vindicatives : elles ne peuvent pas vous échapper.

Sans oublier que la Victime ne formule pas toujours ses demandes de façon directe : elle préférera vous dire qu'elle a trop chaud plutôt que de vous demander si elle peut ouvrir la fenêtre (s'il y a plusieurs personnes, vous pouvez être sûr qu'un Sauveur se précipitera pour le faire…) Elle peut aussi le faire avec une certaine agressivité : « Si je ne demande rien, évidemment on fait comme si je n'étais pas là »…

Ce que la Victime ne comprend pas – ne veut pas com-prendre –, c'est qu'elle s'est elle-même mise dans la situa-tion qu'elle déplore : elle l'a provoquée. Lorsque le Sauveur devient Victime, il se sent véritablement humilié alors qu'il ne s'est pas un instant demandé si ce qu'il faisait était adapté ou si ses conseils étaient judicieux. Humilié, vexé et réellement triste car il voulait tellement bien faire ! Les tentatives de justification de Liliane, devenue Victime, sont celles de tous les Sauveurs «bafoués» : «Je ne veux que ton bonheur», «Je voulais juste t'aider», «Je m'inquiétais pour toi»… Un Sauveur souffre terriblement lorsqu'il ne peut pas sauver une Victime, lorsque son aide est déniée, rejetée, critiquée («Regarde ce que tu m'as fait faire!»). Il devient alors la véritable Victime : en l'occurrence, c'est bien ainsi qu'il se perçoit.

Madeleine a toujours été une mère «exemplaire». Elle s'est occupée de ses trois enfants avec dévouement, gentillesse, constance, application et amour. Elle ne vivait que pour eux, elle ne vivait que par eux. Ce qu'elle reconnaît bien volontiers : «Ils étaient ma raison de vivre, ils étaient tout pour moi.» Mais les enfants ont grandi et Madeleine se sent perdue. Son mari est «depuis toujours» très souvent absent pour son travail, elle n'est pas encore grand-mère, a peu d'amies — elle n'a guère pris le temps de s'en faire et, lorsque son époux est à la maison, il préfère les tête-à-tête. «J'ai tout fait pour mes enfants, je leur ai tout sacrifié : ma vie de femme, puisque je n'ai jamais suivi leur père dans ses déplacements ; ma vie professionnelle aussi, car j'adorais le métier qui aurait dû être le mien. Et aujourd'hui je suis seule, je ne sais pas quoi faire de moi, ma vie m'ennuie. Mes enfants sont dispersés, loin d'ici, ils mènent leur vie sans se poser de questions sur la mienne. J'aimerais tant les serrer dans mes bras! À quoi auront servi toutes ces années où je ne vivais que pour eux ? Je n'existais qu'à travers eux. Ils me téléphonent, de temps à autre, un bref moment. Nous communiquons par e-mails aussi. Mais je ne sais même pas comment ils vivent, je ne connais pas leur maison, leur environnement. Ils me racontent quelques bribes, par-ci, par-là... Il me faut bien de l'imagination pour me les représenter. Aujourd'hui, ma vie n'est qu'un grand vide, après tout ce que j'ai fait pour eux, ce n'est vraiment pas juste !»

Madeleine souffre du syndrome du nid vide : ses enfants partis, elle se sent abandonnée, inutile, mal aimée. Elle attendait de la reconnaissance, de la gratitude, une sorte de « retour sur investissement » affectif. Elle n'a pas compris qu'elle avait seulement rempli son rôle de mère. Nul au monde ne l'a contrainte à sacrifier sa vie professionnelle, nul au monde ne l'a empêchée de suivre, parfois, son époux dans ses déplacements. Lui qui n'attendait que ça ! Elle seule a décidé de s'oublier.

Élise est une jeune femme de 32 ans, mère de trois jeunes enfants. Après leur mariage, son époux voulait très vite des enfants : elle a abandonné ses études de médecine. Il voulait vivre à la campagne : elle l'a suivi, acceptant de s'éloigner de sa famille, de ses amies et de son mode de vie. Après la naissance du dernier, elle avait pris cinq kilos que son époux lui a demandé de perdre : elle s'est mise au régime. Pendant ses rares moments de liberté, elle écrivait des contes pour enfant, ce qui lui a valu le mépris ironique de son époux : elle a rangé cahiers et crayons. Et ainsi de suite : Élise s'est perdue. Elle a aliéné sa véritable personnalité par peur de déplaire et d'être rejetée.

Dans de telles situations, le Sauveur peut s'identifier à un martyr : ne sacrifie-t-il pas son temps, son énergie, sa créativité aux autres ? N'abandonne-t-il pas, s'il le juge nécessaire, son propre confort – émotionnel et matériel – pour le bonheur des autres ? Ne se dévoue-t-il pas suffisamment ? Ou mal ? Mérite-t-il un tel abandon ? Décidément, notre Sauveur se sent trop souvent la Victime d'une telle injustice qu'il ne peut qu'en endosser le costume…

Un couple de victimes : une relation difficile

Agnès (35 ans) et Olivier (34 ans) viennent de se séparer après un an et demi de vie commune. Ils se sont rencontrés un soir, chez des amis : la soirée s'est prolongée très tard dans un bar où l'une et l'autre se sont raconté leur vie – des vies pénibles. Chacun se présentait comme une Victime, suscitant en l'autre le Sauveur.

Je ne donnerai pas tous les détails, ce serait trop long, mais voici l'essentiel. Aujourd'hui, Agnès vit seule avec sa fille de 5 ans, après avoir vécu bon nombre d'aventures qui n'ont jamais duré plus de deux ans. Avec chaque homme, elle s'installait très vite dans une vie commune : « une assurance contre la séparation », dit-elle. Fille unique, elle a grandi entre un père et une mère toujours en conflit et qui, trop préoccupés par leurs querelles, ont « oublié » de valoriser cette petite fille, ne lui faisant jamais un compliment. Agnès avait d'ailleurs très vite compris qu'il valait mieux pour elle ne pas se faire remarquer, ne surtout pas déranger ces adultes irascibles qui paraissaient trop souvent l'ignorer. N'ayant pas beaucoup existé aux yeux de ses parents (c'est du moins ce qu'elle croit), ils ne l'ont évidemment pas

aidée à se construire une bonne image d'elle-même. Elle n'a pas fait d'études et en est aujourd'hui très complexée. « Je ne sais pas ce que signifie devenir adulte », dit-elle en penchant la tête sur son épaule, comme pour s'en excuser. « Je crois que j'ai toujours cherché à être aimée. » C'est ainsi que les hommes avec qui elle a vécu étaient tous « difficiles, marginaux. Ils avaient besoin de moi. » Un ancien « taulard », deux toxicomanes (dont l'un est le père de sa fille), un pervers manipulateur…

Olivier est malade alcoolique. Son histoire est dramatique. Âgé de 5 ans lorsque ses parents ont divorcé, il est resté avec son père et ses deux petits frères. Sa mère avait déjà fait plusieurs tentatives de suicide, la dernière lorsqu'il avait 5 ans : elle s'était ouvert les poignets et était entrée dans sa chambre pour les lui montrer. Son père a vite retrouvé une compagne, mais elle ne voulait pas se charger des trois garçons. Elle l'a donc quitté pour un autre homme et lui est parti à l'étranger (à son retour, ils se sont remis ensemble). Pendant cette absence, la DASS a dû placer Olivier et ses frères dans une institution durant onze ans (sa mère venait lui rendre visite tous les quinze jours). « Mon père m'a beaucoup manqué, dit-il. En fait, j'ai été un père pour mes frères et un mari pour ma mère, même si elle avait beaucoup d'amants. » Olivier n'a pas eu d'enfance : on la lui a volé. Parentifié très tôt, les chantages affectifs de sa mère l'ont fait grandir trop vite.

À l'écoute du récit de leur vie, le Sauveur de chacun s'est évidemment apitoyé sur les épreuves de l'autre et, deux mois plus tard, Olivier est venu s'installer dans l'appartement d'Agnès (quittant une chambre minuscule qu'il occupait avec un ami). Mais l'euphorie des débuts s'est vite transformée en incompatibilité à vivre ensemble. Persuadés que leurs souffrances passées leur donnaient le droit de tout exiger de l'autre, ils ont rapidement accumulé les déceptions et les rancunes. « Il ne m'écoute pas, se plaint Agnès, et quand il a bu, il me menace de partir. Pourtant, je fais tout ce que je peux pour lui faciliter la vie. » « C'est Agnès qui décide de tout, elle ne me fait pas confiance, pourtant, je fais tout ce que je peux pour lui être agréable », déplore Olivier. Agnès, qui craignait qu'Olivier ne reste pas avec elle s'ils ne vivaient pas ensemble, ne comprend pas qu'Olivier aime passer des moments « avec ses potes », sans elle. Olivier a le sentiment de faire « beaucoup de concessions » et d'avoir changé de vie pour elle. Il trouve qu'elle ne fait aucun effort.

Agnès est dans la peur : elle ne sait pas s'il va rester. Olivier la trouve trop exigeante et la voudrait plus patiente. « Je me sens utilisé pour qu'elle conserve son équilibre », dit-il, tandis qu'Agnès se plaint parce qu'ils ne font pas grand-chose ensemble. « Elle me dévalorise chaque fois que je ne suis pas d'accord avec elle », « Il parle beaucoup, mais pas de choses profondes, et je déteste qu'il se valorise devant mes amis. » « Agnès n'est pas assez câline, pas assez amoureuse », dit-il, « Avec Olivier, je m'ennuie. Je suis en colère après lui et je m'en veux. De toute façon, il ne peut pas m'épauler », dit-elle.

Après avoir été dans des rôles de Victime, puis de Sauveur, Agnès et Olivier sont devenus des Bourreaux l'un pour l'autre.

Quand le dépendant affectif est un « Bourreau »

Ce sont ces allers-retours du Sauveur à la Victime qui peuvent rendre le Sauveur de plus en plus irascible et tyrannique, particulièrement apte aussi au chantage affectif. Ce dont Liliane, souvenez-vous, ne s'est pas privée. Car comment ose-t-on refuser son aide ? Comment ose-t-on l'agonir de reproches ? Faut-il qu'elle soit bien mal aimée… Il est pourtant fréquent qu'un Sauveur soit rabroué, sans que pour autant il se pose les bonnes questions : en bonne Victime, c'est toujours l'autre qui a tort. L'autre, c'est sa Victime – qui est en quelques brefs instants devenue son pire Bourreau, qui le persécute. Lui reproche-t-on d'avoir été trop loin ? Il se défend en arguant qu'il a le droit d'aider ceux qu'il aime, que c'est même son devoir – quitte à se montrer intrusif et gênant.

Ainsi, lorsque la Victime (celle que le Sauveur a voulu aider) décide de ne plus se laisser manipuler par ce Sauveur, quand **elle s'émancipe** en se libérant de cette tutelle, le Sauveur risque bien, nous l'avons vu, de se transformer en Bourreau, en Persécuteur. Peut-être était-il devenu un peu trop autoritaire à force de s'occuper de tout et de dicter sa conduite à la personne sur laquelle il avait jeté son dévolu ? Peut-être cette Victime éprouve-t-elle l'envie de se prendre en main, de voler de ses propres ailes ? La Victime, qui dès lors n'en est plus une, se détourne de lui pour cause de tyrannie ou d'intrusion massive dans sa vie. Alors, devant cette notoire ingratitude, ce Sauveur devenu Victime va

75

prendre le rôle du Bourreau : « C'est comme ça que tu me remercies ? Avant de me connaître, tu n'étais rien ! Tu n'étais rien et tu ne vaux rien ! Quand je pense à tout ce que j'ai sacrifié pour toi ! Tu n'as même pas été capable de l'apprécier ! Tu le regretteras, tu sais, mais il sera trop tard… »

À quoi reconnaît-on un Bourreau ?

Si, comme le Sauveur, le Bourreau sait ce qui vous convient, ce qui est bon (juste, utile, efficace) pour vous, il ne cherchera vraiment pas à vous séduire pour vous en convaincre. Tout à l'inverse, il vous assénera sa façon de voir avec force et autorité. Son discours s'accompagnera de critiques – quand il ne tentera pas de vous rabaisser ou même de vous humilier. Il ne vous écoute pas, ne tient aucun compte de vos propos, de vos arguments, et encore moins de vos émotions qui ne le concernent en rien. Elles peuvent tout au plus l'exaspérer ou, pire, l'amuser et provoquer ses sarcasmes.

Les deux modes de communication du Bourreau sont la colère (à des degrés divers, depuis la simple irritation jusqu'à la rage) et la leçon de morale très critique à votre égard. Très autoritaire, il désire conserver le contrôle de vos actes, mais aussi de vos pensées. Car il a raison en tout et n'a surtout pas envie de s'encombrer de vos plaintes (il ne peut jouer ce rôle que si vous vous présentez en Victime) ou de vos désirs (il deviendrait alors votre Sauveur). C'est lui qui commande, un point c'est tout. Sa colère, sa frustration s'expriment sur un ton qui interdit la discussion. Sous couvert de franchise, il vous assène ses arguments sans attendre de réplique de votre part. Très souvent dévalorisant, il se montre sévère, dur et tranchant. Il blâme et considère toute interaction comme une prise de pouvoir. D'ailleurs son attitude, le ton qu'il emploie et l'ensemble de son comportement non verbal ne vous laissent aucun autre choix que de vous taire. À moins que vous ne soyez prêt à subir ses foudres puisque votre souffrance le laisse totalement indifférent – ou que vous tentiez de devenir son Sauveur. Le Bourreau veut contrôler, et ça ne se discute pas.

Il est très facile de passer du rôle de Sauveur à celui de Bourreau. Il suffit d'avoir le sentiment d'avoir trop longtemps malmené ses propres désirs ou envies, « d'en avoir beaucoup ou trop fait » pour quelqu'un, d'avoir l'impression d'avoir été utilisé, exploité et harcelé par des demandes incessantes. Surtout si les remerciements ne sont pas au rendez-vous, ou insuffisants ou pas « bien » exprimés. Le dévouement a ses limites et si, en plus, l'on doit faire face à de l'ingratitude ou de l'indifférence, si l'on n'en obtient ni approbation, ni reconnaissance, à quoi cela sert-il ?

Danièle s'est toujours présentée comme une Victime de ses collègues : en bon Sauveur, elle prend en charge une grande partie de leur travail pour éviter les retards, elle fait même des heures supplémentaires de façon tellement discrète que personne ou presque n'en est informé. Pourtant, ce faisant, elle accumule beaucoup de ressentiment contre ses collègues et, un jour, elle est allée déposer ses doléances sur le bureau de son supérieur hiérarchique, accomplissant ainsi un acte de délation. Tout y était précisé : les retards et départs avant l'heure, son surcroît de travail. Le Sauveur en elle aimait tellement sentir que ces collègues avaient besoin d'elle qu'elle avait outrepassé ses forces, son énergie et ses capacités de dévouement à leur égard. Passant par la case « Victime », elle a considéré qu'elle en faisait trop, qu'elle n'en obtenait aucune reconnaissance, pas même un « merci ». Il est vrai que, selon ses dires de Victime, ils ne se sentaient absolument pas redevables de ses efforts pour les soulager dans leur travail. Elle est donc allée dans la case « Bourreau », sans réfléchir aux conséquences de son acte. Tout cela inconsciemment, bien sûr.

Stéphane, 38 ans, se présente comme un Sauveur qui se sacrifie pour ses parents. S'il gagne plutôt bien sa vie, il ne part jamais en vacances car ses parents (des Victimes) n'ont pas les moyens de s'offrir le moindre petit voyage. Il « permet » à sa mère (Sauveur également dans cette situation) de venir chez lui tous les jours pour faire son lit, s'occuper de ses vêtements, de son ménage, et lui apporter un repas chaud chaque soir. « Elle est tellement contente de faire ça pour moi ! », dit-il. Nous avons parlé de cette situation et il a convenu avec moi qu'il pouvait peut-être faire son lit lui-même. « Je ne veux surtout pas la priver de ce petit bonheur… », affirmait-il en Sauveur. À force de se plaindre de ses parents et des sacrifices qu'il fait pour eux, il ressent de plus en plus de colère à leur égard : « C'est à cause d'eux que je gâche ma vie ! Pour ne pas les abandonner, je n'ai ni vacances, ni même des week-ends… Je ne supporte plus cette *vie étriquée… » Et puis un jour, il est arrivé tout souriant pour sa séance. Il s'est assis et m'a annoncé : « Voilà, je l'ai fait !*

— Qu'avez-vous fait ?

— J'ai craché sur ma mère !

— Vous avez craché sur votre mère ?

— Oui, j'ai réussi à le faire. Dans tous les livres de psy que je lis, on dit qu'il faut exprimer sa colère : alors je lui ai craché dessus. Je lui ai exprimé ma colère. »

La réaction de Stéphane est catastrophique. Il s'est transformé en « Bourreau ».

Un couple de Bourreaux : une relation en péril

Chantal et Pierre sont mariés depuis vingt-six ans, ils ont trois enfants, étudiants. Chantal, qui adopte en premier lieu un rôle de Victime, déplore le manque de communication entre eux, regrette qu'ils ne fassent pas plus de choses ensemble et se plaint de la façon dont Pierre lui parle : « Il me parle mal, il le fait exprès. » Pierre, qui se place d'emblée en Sauveur, lui fait remarquer qu'il est surtout attentif « aux choses importantes, comme la santé, l'entente familiale, sa vie professionnelle », et qu'il est constamment en train d'aider quelqu'un. « On peut me présenter n'importe quel problème, ajoute-t-il, je trouve toujours une solution. » Puis, très vite, chacun se place en Bourreau : « Tu ne sais que me critiquer du fond du canapé où tu es toujours vautré », dit-elle, « Tu as toujours été complètement coincée, tu détestes faire l'amour », réplique-t-il. « C'est pour ça que tu m'as trompée… Et pourquoi est-ce que je n'avais pas envie de faire l'amour avec toi, à ton avis ? Tu ne pensais qu'à toi ! », « Oui, je t'ai trompée, tu sais très bien pourquoi : tu ne voulais pas que je te parle de mes problèmes au travail. Alors oui, je suis allé chercher ailleurs ce que tu ne me donnais pas, ce que tu étais incapable de me donner. Tu passais ton temps à te plaindre de tout, ta vie, tes parents… On se demande qui de nous deux est égoïste ! », « Dès que je dis quelque chose, tu me casses complètement, comme si tu te trouvais plus intelligent que moi ! On croit rêver ! », « Tu ne parles que de toi. Même les enfants le disent ! » « Et tu trouves malin de monter les enfants contre moi, peut-être ? Ce n'est pas ce qu'on peut attendre d'un bon père ! » Etc.

Et finalement, après avoir bien exprimé leurs colères, leurs désillusions, Chantal et Pierre, que j'interroge sur leurs attentes mutuelles, ont les mêmes réponses – les mêmes attentes : toujours davantage de marques d'amour…

Nul doute que bon nombre de Sauveurs ignorent qu'il est parfois difficile, voire pénible, de démontrer de la gratitude à leur égard : ce serait alors un aveu de sa propre impuissance. Car « Il faut beaucoup de force et d'orgueil, ou de placidité, pour supporter ses propres dettes sans inquiétude ni ressentiment[1]. » Il est fréquent de rencontrer des personnes qui se détournent de celles qui les ont connues en fâcheuse posture, ou très en demande, dans des situations

_____

1. A. Memmi, *op. cit.*, p. 73.

difficiles. Cette attitude signe le besoin de conserver la tête haute une fois le « sauvetage » réussi.

Dans ces cas-là, nous en reparlerons, le Sauveur doit, autant que faire se peut, dissimuler le mieux possible son ressentiment. Les Bourreaux n'ont pas très bonne presse – ils se cachaient même le visage… Si le Persécuteur se révèle, le risque est alors d'être « désaimé ». Ce qui est à la fois proprement im-pen-sa-ble et surtout inadmissible. Alors il convient de refouler, de refouler encore, d'éviter de se montrer agressif – ou même un tantinet bougon. Le Bourreau exprime très clairement, par ses mimiques et ses attitudes, une grande colère qu'il n'exprime pas toujours. Il serait bien trop dangereux pour le Sauveur d'exposer cette colère au grand jour. D'autant plus qu'elle peut lui servir d'alibi en retournant la responsabilité des « ratages » de son Sauvetage – accompagnés de leur cortège d'émotions pénibles – sur la Victime. N'oublions pas que, souvent, les Victimes s'avèrent plus fortes que les Sauveurs dans la mesure où elles savent fort bien obtenir ce qu'elles désirent. L'équation est d'une grande logique : le fait de Sauver une Victime finit toujours par déclencher de la colère car le Sauveur finit par se lasser de se dévouer alors qu'il n'en a pas toujours envie tandis que la Victime se lasse d'être considérée comme une sorte d'infirme. Le Sauveur finit par devenir son Persécuteur qu'à son tour elle va persécuter, le transformant en Victime. Et la boucle du jeu psychologique est bouclée. Le « bénéfice » étant de dévaloriser l'autre ou de se sentir soi-même dévalorisé.

Que faire alors pour se réconforter dans ce dernier cas ? Manger (trop), fumer (trop), multiplier les partenaires sexuels, se droguer, passer la nuit sur une console de jeu ou se tuer au travail… Ou encore tomber malade, faire une « bonne » déprime… Car un Sauveur qui a le sentiment d'avoir perdu le contrôle sur la Victime, qui pense n'avoir plus aucun pouvoir sur elle – puisqu'elle se refuse désormais à tout « Sauvetage » de sa part –, ce Sauveur-là, se sentant inutile, limité, peut-être incompétent, imparfait forcément, rejeté, retrouve la détestation de soi qui l'avait amené à ce type de comportement : la prise en charge du bonheur de l'autre. Or cette détestation de soi est la voie royale par où s'engouffre la dépression.

Il est possible, aussi, de retourner à la case départ : chercher vite une pauvre Victime à sauver qui, elle, saura apprécier ce que l'on fait pour elle. C'est le schéma le plus fréquent : il permet de continuer à compenser les carences affectives de « l'enfant intérieur » de ces personnes dont l'immaturité affective est si manifeste.

L'immaturité affective

« Seul l'autre peut me rendre heureux » : telle est la croyance profondément ancrée des dépendants affectifs pathologiques (cet autre pouvant être un membre de la famille, un ami ou un partenaire du couple). Telle est aussi la définition de l'immaturité affective. Avec toutes les déclinaisons possibles : « Je suis incapable de vivre seul », « Seule, je ne vaux rien », « L'autre est responsable de mon bonheur », « Je suis responsable du bonheur de l'autre », « Nous ne faisons qu'un », « Nous sommes semblables ! », « L'autre est tout pour moi », « Si nous nous séparions, j'en mourrais », « Je dois être tout pour l'autre », « L'autre doit toujours être là pour moi », « L'autre doit être mon seul souci », « Je dois être le seul souci de l'autre », « Quand on s'aime, on doit tout faire ensemble, tout se dire, ne rien se cacher », « L'autre est là pour me combler », « Je dois combler l'autre », « L'autre doit pouvoir compter sur moi à tout moment », « Je dois pouvoir compter sur l'autre à tout moment », « Je dois être la personne la plus importante pour l'autre »… Si nous avions affaire à des enfants, à un âge où les parents sont censés s'occuper d'eux presque constamment, où ils ont pour tâche d'être attentifs aux besoins de leurs petits qui doivent être au centre de leurs préoccupations, certaines de ces certitudes seraient tout à fait acceptables. Du moins celles qui concernent les devoirs des parents vis-à-vis de leurs enfants. Mais nous parlons ici d'adultes. Personne n'a plus à les nourrir, à les vêtir, à leur chanter des chansons pour les endormir, à les relever quand ils tombent et à souffler sur leurs bobos, pour sécuriser leur environnement… Ce temps-là devrait être révolu. Pourtant, les personnes souffrant d'immaturité affective sont encore dans cette attente « d'une figure qui est toujours *là* : dieu personnel, ange protecteur…[1] ». Un dieu protecteur qui se porte garant de leur sécurité – affective, bien sûr, et qui les prenne en charge, qui les sauve et les rassure, qui justifie leur existence, qui les guide.

---

1. I. Yalom, *La Thérapie existentielle*, éd. Galaade, 2008, p. 179.

L'immaturité affective est beaucoup plus fréquente que l'on imagine, même chez des individus tout à fait adultes dans d'autres domaines de leur vie. Elle se traduit surtout par des comportements éminemment **possessifs** et très **exigeants**. Monsieur veut-il organiser une « soirée foot » avec des amis ? Madame l'accusera de l'abandonner, de préférer ses copains, de ne pas s'intéresser suffisamment à elle. Madame veut-elle organiser un « dîner de filles » à l'extérieur ? Monsieur l'accusera de ne pas l'aimer assez, de le délaisser, de ne pas s'occuper de lui… Les exemples, dans les couples mais aussi dans les relations familiales et amicales, sont pléthore.

Cette immaturité affective des dépendants affectifs pathologiques les pousse à vivre des relations « de type parent-enfant » malsaines[1] pas toujours satisfaisantes ni épanouissantes, loin s'en faut, mais que les partenaires (en amitié comme en amour) ne veulent surtout pas rompre, car la solitude les attendrait au détour de la séparation. Et comme leur bonheur ne peut arriver **que par l'autre**, il leur est tout bonnement impossible d'imaginer de mettre fin à une relation (avec ses parents ou ses enfants, ses amis ou ses compagnons). Une patiente m'a dit récemment : « Une séparation, c'est un anéantissement ! ». C'est en ces termes aussi que peut être décrite l'immaturité des dépendants affectifs pathologiques. La dépendance est trop forte pour être transgressée : trop grand est le **besoin** de la présence de l'autre, de son approbation. Il ne s'agit donc plus pour eux de l'envie (naturelle) d'aimer et d'être aimé : le manque de sécurité

---

1. M. Beattie, *op. cit.*, p. 122.

affective dans l'enfance l'a transformée en besoin, source de la trop forte dépendance. Un besoin qui les contrôle totalement, un besoin jamais totalement assouvi.

Il est parfois étonnant d'observer à quel point la dépendance affective pathologique empêche d'aimer vraiment : l'autre, que l'on croit pourtant aimer sincèrement, n'est qu'une image sur laquelle ces personnes plaquent des comportements amoureux, pour la bonne raison que cet autre est simplement là pour combler un vide affectif abyssal. Il n'est donc pas aimé pour **ce qu'il est**, mais pour ce qu'il représente. Nous retrouvons là le mythe – encore bien vivant – du prince charmant qui saura (enfin !) apporter à la femme **tout** ce qu'elle désire et plus encore. Le prince charmant, une image pour jeunes femmes qui se conduisent comme des enfants capricieuses toujours en quête d'absolu, qui refusent la réalité et vont de frustrations en déceptions amoureuses, qui semblent ignorer que l'autre a aussi des attentes et des besoins. Ceci est aussi valable pour les hommes qui attendent la femme idéale.

La terreur de la solitude

La dépendance affective problématique ou pathologique est donc née dans le creuset de l'insécurité affective de l'enfance et de l'adolescence. Chez les adultes, elle se traduit immanquablement par une véritable terreur de l'isolement. Et le mot terreur n'est pas trop fort. C'est pourquoi les comportements de ces personnes sont dictés par l'évitement de la solitude. L'autre – les autres – devient le produit consommé par le toxicomane (alcool, cocaïne, héroïne, crack, etc.), produit dont il ne peut se passer.

C'est ainsi que, et les progrès technologiques semblent avoir été prévus à cet effet, il serait impensable de ne pas être relié à l'autre, les autres qui, par leur présence constante, maintiennent le lien affectif et sécurisent. Aujourd'hui, les outils de communication permettent à chaque instant de rester « en contact » : sinon, la souffrance submerge aussi vite que l'angoisse du vide, de la non-existence. Car vivre sans l'autre est impossible : cela signifierait que l'on se retrouve seul face à soi-même – à son désamour de soi lorsque l'autre ne nourrit plus de l'émerveillement de sa présence.

Louise a aujourd'hui 59 ans. Elle est mariée depuis trente-cinq ans à J. dont le métier impose de très fréquents voyages à l'étranger. Elle est la mère de quatre enfants, tous mariés et sans enfants, dispersés dans toute l'Europe. Elle se sent un peu « perdue » et dit avoir honte de venir consulter une psychothérapeute : « C'est une marque de faiblesse » pense-t-elle. Je ne me reconnais pas : je croyais être gaie et je découvre depuis quelques années que je n'ai plus de désir, que je suis triste, apathique, peut-être un peu déprimée », ajoute-t-elle. Jusqu'alors, elle avait (sans le savoir consciemment) utilisé le déni pour « mettre de côté » tout ce qui la gênait. Mais « tout revient et j'ai besoin de parler de moi ». Louise, qui s'était murée dans le silence, souffre de tensions musculaires douloureuses, surtout dans la nuque : « On m'a toujours appris à me tenir droite, quoiqu'il puisse arriver », dit-elle, ajoutant que « la communication sur les émotions a toujours été interdite, même avec des amies proches ». Elle prend un antidépresseur depuis dix-huit mois, mais ne se sent pas tellement mieux.

« Je me suis complètement investie dans ma famille car j'ai cru longtemps au mythe de la famille parfaite. Mais je déchante. J'ai sans doute été surprotectrice pour mes enfants, car j'ai le sentiment qu'ils ont élevé un mur entre eux et moi. Mais je n'ai pas le droit de me plaindre : je ne mérite pas ce que j'ai à côté des autres qui ont eu moins de chance ! Je ne dois pas dire ce qui ne va pas. » Louise juge ainsi ses émotions pénibles illégitimes. « Mon mari n'a pas le temps d'être romantique – il ne l'a jamais été, mais c'est un homme bien. Je ne veux surtout pas être lourde pour lui, il a tellement de responsabilités ! Je voudrais être une plume mais j'ai du mal à cacher ma tristesse… C'est curieux, je fais souvent le même cauchemar : je perds mon alliance… Je suis très seule, finalement, mais je fais ma difficile… Nous avons une très belle maison de campagne, en Bourgogne. Mon mari adore y aller. Moi j'aimerais bien y inviter des amis, mais il veut que nous restions seuls. Il est un peu ours… Même à Paris, je ne peux pas voir grand monde, car je dois rester disponible pour lui. Alors je ne peux pas m'engager dans une activité régulière. Je sais qu'il voit bien que ça ne va pas très bien, et je m'en veux, mais il refuse d'en parler. Moi aussi, je suis bien obligée de lui cacher beaucoup de choses : ma tristesse, mes douleurs… J'ai peur de lui en parler et de mettre mon couple en péril. En plus, ce n'est jamais le moment de parler avec lui. Dès que le repas est fini, repas pendant lequel il écoute les informations, il va dans son bureau… Il est de moins en moins disponible pour moi… Je lui en veux quand même un peu, mais il ne faut pas qu'il sache… Il faut que *j'apprenne à fonctionner autrement : il prend sa retraite dans un an... Je ne me sens plus exister à vivre ainsi avec lui, comme si je ne l'intéressais pas. En réalité, j'ai très peur qu'il se détourne de moi, qu'il me quitte si je suis sincère avec lui. Pourtant, il faudrait que j'apprenne à vivre moins en fonction de lui, mais je ne sais pas faire. Et il me le reprocherait... Quand il y a un désaccord entre nous, même léger, il veut toujours avoir raison, c'est toujours moi qui ai tort. Peut-être a-t-il vraiment raison ? Je ne sais plus quoi penser... Même quand il n'est pas là, j'hésite à inviter des amis, j'ai peur qu'il l'apprenne, et comme il est très possessif, je ne veux surtout pas le contrarier. »*

Les grands dépendants affectifs ne trouvent d'intérêt à la vie que si un autre la rend attrayante. Ne s'aimant pas, comment pourraient-ils vivre un seul instant en bon accord avec eux-mêmes ? C'est pourquoi ils croient ne pouvoir vivre que par l'autre, ce magicien qui seul sait raviver l'étincelle de vie qui demeure au plus profond d'eux... Ou vivre par procuration.

Annie, une jeune femme de 42 ans, vit depuis la fin de son adolescence dans la terreur de la solitude. Elle est belle, profondément gentille et très créative. Pour ne jamais risquer d'être seule, elle a, reconnaît-elle, trouvé un excellent remède. Tout d'abord, elle s'est mariée très jeune (elle n'avait que 20 ans) avec G. et s'est empressée d'avoir trois enfants « dans la foulée. Au moins, j'étais assurée pour plus de vingt ans, si mon mari me quittait, de rester avec mes trois enfants, de ne pas être seule », explique-t-elle. Puis, très rapidement, elle s'est inscrite sur un site d'escorte et, son physique très avanta-geux aidant, elle avait en « en-cours » plusieurs hommes avec qui elle passait des soirées, parfois même des fins de semaine et de temps à autre de courtes vacances. Tout en gagnant de belles sommes d'argent. Ce qui ne l'empêcha pas de tomber « follement amoureuse » d'un homme, E.. Elle en informa son époux qui accepta de la partager avec E., à condition qu'elle ne soit pas absente plus de trois nuits par semaine. Annie, entre ses enfants, son mari, son amoureux et les hommes de rencontre, était vraiment très occupée et n'avait surtout pas le temps de se retrouver seule…

Puis, au fil des années, elle s'éprit de l'un de ses « clients », C., et, tout naturellement, en parla à son époux. Mais E., qu'elle informa également, la quitta : s'il acceptait qu'elle reste avec G., son mari, il n'était pas question pour lui d'avoir un rival « de cœur ». Annie vécut cette rupture dans la douleur, mais elle n'eut pas le temps de s'appesantir sur son chagrin : d'autres hommes étaient là qui l'aimaient, qu'elle aimait.

Puis elle rencontra très vite un autre « client » dont elle tomba amoureuse en quelques soirées. Informé, G. se mon-tra encore très tolérant, tandis que C. était, mais en secret, rongé de jalousie. Pourtant, ne voulant pas la perdre, il se montrait toujours charmant avec elle – et fort généreux.

Annie est heureuse : elle maintient la solitude si loin d'elle que, pense-t-elle, elle ne l'atteindra jamais…

Cette terreur de l'isolement est vécue comme une angoisse de séparation – une angoisse de mort. D'autant plus que l'isolement (pourtant le lot de chaque être humain) contraindrait à l'apprentissage de l'autonomie : « Si je suis seul, je deviens responsable de moi, de ma vie. » Mais souvenons-nous : les personnes trop dépendantes se ressentent comme impuissantes à gérer seules leur vie, démunies de toutes ressources, incapables d'exister sans l'autre. Ce qui explique les nombreuses somatisations liées à cette terreur fondamentale de la solitude et les comportements compulsifs visant à éloigner l'angoisse née de l'insécurité affective. Cette peur quasi panique génère des attitudes d'oubli total de soi pour se consacrer, se dévouer parfaitement et uniquement à l'autre, aux autres. Le refoulement des émotions génère toujours des somatisations, tout comme leur déni. Le mental et le physique forment un tout, il est impossible de les dissocier. D'autant plus que nos émotions s'inscrivent en premier lieu dans notre corps et participent à nos processus mentaux et intellectuels. « La tumeur, disait Fritz Zorn, c'étaient des larmes rentrées. Toutes les larmes que je n'avais pas pleurées et n'avais pas voulu pleurer au cours de ma vie se seraient amassées dans mon cou et auraient façonné cette tumeur parce que leur véritable destination, à savoir être pleurées, n'avait pas pu s'accomplir[1]. » Paradoxalement, c'est en s'oubliant elles-mêmes au profit d'autrui que ces personnes ont le sentiment de vivre pleinement ! Cette sorte d'acharnement dans la quête d'amour, d'approbation et de reconnaissance est proportionnelle à la peur de la solitude qui les poursuit encore et toujours. Jusqu'à placer cet autre sur un piédestal d'où il ne pourra que

_____

1. Fritz Zorn, *Mars*, Gallimard, 1979.

dégringoler : l'idolâtre alors retombera dans une désillusion d'où naîtront la colère et la dépression.

Mais avant la rupture, vient tout d'abord le temps de la grande tempête émotionnelle, chargée de larmes, de cris, de supplications, d'injures, de critiques acerbes et de menaces. D'espoirs aussi, parfois : « aimer pour deux » ne rebute pas les grands dépendants affectifs et, même devant l'inéluctable, ils se prennent à espérer encore, à croire en un renouveau de la relation – contre toute réalité. Ils sont prêts à tout pour conserver ce regard de l'autre qui les anime, qui les fait exister, qui les rend aimables au premier sens du terme. Qui vient masquer le si douloureux et si profond mal-être auquel ils veulent à tout prix échapper.

Pour les dépendants affectifs pathologiques, il est toujours préférable de maintenir une relation, même destructrice, plutôt que de vivre la solitude. C'est ainsi que nous rencontrons de ces personnes qui, bien qu'étant très malheureuses dans leurs relations amoureuses ou amicales, ou même familiales, ne peuvent pas y renoncer, ne veulent pas. Leur souffrance serait bien pire, croient-elles, que ce qu'elles subissent dans ces liens malsains ou invivables. Et quiconque voudrait leur faire comprendre qu'elles méritent mieux, qu'elles sont trop malheureuses et qu'il vaudrait bien mieux envisager une rupture serait immédiatement considéré comme un ennemi. Car, le plus souvent, elles confondent la force de leurs sentiments avec leur terreur de l'isolement. Plus elles craignent la solitude et plus elles sont persuadées d'aimer. Combien de fois n'avons-nous pas entendu l'expression de cette croyance : « La vie n'a aucune valeur tant que l'on ne vit pas en couple », avec son corollaire : « Tant que je ne vis pas en couple, je n'ai aucune valeur » ? Le couple est « une valeur sûre », sécurisante. Ces idées sont enfouies si profondément dans les inconscients collectifs qu'elles ne risquent pas de perdre leur puissance.

C'est ainsi que l'autre, celui qui donne la vie aux grands dépendants affectifs, est réduit (très inconsciemment) à un rôle de soufflet, si l'on peut dire : un soufflet qui attise les braises et crée le feu – la vie. Époux, amants et compagnons, épouses, maîtresses et compagnes, amis et amies, membres de la famille sont utilisés comme des soufflets : ils existent pour éviter l'isolement. Ils sont perçus comme étant différents, plus forts qu'eux et c'est justement cette force qu'ils utilisent pour eux. L'autre est nécessairement pourvu d'une puissance qui leur manque : la relation avec lui permet, un temps, d'acquérir cette puissance. Ce n'est pas l'être qui est aimé, mais ce qu'il apporte : une protection contre l'isolement. C'est bien pourquoi il ne faut jamais cesser de plaire, il faut toujours rester parfait.

L'histoire qui va suivre peut paraître invraisemblable et caricaturale, mais elle est vraie.

Nous sommes le 29 novembre 2006, il est 12h30 : Virginie sonne à ma porte. C'est son deuxième rendez-vous avec une psychothérapeute. Elle aura 39 ans dans un mois. Mignonne, coquette, le regard vide. D'emblée, elle me dit, accablée : « Je suis dans un brouillard total, dans le gouffre. Je suis désespérée. » Aux questions sur ses parents, elle me répond que sa mère est « végétative et soumise », que son père la « dégoûte », qu'il est très maniaque mais gentil. « Mes parents, ajoute-t-elle, ne dorment plus ensemble depuis 29 ans et s'ennuient mortellement. » Ils lui ont longtemps seriné qu'elle n'était qu'un « accident » et que « l'on aurait préféré un garçon ». Fille unique, elle est depuis quelques mois retournée vivre dans le sombre appartement de son adolescence mélancolique, pour des raisons financières. Le soir, en rentrant d'un travail qui l'ennuie, elle s'enferme dans sa chambre avec un « plateau-repas-télé ». Elle souffre d'insomnies depuis une dizaine d'années, de troubles alimentaires et d'alopécie (perte des cheveux). Elle me raconte que, petite, elle hurlait en voyant son père car jusqu'à l'adolescence, elle le craignait beaucoup. La tête basse, elle « avoue » avoir été violée deux fois : la première il y a douze ans par son ostéopathe et, plus tard, par le beau-frère d'une de ses amies. Elle porte un lourd poids de culpabilité pour ces deux « petits incidents », dit-elle. Elle déplore que les hommes qui lui plaisent la rejettent (« comme l'a fait mon père qui n'était pas affectueux et se montrait grossier »). Et elle entreprend de me décrire sa vie sentimentale : un véritable chaos.

En 1982, Virginie a 14 ans et succombe au charme de L. qui a « une très forte personnalité ». Avec lui – et sous son influence –, elle participe au braquage d'une bijouterie : un comportement « en totale opposition avec le mode de vie de mes parents ». Elle dit avoir été « endoctrinée » par L. qui avait déjà connu les maisons de redressement et avait long-temps été maltraité par son père. « Je n'ai pas su dire non, je voulais avoir une relation avec lui. C'était la première fois que je franchissais le pas et j'avais très peur qu'il me laisse tomber si je ne volais pas avec lui. Je l'écoutais et j'adhérais aveuglément à son point de vue. Il prenait – me demandait de lui donner – mon argent de poche pour s'acheter des cigarettes, il a volé la chevalière de mon père (sans me le dire) et m'a obligée à voler la gourmette de ma tante. Il me faisait souffrir en draguant devant moi d'autres filles. Un beau jour, il a disparu après avoir pris les disques que nous avions volés ensemble. C'est à ce moment-là que j'ai vécu ma première crise d'angoisse : j'avais la sensation d'étouffer.

Quelques mois plus tard, je me suis forcée à avoir des relations sexuelles avec D., un Italien, alors que je n'en avais pas envie. J'ai compris qu'avec lui, c'était un passage obligé pour ne pas être rejetée d'emblée, et je m'y suis pliée à tort. Plus tard, j'avais le sentiment d'être complètement dévalorisée.

En 1986, j'avais alors 18 ans, j'ai rencontré W. qui me plaisait énormément physiquement. Je le trouvais généreux, aimant, cultivé et j'admirais en lui l'autodidacte qui avait réussi. Mais il s'est vite révélé violent et jaloux de façon maladive après son intégration dans l'armée. Nous avions projeté de nous fiancer, mais ce projet fut annulé le matin où il m'a giflée parce que j'avais, la veille au soir, fêté mon Bac avec des amies dans une boîte de nuit. Cet homme, dont je croyais qu'il était le grand amour de ma vie, est devenu un véritable mufle. Des années plus tard, je l'ai revu lors d'une soirée avec des copines : il m'a dit qu'il n'avait jamais eu le coup de foudre pour moi. Pourtant, notre compatibilité physique était géniale, très forte, et j'ai bien perçu que pour lui, j'étais la première. Pendant son temps à l'armée, il a eu envie de tenter une relation avec une coiffeuse : je l'ai su et, un soir, j'ai rencontré J.-L. dans une boîte : j'ai donc mené de front ces deux relations pendant un an.

J.-L. était tout à fait à mon goût physiquement, il était gentil et généreux. Mais je m'ennuyais avec lui. Après un long moment d'hésitation à me torturer sur le choix que je devais faire entre W. et lui, puisque je sortais avec les deux en même temps, j'ai décidé de quitter J.-L., mais comme j'avais été trop bavarde, il connaissait l'existence et l'adresse de W. Il a donc débarqué à l'improviste alors que j'étais en pleine réconciliation et W. a préféré me quitter : il a été très humilié d'apprendre que j'avais quelqu'un d'autre en parallèle. Dans la voiture, j'ai fait une véritable crise de nerfs : je réalisai que j'avais perdu W. Alors j'ai accepté de rester avec J.-L., mais j'étais anéantie. Il n'y avait que peu ou pas de sexe dans cette relation, car nous étions incompatibles (j'avais découvert qu'il se masturbait derrière mon dos et j'étais écœurée).

En 1991, j'ai rencontré S., un grand charmeur, séducteur, dont j'aimais le sens de l'humour. Il a dû me séduire pendant neuf mois avant que je baisse la garde. Mais, dès que j'ai couché avec lui, j'ai senti qu'il n'était plus à mes pieds. J'ai découvert au fil du temps (car nous sommes restés trois ans ensemble) qu'il était égoïste, menteur, dragueur, et joueur (il perdait beaucoup d'argent au tiercé). Avec S., j'ai vécu sous le même toit une relation destructrice car c'était un homme pervers. J'ai réussi à le quitter après qu'une amie m'eut présenté son beau-frère, K., en 1994. C'était un homme sexuellement beaucoup trop brutal, pas épanouissant du tout. Je peux même parler de viol dans le bois de Vincennes, à quelques mètres de la route… dans les herbes hautes. Mais, comme je pensais que nous sortions ensemble, je n'ai pas assimilé cet acte à un viol, du moins dans les premiers temps. Je ne l'ai compris que plus tard, en parlant avec des psy. K.

95

m'avait fait croire que nous allions nous marier et comme je n'avais qu'une envie, partir de chez mes parents, j'ai cru en sa promesse. Pourtant, il ne me téléphonait jamais tandis que je me ruinais en téléphone (il vivait à Londres). Finalement, j'ai fait une dépression en réalisant que ce qu'il m'avait promis ne se réaliserait jamais. J'ai cherché à comprendre pourquoi il s'était comporté de la sorte, et je suis allée le voir à Londres treize fois pour faire le tour du personnage et m'apercevoir qu'il était musulman pratiquant et que nous n'étions donc pas compatibles, bien que la relation soit encore active à chacun de mes voyages. Et puis non seulement il avait des problèmes d'érection, mais nous n'avions pas une relation épanouissante. Elle a fini par devenir inexistante lors de mes derniers déplacements. Il m'a quittée par téléphone (ça a duré quatre heures) à la fin de l'année 1996. Finalement, j'étais plutôt contente de ne pas continuer avec lui.

Entre-temps, j'avais rencontré M. chez des amis, un gentil brun, et j'ai pensé qu'il pourrait m'aider à oublier K. Il était plus un copain qu'un amant : il y avait bien eu quelques relations sexuelles insatisfaisantes au début de notre histoire, mais elles ont vite cessé. Je n'avais donc pas le sentiment de le tromper en allant voir K. à Londres. Je ne l'aimais pas et je l'ai quitté quand j'ai rencontré J.

Mais, tout en étant encore avec K. et M., j'ai été avec C., qui était gentil et me faisait penser à mon grand-père décédé. C'était au début de 1997. Ce n'était pas un coup de cœur, mais un bon amant. Pourtant, ma vie à ses côtés manquait de piment.

J. et moi nous sommes rencontrés par le biais d'une agence matrimoniale, à la fin de l'année 1997. Je me sentais bien avec lui, comme si je l'avais toujours connu. Lors de notre premier rendez-vous, nous n'arrêtions pas de parler et nous avons découvert beaucoup de centres d'intérêt communs (le sport, la musique, les voyages…). J. est une personne cultivée qui suscitait mon admiration, professionnellement et personnellement. Tout le monde l'appréciait pour son goût pour les contacts humains, parce qu'il était un homme jovial et sympathique. Mais, en vivant à ses côtés, j'ai découvert un homme macho (du genre « les femmes doivent repasser »), compensé par le fait qu'il faisait divinement la cuisine. Il m'a prodigué de judicieux conseils pour avancer professionnellement : il était le grand frère que je n'avais jamais eu. Je me sentais bien dans sa famille qui était un peu devenue la mienne (comparée à mes parents que je ne trouvais vraiment pas à la hauteur). Mais les relations sexuelles furent inexistantes pendant cinq ans. Nous avons été mariés sept ans et notre divorce a été prononcé il y a juste deux ans.

L'histoire de Virginie pourrait encore se poursuivre sur de nombreuses pages, mais revenons au sujet de ce livre.

L'autre étant utilisé, il va de soi qu'il est également mal aimé, de façon très incomplète, partielle : idolâtrer n'est pas aimer, mais alors pas du tout. Idolâtrer, c'est regarder l'autre en levant les yeux, en implorant son amour, sa protection, sa bonté. Idolâtrer, c'est se placer devant son idole, tel un jeune enfant devant ses parents, tel un croyant devant son dieu. C'est se croire tellement faible et impuissant que toute vie serait impossible sans lui, ce « pourvoyeur[1] » de vie,

---

1. A. Memmi, *op. cit.*, p. 178.

d'illusion d'être aimé juste parce qu'il daigne poser son regard sur cet idolâtre fervent, avide de marques d'amour, de gratitude pour tout ce qu'il est capable de faire pour bien honorer celui qui lui permet d'exister. Et, le temps de l'idolâtrie, de se croire aimable. Pourtant, ce regard aimant ne doit surtout pas se détourner : la relation courrait un grave danger. Ce qui explique la jalousie qui tord le ventre et cogne le cœur à la seule idée de ce détournement des yeux. Une jalousie souvent fondée sur une imagination créant des scénarios catastrophiques sur la base du désamour de soi (« Qui, me connaissant, peut continuer à m'aimer puisque je ne vaux rien ? »). La peur de perdre l'autre équivaut à la terreur de l'isolement puisque les dépendants affectifs pathologiques sont persuadés qu'ils ne survivront pas à cette perte, que la souffrance résultant du manque les terrassera. Quand le besoin insatiable de l'autre ne sera plus assouvi, ils ne peuvent que désespérer d'eux-mêmes dans l'humiliation de n'être plus aimés. Une humiliation qui les poussera à la haine, à la rage agressive et menaçante : une façon comme une autre de rester en contact, de ne pas rompre tout à fait.

Car ne nous y trompons pas : « Le plaisir de la dépendance est celui du besoin satisfait[1] », quelle que soit la dépendance. Peu importe le produit réclamé : tant que le « pourvoyeur » (de drogues, de sexe, de travail, d'extase religieuse, etc.) accomplit sa tâche, le dépendant est rassuré, sécure. Mais combien de temps durera la « pourvoyance » ? Sa qualité restera-t-elle constante ? Le prix à payer ne va-t-il pas augmenter ? Tels sont les constants sujets d'inquiétude

---

1. *Ibid.*

des dépendants pathologiques, inquiétude qui tempère la qualité du plaisir ressenti. En effet, que se passera-t-il en cas de manque ? Pour ces personnes, le pourvoyeur est un être absolument irremplaçable car, impuissantes, elles sont obligées de passer par lui. Alors, en cas de défaillance, il faudra se tourner vers un autre, puis encore un autre… Comme l'a fait Virginie avec ses espoirs successifs… Une belle constance et, chaque fois, une telle désillusion !

L'obsession des autres (des « pourvoyeurs » réels et potentiels) fait partie des caractéristiques des personnes trop dépendantes affectivement : se considérant elles-mêmes de peu d'intérêt, elles sont constamment à l'écoute des autres, de leurs pensées, émotions, projets. Ce qui évite de se pencher sur ses propres émotions… Cette concentration sur l'autre a pour objectif d'apaiser les inquiétudes à son sujet, ou sur la pérennité de la relation avec lui. Plus les informations sont nombreuses, plus la tranquillité d'esprit (et de cœur) augmente – à condition, bien évidemment, que ces informations aillent dans le sens des attentes : la certitude que les besoins affectifs seront satisfaits. Obsessions et inquiétudes donnent l'impression de vivre intensément et rassurent puisqu'elles sont le signe de l'existence d'un lien. Sans lien, la peur de le perdre n'aurait pas lieu d'être.

L'autre, les autres, sont les sujets de conversation favoris des dépendants affectifs pathologiques. Tout ce qui concerne les autres les passionne : ils savent écouter et retenir de façon étonnante parfois chaque détail de leur vie. Une façon comme une autre d'éviter de penser à soi… Les problèmes des autres sont tellement plus intéressants ! Leurs joies aussi, tout comme les menus incidents qui ponctuent leur vie, leurs soucis, leurs goûts, leurs sujets d'intérêt. Et comme l'on n'a jamais fini de découvrir un être humain, l'on n'a jamais fini de parler des autres : il y a toujours quelque chose à dire...

Tout comme il y a toujours des choses à faire pour l'autre ! Qu'on en ait envie ou non, quelle importance ? Il y a également toujours à faire à la place de l'autre – comme s'il était un peu incompétent... Mais non, c'est juste pour lui rendre service... Et puis il est tellement gratifiant de se rendre indispensable : l'on n'aura pas fini de faire appel à vous, vous avez tant de talent, de compétence ! Alors oui, il convient d'être toujours disponible pour devenir réellement indispensable : nul encore aujourd'hui n'a inventé meilleur moyen d'y parvenir. D'autant plus que si l'on est considéré comme indispensable, l'on peut se sentir en meilleure estime de soi, presque au niveau des autres. Non ? Si ! Et l'on peut alors mériter d'être aimé...

Se perdre dans l'autre : la fusion

Voici quelques définitions du dictionnaire *Petit Robert*. Fusion : « Dissolution d'un corps dans un liquide, mélange intime. Union intime résultant de la combinaison ou de l'interpénétration d'êtres ou de choses. *Voir* Se fondre, se confondre. Absorption. *Ant.* Séparation. » Et voici quelques synonymes : « mêler, agglutiner, confondre, embrouiller, hybrider, brouiller, broyer, manipuler, délayer, dissoudre, diluer... Embrouillamini, fatras, gâchis, confusion...[1] ». Je

---

1. *Le Robert, Dictionnaire des idées par les mots.*

100

vous propose donc de créer quelques phrases en remplaçant le mot fusion par ceux proposés ci-dessus. Par exemple, au lieu de dire « Je ne crois qu'en l'amour fusionnel », nous pourrions dire « Je ne crois qu'en l'amour dissolution », ou bien « Je ne crois qu'en l'amour fatras », etc. La fusion consiste à désirer se fondre, se dissoudre dans l'autre et réciproquement : car dans cette forme d'amour, ou plutôt d'illusion d'amour, le soi est extrêmement valorisé dans le regard de l'autre ! Comme aussi dans la passion où l'on n'aime, n'adore, que soi-même. C'est donc la meilleure façon de créer un tel embrouillamini, une telle confusion, une telle dilution et un tel gâchis que sa propre existence est totalement et fondamentalement niée. Deux êtres en fusion sont réduits à une sorte de curieuse hybridation…

Juliette, 32 ans, vient d'écrire une lettre d'amour à son compagnon qui en aime une autre. En voici quelques extraits : « Je t'aime et te déteste. J'ai envie d'être dans tes bras et j'ai envie de les arracher. Tu es l'homme qui me calme, m'apaise, me fait rire, me rend heureuse et tu es aussi l'homme qui me fait pleurer, qui me déchire le cœur, qui me blesse et qui me fait perdre toute confiance. Rompre, te quitter, j'ai une peur bleue de le faire… Du jour au lendemain, j'ai compris que tu n'étais pas à moi, que tu ne le serais jamais. Mais quand je pleure, qui me console ? Vers qui je peux me tourner ? Tu n'es même pas capable de m'appeler pour savoir comment je vais ! J'avais pourtant l'air assez mal, il me semble, ça aurait été normal de prendre de mes nouvelles, je trouve. Tu en avais pour cinq minutes, c'est tout ce que je te demandais… Je ne sais pas si tu me trouves lourde, collante, pathétique, lamentable… Je ne sais pas. J'ai toujours peur de mal faire, peur de te perdre. Mon Dieu, mais te perdre, ça, ça me fait exploser en larmes ! C'est la pire chose qui pourrait m'arriver… Si je ne pouvais plus te revoir, jamais… Je sais, on est très différents, mais ça peut être notre force… Pour toi, je ferais n'importe quoi. Pour toi. Demande-moi n'importe quoi, je serai toujours là pour tout, pour toujours. Je n'avais jamais aimé quelqu'un à ce point… Quand j'ai besoin de toi, quand j'ai un problème, quand j'ai besoin de te parler, est-ce que tu es là ? Non. Tu te renfermes. Tu arrives à voir tes potes, tu n'as pas le temps de m'écouter. Si tu m'aimais, tu prendrais soin de moi. Tu me laisses seule. Tu t'en fous de moi, de ce que je vis, de ce que je pense. Tu t'en fous ou tu as peur, donc tu t'éloignes au lieu de chercher à comprendre. Si tu tiens vraiment à moi, comme tu le dis, prouve-le et abrège mes souffrances. Tu me dois bien ça. »

Évidemment, le désir de ne faire qu'un avec l'autre est la conséquence à la fois de l'immaturité affective et de la terreur de l'isolement : si je suis diluée dans l'autre, nous ne nous séparerons jamais. Le *Petit Robert* le dit bien : le contraire de la fusion est la séparation. Plus je me confonds avec l'autre, plus j'ai de la valeur – plus je m'oublie et m'éloigne de moi jusqu'à ne plus du tout savoir qui je suis. Mais est-ce vraiment important ? Non, car seul l'autre compte, seuls comptent les autres qui satisfont mon immense et insatiable besoin d'affection. Elle est donc éminemment souhaitable, cette fusion : elle repousse l'angoisse de la séparation, elle permet de trouver une sécurité affective qui, de loin, pourrait ressembler à celle que l'enfant ressent en baignant dans le liquide amniotique avant la séparation à tout jamais d'avec sa mère. La naissance est d'ailleurs, rappelons-le, la première séparation, celle qui génère justement l'angoisse de séparation la plus archaïque.

D'autant plus que cette toute première épreuve sera suivie de peu, en quelques mois, par l'angoisse de l'individuation qui permet de devenir un individu séparé de sa mère – et plus tard autonome. Un être qui parle de lui en employant le *Je* et non pas un vague *Nous* où vont se dissoudre les individualités, les identités profondes. « La fusion éradique l'isolement de façon radicale, en supprimant toute conscience de soi, entraînant la perte du sens de soi[1]. » Est-ce vraiment si enthousiasmant qu'il faille y consacrer toute son énergie ? Tous ses efforts ? Sans doute, puisque les dépendants affectifs pathologiques sont assez nombreux… Faut-il se désaimer très fort pour gâcher ainsi tant de potentialités, tant de ressources ! Encore eût-il fallu croire en ces potentialités, en ces ressources. Mais n'y croyant pas, ces personnes acceptent joyeusement de se détourner d'elles-mêmes pour tenter de s'intégrer en l'autre – de l'intégrer en elles. Pour ne faire qu'un et s'oublier sur l'autel du besoin avide d'affection et de sécurité affective. L'amour romantique est l'une des meilleures représentations de la fusion, une de ses composantes étant la soif d'un absolu où les amoureux se fondent l'un dans l'autre et disparaissent, engloutis par leur désir de ne faire qu'un.

En se perdant dans l'autre, elles ont l'assurance de mieux

---

1. I. Yalom, *op. cit.*, p. 523.

le servir, de mieux lui plaire, de mieux deviner ses désirs et ses envies, ses aspirations – et de confondre ces désirs, envies et aspirations avec les leurs. Elles se « caméléonent » sur ses goûts et ses centres d'intérêt, sur sa religion, son idéologie, ses rythmes, ses préférences et ses rejets. Jusqu'à ne plus se reconnaître elles-mêmes : oubliés leurs sentiments et émotions fondamentaux, oubliés leurs projets de vie, oublié ce qui est important en elles. À l'écoute et l'expression sincère et authentique de ce qu'elles sont, elles préfèrent la sécurité (illusoire) qu'offre apparemment la fusion. Ce choix leur est dicté par la terreur de la solitude. Il est à l'origine de nombreuses somatisations, l'épuisement en tout premier lieu. Et, malheureusement, s'étant ainsi approprié ce qui constitue l'autre – ou les autres –, s'étant à ce point aliénées à autrui, elles finissent par ne plus savoir quoi penser, que dire, que vouloir, que désirer. Le trop-plein des idées et des envies de l'autre camoufle et étouffe en elles leurs propres idées et envies, provoquant une immense force d'inertie, une grande passivité dans leur vie sociale. Ce qui rend cette dernière particulièrement difficile car leurs proches finissent par se lasser de cette inertie, de cette absence d'autonomie de la pensée, d'affirmation de soi. De ce goût étrange pour un mimétisme qui devient vite insupportable : mêmes vêtements, mêmes idées, mêmes goûts… Mais comment s'affirmer lorsque l'on ne sait plus qui l'on est ? Déplaire étant formellement interdit, l'inquiétude refait surface… Il faut parfois une séparation (l'autre décide de mettre fin à la relation) pour découvrir à quel point la dépendance à l'autre est vraiment pathologique. Tel un enfant abandonné, la personne qui se retrouve seule semble avoir perdu tous ses repères car elle ne vivait qu'en fonction des désirs (réels ou supposés) de l'autre. Elle avait depuis bien longtemps renoncé à exprimer le moindre désir, la moindre envie personnelle. Il lui faut réapprendre à vivre.

Lorsqu'un individu est très fusionnel (dans la « dissolution » de lui-même), il ne peut supporter un seul instant que l'autre (les autres avec qui il entretient un lien de ce type) montre des velléités de prise de distance – ne serait-ce que pour se retrouver un peu seul avec lui-même, ce qui est pourtant hautement recommandable. Cet autre risque bien de subir derechef des « campagnes de culpabilisation » réitérées à chaque tentative d'isolement. Les dépendants affectifs pathologiques, la plupart du temps, le manipulent en se plaignant et en le mettant mal à l'aise par une multiplication de leçons de morale. Qu'ils ne s'appliquent pas forcément… Ils ont la critique facile et ne la supportent pas venant de l'autre. Devenus Persécuteurs, ils se sentent plus forts en le rabaissant. Et ils exigeront de plus en plus les « doses » utiles de marques d'amour allant en augmentant, car il s'agit d'une drogue. Ce comportement insatiable risque pourtant d'effrayer cet autre qui aura de plus en plus envie de se protéger en prenant de la distance. Et le cercle deviendra vicieux, comme il l'est dans toutes les formes d'addiction. Car il est impossible de se sentir comblé une bonne fois pour toutes : cela ne peut pas exister dans la réalité. Les pourvoyeurs ont aussi leurs faiblesses et leur « produit » des insuffisances, surtout dans la durée. Ils ne sont pas des dieux…

La vulnérabilité des grands dépendants affectifs est proportionnelle à l'importance du lien : ce qui explique l'escalade de leurs exigences. Il n'est pas question de vivre de bons moments en d'autres compagnies que la leur, d'avoir des intérêts différents, des activités sans eux. « Ils ne doivent rien à personne, cependant tout leur est dû[1]. » Je me souviens d'un homme qui a fini par interdire à sa femme de suivre ses cours de gymnastique : « Je ne comprends pas qu'elle puisse se trouver bien sans moi », disait-il, furieux. Sa colère était monumentale quand elle parvenait à s'y rendre. Pour « faire passer » l'interdiction, il se lançait dans de longues tirades sur son amour, sa souffrance lorsque tout ne se passait pas comme il le voulait… Même dans son rôle de Bourreau, il se plaçait en Victime. Il n'hésitait pas à lui faire du chantage au suicide ou la menaçait de partir avec les enfants.

Pour ces patients, la fusion représente donc le « meilleur » moyen pour lutter (par le déni) contre la terreur de l'isolement. Cette fusion « floute » les frontières avec l'autre et permet ainsi à la fois de supporter l'oubli de soi et de croire en une sécurité affective qui a cruellement manqué dans leur histoire de vie.

Des attentes impossibles à satisfaire

Les attentes des dépendants affectifs pathologiques sont gigantesques et inadaptées, d'autant plus impossibles à satisfaire qu'elles se confondent avec celles de l'enfant : devenu adulte, il espère encore recevoir les marques d'amour qu'il aurait « dû » recevoir de ses parents. Ce qui est une quête

---

1. J. Agelergues et P. Kamel, « La perversion narcissique », *Revue de Psychanalyse*, PUF, 2003.

encore plus impossible que celle du Saint Graal ! Nul être au monde ne pourra prodiguer un amour parental à un autre adulte, jamais. Malheureusement pour eux, les dépendants affectifs, dans leur pensée magique enfantine, y croient encore, sans que cela soit conscientisé. Ils attendent de l'autre d'être pour lui la personne la plus importante au monde : une exigence totalement illusoire. Ils attendent toutes les attentions, toutes les preuves d'amour qui leur prouveront qu'ils sont aimés, aimables, et dans la durée. Ils attendent que l'autre les fasse exister, ce qui n'est strictement pas de son ressort.

Cet amour parental tant espéré est exigé de toutes les personnes de l'entourage : membres de la famille (parents, frères et sœurs, mais aussi enfants et petits-enfants), partenaires et conjoints, amis, professeurs, collègues, supérieurs au travail, guides spirituels, psychothérapeutes… Et toute « défaillance » (ou manquement à ces attentes qui sera perçu comme telle) n'engendrera que de la colère et du ressentiment. Ces sortes d'attentes ne correspondent pas à la réalité du présent. Imaginez qu'enfant, vous ayez espéré très fort telle ou telle poupée, tel ou tel camion. Vous n'avez reçu ni l'une, ni l'autre et voilà que, maintenant que vous êtes adulte, l'un de vos proches vous offre cette poupée ou ce camion. Que ressentirez-vous, sinon une totale inadéquation entre votre désir d'enfant et votre désir d'aujourd'hui ? Ce cadeau, inadapté, ne vous procurera pas la joie anticipée lorsque vous étiez enfant.

Simon, 50 ans, est divorcé (« un très mauvais divorce ») depuis six ans et ses cinq enfants vivent avec leur mère.

Simon passe le plus clair de son temps à combattre ses peurs en étant dans « une quête permanente de séduction ». De nombreuses femmes vont et viennent dans sa vie, mais il n'est jamais satisfait, « il y a toujours quelque chose qui ne va pas ». Il est déprimé depuis longtemps et dort très mal. «J'ai besoin d'amour comme de l'eau », dit-il, et il ajoute : «Je veux être reconnu comme le meilleur compagnon et pour ma finesse de perception de la femme que j'aime ». Ce qu'à l'évidence elles ne reconnaissent pas puisqu'il finit toujours par être déçu. «Je ne peux pas m'épanouir avec quelqu'un qui ne me donne pas ce que j'attends, c'est pour cela que je multiplie les rencontres, je cherche quelqu'un qui saura enfin m'apprécier à ma juste valeur, qui saura bien m'aimer… » Et lui, sait-il aimer ?

Simon est en manque constant de reconnaissance, alors il rencontre, tombe très amoureux en une ou deux soirées (sans quitter la ou les femmes avec qui il a déjà une liaison), puis très vite se lasse, veut quitter, est quitté, se réconcilie. Simon est fatigué, a mal partout : « Je donne trop de pouvoir aux femmes sur moi, je n'ai pas le moral. Elles se plaignent tout le temps mais aucune ne se pose la question de savoir si je n'ai pas à me plaindre d'elle… J'ai besoin de leur amour, c'est la seule nourriture dont j'ai besoin. Mais au final, je suis toujours déçu », regrette-t-il.

Simon se sent humilié par ces femmes qui ne savent pas l'aimer. Alors, régulièrement, il invite des amis à dîner pour se « sentir exister ». L'idée d'en finir avec la vie lui est venue plusieurs fois, lorsqu'il se sent abandonné…

C'est pourquoi les attentes sur le plan affectif des dépendants pathologiques ne peuvent pas être satisfaites. Elles ne sont en réalité que des pièges, tant pour celui qui espère ces marques d'amour que pour ceux qui en donnent. Elles seront toujours insuffisantes, quoi qu'ils fassent, car inappropriées à la réalité du présent. Frustrations, désillusions, déceptions sont les seules conséquences de ces attentes impossibles à satisfaire. Elles demeurent fixées à un passé douloureux qui ne changera jamais. Le passé est ce qu'il est, restera pour toujours ce qu'il est. Et vouloir tenter de le modifier s'appuie sur un espoir forcément voué à l'échec. Tout comme l'intention de s'en couper une bonne fois pour toutes afin de n'en plus souffrir, d'élever des murs entre son histoire de vie et le présent ne peut pas être une bonne idée : cette forme de déni ne pourrait générer qu'une coupure avec ce qu'il y a de bon dans le passé et avec les apprentissages de tous ordres qui se sont accumulés au fil du temps. Et ces sortes de murs sont également des pièges et des illusions : nos souvenirs restent gravés en nous jusqu'au dernier jour de notre vie.

Comment aimer l'autre si l'on ne s'aime pas soi-même ?

Il est troublant, à l'écoute des patients en dépendance affective pathologique, de reconnaître qu'ils demandent tous à être aimés sans parler d'offrir la réciproque : donner de l'amour. Prenons Lucien : il parle sans arrêt de son immense désir d'être aimé et des rôles qu'il joue avec les femmes pour tenter d'y parvenir. Virginie aussi ne recherche que des hommes qui l'aimeront, qui l'aideront à quitter définitivement ses parents : aucun ne pourra lui convenir… Et si vous relisez les exemples donnés plus haut, vous constaterez la même chose. Pourtant, ces personnes insistent sur le fait qu'elles veulent rendre les autres heureux, qu'elles y consacrent toute leur belle énergie, qu'elles s'effacent même complètement devant les désirs d'autrui, négligeant les leurs. Elles sont ainsi persuadées, elles se persuadent, qu'elles aiment, qu'elles savent aimer.

Pourtant, il est admis que l'on ne peut bien aimer que si l'on s'aime suffisamment soi-même. Qu'il est impossible de donner de l'amour s'il n'existe pas en soi – pour soi. Il n'est bien sûr pas question de devenir sa propre idole (cela s'appelle de la mégalomanie !), mais, en toute logique, l'on ne peut offrir à l'autre que ce qui est en soi. Je sais que ce doute émis sur la qualité d'amour des grands dépendants affectifs n'est pas simple à admettre, mais c'est ainsi. Le psychiatre américain Irvin Yalom emploie des termes encore plus forts, évoquant la « perspective utilitaire[1] » de ces types d'attachements, tous types de relations confondues (familiales, amicales, sociales, professionnelles et amoureuses). Ce qui signifie que l'on ne recherche que ce qui va combler **nos besoins** : les autres aspects de la personnalité de la personne que l'on croit sincèrement aimer étant méconnus ou, pire, à peine supportés. Il s'agit donc d'un amour partiel et non de l'amour de l'individu tel qu'il est dans sa **globalité**. L'on n'entre pas en amour comme dans une épicerie où l'on ne prend que ce dont on a envie ou besoin. Un être humain n'est

---

1. I. Yalom, *op. cit.*, p. 506.

pas un ensemble de rayonnages où l'on peut choisir ce qui nous convient et oublier – dans le meilleur des cas – ce qui ne nous est pas utile (ou s'en irriter, comme cela arrive souvent).

Yves, 49 ans. Sa vie affective n'est pas très simple. Actuellement en cours de divorce, il vit avec une amie, Estelle. Il a trois enfants, dont un petit de 3 ans. Il est resté marié quatre ans avec Elinor, mais a eu «vite besoin d'avoir une maîtresse». Auparavant, il avait été marié vingt ans avec F., avec qui il a eu ses deux aînés. Elle l'avait quitté sans crier gare, brusquement, lui annonçant qu'elle en aimait un autre. Pour ne pas être seul, il s'est immédiatement inscrit dans une agence matrimoniale, où il a rencontré Elinor. Il l'a demandée en mariage au décès accidentel de F., pour qu'ils aient «une mère de remplacement», et il a accédé à son désir d'enfant, le petit de 3 ans qui, aujourd'hui, est en garde alternée. «J'attendais de l'aimer, dit-il, elle est parfaite, exceptionnelle, ne vit que pour les autres. Mais je ne suis pas amoureux. Pas plus que d'Estelle qui, elle aussi, veut un enfant. Je me trouve très lâche car je ne fais rien pour faire évoluer la situation. Revenir avec Elinor serait bien pour la famille, les enfants, mais je n'ai que très peu de désir pour elle et le divorce est sur le point d'être prononcé. Les enfants l'adorent, mais est-ce que c'est une bonne raison? J'ai aussi des doutes sur les sentiments d'Estelle à mon égard: je crains qu'elle veuille un enfant et qu'ensuite, lassée, elle ne parte avec lui.

Je déteste les contraintes, les conflits. J'aime qu'on me laisse tranquille avec mes mille huit cents BD et mon train électrique qui occupe à lui seul toute une pièce. C'est là que je suis heureux, et dans ma salle de musique aussi. Je n'aime pas avoir toutes ces questions… Finalement, ce qui met le plus d'intensité dans ma vie, c'est l'amour platonique : le faire durer le plus longtemps possible me met en transe. Après, c'est moins intéressant. Je voudrais être resté dans mon enfance heureuse, entre 5 et 15 ans !… Je suis gentil, j'aime qu'on me trouve gentil, je voudrais même qu'on me trouve formidable ! Comme j'ai de l'argent, je fais énormément de cadeaux et je suis sûr d'être un bon papa : je m'amuse beaucoup avec mes enfants. »

Les êtres aimés ne seraient alors que des « pourvoyeurs de produits de première nécessité[1] », dont la justification de l'existence sur terre serait réduite à la satisfaction du besoin d'amour des dépendants affectifs pathologiques. Cette approche utilitariste ne peut en aucun cas se substituer à de l'amour. Aucune relation de qualité (avec les membres de sa famille, ses amis, ses partenaires en amour et même avec les gens de son environnement professionnel) ne peut être envisagée sur la base de la terreur de la solitude. Car ce genre d'amour-là, centré uniquement sur ce que l'on va recevoir – tout en croyant satisfaire les désirs de l'autre – n'est pas de l'amour, mais un « besoin d'amour ». Dans ces sortes de situations, tout se passe comme si les autres devaient se concentrer uniquement sur ce que les dépendants affectifs désirent : comme ils croient le faire. Comme si, en échange de l'oubli de soi, de l'aliénation de soi (qui n'ont jamais été réclamés par qui que ce soit, du moins pas consciemment et surtout pas à l'âge adulte), l'autre était forcément redevable d'amour.

---

1. A. Memmi, *op. cit.*, p. 129.

C'est pour ces raisons que naîtra la déception (nous y reviendrons) : le besoin d'amour est tellement avide, tellement insatiable, que nul être au monde ne pourra jamais le satisfaire complètement et dans la durée. Quelle désillusion ! L'autre, que l'on avait mis sur un piédestal (d'où il ne pouvait que tomber !), que l'on adorait, pour qui l'on a consenti tous les sacrifices, tous, oui, eh bien cet autre ne s'avère pas si adorable que cela, finalement. Et, progressivement, il sera paré non pas de toutes les vertus comme ce fut le cas au début de la relation, mais de tous les défauts. Sans bien sûr reconnaître qu'il n'était finalement qu'un inconnu : une personne que l'on ne s'est pas donné la peine de connaître, avec ses ressources et ses limites, ses qualités et ses manques. Une véritable personne, en fin de compte. Une personne avec laquelle l'intimité faisait peur. L'intimité véritable réclame le dévoilement de soi : si l'on n'ose pas s'ouvrir à l'autre par crainte de ne pas être aimé, si l'on refuse de découvrir l'autre tel qu'il est dans son identité profonde pour n'être pas déçu, quelle place donne-t-on à l'intimité, clé de voûte de l'amour authentique ? Aucune. L'heure sonne alors du désenchantement et de la rage, du rejet avant d'être rejeté…

L'immaturité affective cause ainsi, nous venons de le voir, de grands dommages émotionnels et relationnels. La terreur de l'isolement, le désir de fusion avec l'autre au prix de la perte de la conscience de soi, les attentes impossibles à satisfaire et l'incapacité à offrir un véritable amour sont malheureusement le lot commun de la vie si douloureuse des dépendants affectifs problématiques et pathologiques.

2.

Un sentiment d'être vacillant

« Pourquoi est-ce que cela paraît subversif de dire que tout adulte doit accueillir tout être humain dès sa naissance comme il aimerait lui-même être accueilli ? Avec le même respect que cet adulte désirerait s'il était dans la situation de cet enfant. »

Françoise Dolto

Comment devient-on dépendant affectif pathologique ?

L'essentiel des facteurs à l'origine de la dépendance affective problématique ou pathologique s'installe dans le milieu familial. L'enfance dure longtemps et les émotions se gravent progressivement, elles restent gravées toute la vie. Je voudrais cependant ajouter ici que tous les enfants ne sont pas « égaux » dans leur façon de subir les traumatismes : certains sont plus vulnérables psychiquement que d'autres. En outre, l'enfant d'un parent malade alcoolique ou qui prend régulièrement des psychotropes sera davantage prédisposé à des comportements addictifs. Il présentera plus de risques de devenir à son tour dépendant pathologique, quel que soit le type de dépendance vers lequel il se tournera.

Histoires d'enfance

Ce qui se passe, déjà, au cours de la vie intra-utérine n'est pas du tout anodin et de ces premiers moments dépendra une grande part de la vie affective, relationnelle et émotionnelle de l'être humain, du début à la fin de son existence. Pendant la grossesse, des liens profonds se créent, se développent et sont entretenus entre la mère et l'enfant : c'est la naissance d'un attachement extrêmement puissant fondé sur un échange émotionnel de chaque instant. En effet, « il serait absurde de croire que le psychisme ne se mette à fonctionner qu'au moment de la naissance[1] ». Pendant longtemps, très longtemps, l'homme de la rue comme les scientifiques pensaient que l'utérus n'était qu'une poche neutre et muette où pouvait se développer l'enfant : une sorte d'éprouvette géante, tout comme ils avaient la certitude que les bébés à naître ne relevaient que de la seule biologie. Ces croyances ont aujourd'hui heureusement disparu (du moins l'espère-t-on) et l'on sait fort bien que ce qui se passe entre la mère et l'enfant – sans oublier le père –, tout au long de la gestation, est fondamental. L'échange affectif existe bel et bien. L'enfant « devine » parfaitement bien sa mère, et « il n'est pas jusqu'à la gestuelle (de la mère) qui ne soit son inconscient mis en acte – ce qui lui permettra, à son insu, de formater celui de son enfant[2] ».

---

1. S. Ferenczi, *L'Enfant dans l'adulte*, Petite Bibliothèque Payot, 2006 (préface de S. Korff-Sausse), p. 14.
2. A. Naouri, *Éduquer ses enfants. L'urgence aujourd'hui*, Odile Jacob, 2009, p. 121.

Grâce à des informations biologiques et émotionnelles, la mère joue également un rôle extrêmement important dans la relation entre le père – dont elle est la traductrice – et l'enfant. Si elle a des relations affectives positives avec cet homme, l'enfant réagira aussi aux états internes, aux émotions du père. Si celui-ci ne se sent pas bien (s'il est stressé, fatigué, malade), la mère, soucieuse, transmet son inquiétude à l'enfant qui devient plus agité et augmente de façon significative le nombre de ses mouvements et de ses changements de posture. Au cours de la grossesse, la communication avec l'enfant n'existe que sur un mode émotionnel : il s'agit d'un « langage » fondé uniquement sur les émotions. Durant cette période, il appartient à la mère de désigner le père à l'enfant. Les mères n'ont pas toujours conscience de l'importance de cette présentation qui conditionne « pour toujours » le rôle du père. Pour la bonne raison qu'elles ignorent que si « le développement de l'embryon est plus dévolu aux gènes maternels, le développement des annexes (le placenta qui trie les nutriments en les séparant des toxiques que la mère aurait pu déverser dans son enfant au point de le tuer), qui assurent l'approvisionnement nutritionnel de l'embryon, est plus dévolu aux gènes paternels [1] ». Cette découverte biologique chamboule totalement les données scientifiques jusqu'alors en vigueur. Elle confère au père un rôle essentiel dans la survie même de l'enfant en gestation, alors que l'on a toujours cru que seule la mère en était responsable. Si cette présentation par la mère – elle dont l'influence est fondamentale sur les futures interactions

_____

1. *Ibid.*, p. 130.

119

entre l'enfant et son père – n'a pas lieu, ce dernier éprouvera bien des difficultés à assumer sa fonction. Les mères n'ont pas toujours conscience de l'importance de ce choix qui détermine le rôle du père.

Quand la grossesse s'est bien passée physiquement, psychologiquement et affectivement, quand l'enfant est un émerveillement souhaité, les parents sont fiers et heureux de cet événement tant attendu. Le père, bouleversé (qui aura, dans les meilleurs des cas, participé à la naissance, en le mettant au monde lui-même ou en aidant la mère), entoure la jeune maman et l'enfant avec tendresse, étonnement et amour. Ces parents vont, dès les premières secondes, installer les toutes premières interactions d'amour avec le bébé : gestes enveloppant spontanés, paroles douces, regards de ravissement. Le nouveau-né se familiarise avec leur odeur et réciproquement. Pourtant, le premier jour de la vie terrestre est marqué par une séparation, la première séparation que vit un être humain : c'est à ce moment que peut s'installer l'angoisse de séparation, équivalente à une angoisse de mort. À la naissance, l'enfant est brutalement transplanté dans un monde nouveau, exilé de la matrice maternelle. Le fait même de naître constitue l'une des épreuves les plus pénibles de sa vie, une épreuve qui restera gravée en lui pour toujours, sans qu'il en ait conscience. Lorsque l'enfant, surtout, ne reçoit pas immédiatement les marques d'amour de sa mère et de son père, lorsqu'il est immédiatement mis en réanimation ou en couveuse pour des raisons médicales, cette angoisse peut se graver dans la mémoire du nouveau-né, dans ce lieu appelé l'inconscient où sont engrangées toutes les expériences et les émotions d'un être humain. Cette angoisse risque d'être réactivée, plus tard, à chaque séparation (décès, déménagement, rupture d'amitié ou d'amour).

Selon que la mère attend avec plus ou moins d'impatience le moment où elle nourrit son nouveau-né (au sein ou au biberon), qu'elle aime plus ou moins ce geste et ce contact avec son enfant, la qualité de l'attachement et du sentiment de sécurité qu'il procure sera variable. Si les parents sont heureux, le bébé sera rassuré. Toutes leurs émotions, agréables ou douloureuses, sont ressenties par le nouveau-né. Et lorsque la naissance n'est pas un «heureux événement», l'enfant ne peut pas s'en défendre.

L'on a déjà vu des nouveau-nés, âgés de quelques heures ou même moins, qui se cabrent lorsque leur mère les prend dans ses bras : il apparaît alors que les liens d'attachement tissés pendant la grossesse n'ont pas été suffisamment sécurisants. Les nouveau-nés ont la capacité de comprendre s'ils sont ou non les bienvenus et, malheureusement, ils ont été en mesure de remarquer «les signes conscients et inconscients d'aversion ou d'impatience de leur mère, [...] leur volonté de vivre s'en est trouvée brisée[1]». Nous savons tous qu'une grossesse n'est pas toujours désirée, qu'elle ne se déroule pas toujours sous les meilleurs auspices et personne n'est à blâmer. L'on sait aussi que l'instinct maternel n'existe pas : qu'il s'agisse de la mère ou du père, il convient de parler des **fonctions parentales**. La **fonction maternelle** consiste à veiller aux besoins de son enfant et à les satisfaire en étant

---

1. S. Ferenczi, *op. cit.*, p. 15.

une « *good enough mother* », c'est-à-dire une « mère ordinaire normalement dévouée[1] ». Dans le meilleur des cas, elle est habitée par « la préoccupation maternelle primaire[2] », c'est-à-dire la symbiose totale avec son enfant. À ce stade, il n'existe encore aucune frontière entre la mère et le bébé : c'est la fusion totale, et indispensable pour l'enfant. La mère sait, ressent les sensations et la plupart des émotions de son bébé – elle somatise bien souvent en même temps que lui. Cette symbiose est ce que recherchent toute leur vie les dépendants affectifs pathologiques : ils ne la trouvent jamais, évidemment. La mère ne doit pas pour autant outrepasser les limites de sa fonction en « tissant autour de (l'enfant) un utérus, virtuel certes, mais extensible à l'infini, qui reviendrait à le garder indéfiniment en elle[3] ». C'est ce que font les mères possessives et surprotectrices qui ne veulent pas « lâcher » leur petit, qui ne supportent pas – plus ou moins consciemment – qu'ils construisent d'autres liens, plus tard.

Quand le temps de la préoccupation maternelle primaire s'achève – ce temps de la fusion qui permet de bâtir le socle sur lequel l'enfant pourra construire son *self* en toute confiance, sûr alors de son omnipotence –, il appartient à la mère d'accepter que son enfant fasse l'apprentissage de la frustration. Sinon, il aura du mal à devenir, plus tard, autonome : grâce aux frustrations ressenties, il pourra quitter, très progressivement au fil des années, la totale dépendance.

_____

1. D.W. Winnicott, *La Mère suffisamment bonne*, Payot, 2006.
2. *Ibid.*, p. 37.
3. A. Naouri, *op. cit.*, p. 146.

L'indépendance de l'enfant, dont la mère est en grande partie responsable, se construit sur sa capacité à supporter la frustration.

La **fonction paternelle** est d'assumer ses droits sur l'enfant qui, grâce à lui aussi, a pu se développer dans le ventre de sa mère. Elle consiste à veiller à ce que celle-ci n'accapare pas son petit et ne limite pas sa propre vie à son rôle de mère. Autrement dit, le père est là pour lui rappeler qu'elle est une femme et que sa féminité n'a surtout pas à s'effacer devant la maternité. Trop nombreuses sont les mères qui abandonnent leur vie de femme, obsédées par leur désir de combler leur enfant et seulement lui – elles-mêmes se trouvant apparemment totalement comblées par leur maternité. Combien de fois n'ai-je pas entendu des pères se plaignant de leur épouse ou compagne qui refusait de reprendre leur place de femme auprès d'eux : « Depuis la naissance de notre fille, elle dort dans sa chambre et se refuse à moi », « J'ai l'impression de n'avoir été qu'un étalon car depuis qu'elle est mère, ma femme s'est détournée de la sexualité. » Si les pères souffrent de cette situation qui déséquilibre totalement la vie de couple (fondée sur la sexualité), les enfants n'en souffrent pas moins. Le « retour à la féminité » de la mère, initié et aidé par le père, est d'autant plus important qu'il fait comprendre à l'enfant qu'elle est sa mère, certes, mais aussi l'épouse ou la compagne de son père, ce qui va aussi dans le sens du nécessaire apprentissage de la frustration.

Le sentiment de sécurité dans la petite enfance

Le nourrisson et un peu plus tard le bébé constituent les meilleures représentations de la dépendance. Il faudra plusieurs années pour, progressivement, amener l'enfant à se séparer afin, plus tard, qu'il puisse devenir un adulte autonome. Cette individuation est très lente chez le petit de l'homme. De nombreux spécialistes confirment aujourd'hui que c'est la qualité des relations entre les parents et l'enfant qui va aider à vivre cette séparation de façon épanouissante, la dépendance s'amenuisant au fil des années.

C'est aussi la qualité de ces relations qui va déterminer le mode d'attachement entre l'enfant et ses parents. En effet, celui-ci sera plus ou moins sécurisant pour l'enfant selon les expériences qu'il vit en cette période dite archaïque. Si elles sont globalement bonnes, c'est-à-dire si le petit enfant est rassuré sur son importance, s'il se sent protégé et au centre de l'attention de ses parents, la séparation sera facilitée, tout comme son développement physique et son aptitude aux relations sociales. Dans le cas contraire, le jeune enfant se sentira insécure et, malheureusement pour lui, il ne pourra s'appuyer que sur un attachement non sécurisant pour construire le sentiment de sa valeur personnelle : il souffrira de carence affective.

Selon le Dr Suzanne Renaud, professeur à l'université de Montréal, « la dépendance pourrait être définie par le rapport d'une personne tributaire à une autre avec un attachement lié à l'insécurité[1] ». Cette personne va donc

---

1. Dr S. Renaud, in *Le clinicien*, 11 janvier 2008.

rechercher, toute sa vie durant, quelqu'un qui va la rassurer et lui apporter une sécurité qui lui a manqué dans ses premières années de vie.

L'amour inconditionnel des parents est essentiel pour que l'enfant accepte de quitter progressivement la dépendance afin d'acquérir la maturité affective d'un adulte. Sinon, il risque bien d'entrer dans une dépendance affective pathologique. Les devoirs des parents vis-à-vis de leurs enfants sont de leur apporter ce dont ils auront besoin pour affronter leur vie adulte, de les aider et de les soutenir, et bien sûr de les éduquer de telle façon qu'ils auront un jour l'envie – et les possibilités – de voler de leurs propres ailes. Sans l'assurance de cet amour inconditionnel, l'adulte – comme l'enfant – ne connaîtra pas la sécurité affective et sa vie relationnelle sera minée par la peur de n'être pas aimé, peur fondée sur la croyance qu'il n'est pas digne d'amour. Croyance qui génère la honte de soi, le sentiment d'être seul, la culpabilité, la soumission aux désirs des autres – parfois même la compromission qui entraîne à la fois la rage contre les autres et contre soi. La porte est grande ouverte pour laisser entrer la dépression.

Avec le temps des sourires du bébé, l'un des comportements les plus puissants en terme d'attachement, vient celui des échanges mimétiques, des regards (la vision du bébé est stabilisée vers six mois) et des premiers bisous : tous types d'échanges qui renforcent encore les liens. La mère, une fois encore – quand elle le désire – va présenter à nouveau son père à l'enfant : cet homme est alors confirmé dans son statut de père à part entière. C'est ainsi que les échanges émotionnels positifs entre le bébé et ses parents contribuent à mettre en place le socle sur lequel pourra se développer son narcissisme. Ceci, j'insiste, quand la mère accepte ce rapprochement (pourtant fondamental) entre le père et l'enfant – ne veut pas garder celui-ci pour elle, ce qui arrive aussi. L'enfant a besoin de la protection de sa mère **et** de son père. Et il est très regrettable que trop d'adultes déplorent un « père absent », non géographiquement, mais absent de ses devoirs de père. Cette absence – de la naissance à la fin de l'adolescence –, est souvent vécue comme une marque d'indifférence à leur égard, ce qui peut entraîner de réels problèmes psychoaffectifs. Et l'« on ne peut que regretter l'exil du père sur son strapontin éjectable et l'invitation à être une mère-*bis* ou tout au plus un père-Joseph[1] ».

La dépendance de l'enfant est normale car c'est peu à peu, durant de longues années, que va se développer son autonomie. Dès la prime enfance, les enfants se posent (inconsciemment) des questions : « Est-ce que je suis aimé ? », « Est-ce que je serai toujours aimé ? », « Va-t-on prendre suffisamment soin de moi ? », toutes questions qui rendront l'attachement plus ou moins sécurisant. Car l'enfant sait, sans en avoir une conscience claire, que sa vie dépend de sa mère ou de la personne qui tient ce rôle, des adultes qui prennent soin de lui.

Lucien avait 2 ans lorsque sa mère a quitté son père. Elle s'est remariée deux fois et son dernier époux la frappait. « Je m'efforçais de rester dans mon monde », explique Lucien. (Albert Memmi décrit très bien « l'enfant qui demande à son univers imaginaire refuge, défense et compensation contre sa

---

1. *Ibid.*, p. 175.

faiblesse et ses peurs[1] *».) Comme elle a très souvent déménagé, le petit Lucien n'a pas revu son père avant d'avoir 10 ans : il a manqué de modèle masculin, à la fois guide et protecteur. Il avait 8 ans quand sa mère a fait une tentative de suicide après s'être trop alcoolisée : elle était devenue malade alcoolique. Sa colère à l'encontre de son second beau-père n'a fait que croître, à tel point que vers 14 ans, il se disait : « Ou je me suicide, ou je le tue. » Comme « il n'y avait pas de solutions », il s'est de plus en plus renfermé sur lui-même. À l'école, il était qualifié de « bizarre » par les autres à qui il ne parlait pas. Quand sa mère et son mari se battaient, il devenait « amorphe, avec plein de brouillard » dans la tête.*

Enfant et adolescent, il ne pensait qu'à une chose : « prouver que j'avais de la valeur à tout le monde, y compris moi-même, en faisant tout bien, je voulais être parfait. Pour survivre, il fallait que je passe à travers mes émotions (la peur d'abord, puis la colère et la tristesse). Je me souviens, j'avais 8 ou 9 ans, ma mère sortait le soir pour boire et je crevais de peur à cause du monstre qui était sous mon lit. Une nuit, elle m'a réveillé pour me montrer ses deux poignets ouverts. Quand j'étais adolescent, j'étais tellement triste de la voir se pourrir la vie... » Nous comprenons mieux sa peur du jugement des autres et pourquoi, aujourd'hui, il dit : « Je ne comprends pas comment on peut aimer ses parents. En général, ils font ch... » Il a le sentiment de s'être « fait tout seul », ce qui est naturel, son père et sa mère ne l'ayant en rien aidé à affronter le monde et les autres. Enfant seul, livré à lui-même, traité de « c... » par son deuxième beau-père :

---

1. A. Memmi, *op. cit.*

127

les adultes l'ont poussé à ne vivre que dans son imaginaire, ce qui ne lui a attiré que des moqueries. Adolescent, il écrivait des vers : on riait de lui. Et il se sent toujours maladroit avec les femmes, comme au temps de ses premières amours, quand il écrivait des lettres d'amour dont on se moquait. Il est très ambivalent : si les femmes l'attirent, il en a peur. Surtout, ses sentiments pour sa mère sont très ambivalents : il lui en veut et il est triste pour elle. Comme, tout naturellement, vis-à-vis des femmes qu'il a « besoin de rendre heureuses », et pour qui il éprouve de la colère, comme le petit garçon qui ne savait pas quoi faire pour extirper sa mère du malheur.

Les parents de Catherine se disputaient (allaient jusqu'à se frapper) presque constamment : « Je ne savais jamais, en rentrant de l'école, ce que j'allais trouver à la maison. » Sa mère menaçait régulièrement d'aller se noyer, tandis que son père n'avait que ses résultats scolaires en tête. « J'avais peur de jouer car il ne fallait pas rire : sinon on me traitait de fofolle. Personne ne m'encourageait : quand j'avais de bonnes notes, on me disait que c'était normal, et quand je ratais un devoir, on me frappait. Ma mère m'a toujours dit qu'elle ne voulait pas être enceinte de moi : elle n'avait pas fini ses études et n'avait surtout pas envie d'avoir un bébé. » Ses parents insistaient toujours sur le fait qu'ils faisaient de gros sacrifices financiers pour qu'elle suive des études, « ce qui est faux, ils gagnaient très bien leur vie. Le pire, c'était la peur : j'avais peur de ma mère, de ses hurlements et de ses claques, j'avais peur de la violence verbale et physique de mon père. Un jour, il m'a jetée contre le mur. Aujourd'hui, je crois que j'ai encore peur des hommes. »

Les exemples d'enfance difficile sont tellement nombreux qu'un livre entier n'y suffirait pas.

Lorsqu'une mère, trop occupée (par d'autres enfants, son travail ou quoi que ce soit d'autre) ou indisponible (malade, épuisée) ne consacre pas suffisamment de temps à son enfant, il est aisé de comprendre qu'elle est dans l'impossibilité de le mettre au centre de son attention : elle n'est pas suffisamment rassurante. Comme les pères « absents », qui même lorsqu'ils sont présents, ne « virilisent[1] » pas suffisamment leur garçon. Guy Corneau, dans son excellent ouvrage *Père manquant, fils manqué*, décrit très finement tout ce que les carences en échanges affectifs et émotionnels entre le père et son fils peuvent entraîner comme dommages dans le psychisme de l'enfant. Le manque d'attention de la mère est vécu comme de l'indifférence par l'enfant, même nourrisson, situation très dommageable pour la construction du narcissisme, car la mère est LA référence de l'enfant : il est aimable si elle le trouve aimable, c'est-à-dire digne d'être aimé... Ce que les dépendants affectifs pathologiques recherchent désespérément dans leur vie d'adultes. Les mères peu attentives, voire inattentives, à leur enfant (et déjà au nourrisson) ne lui permettent pas de développer le sentiment de sa propre puissance personnelle. Tout à l'inverse, il mettra en place une croyance selon laquelle, se sentant incompétent, il ne sert à rien d'agir. Et il y a pire : les mères qui utilisent leur enfant pour se rassurer sur leur

---

1. G. Corneau, *Père manquant, fils manqué*, Les Éditions de l'Homme, 1989, p. 17.

estime de soi : « Sois parfait et sois exactement comme je le veux. » Persuadées d'être omnipotentes et trop sûres d'elles quant à la façon d'élever leur enfant, elles maintiennent celui-ci dans une dépendance liée à son sentiment d'impuissance. Ce faisant, elles lui transmettent implicitement un message du genre : « Ton rôle est de me valoriser, tu dois me rendre fière de moi et me rester soumis. »

À l'inverse, lorsque la mère est surprotectrice, elle ne facilite pas non plus la construction de son autonomie. Contrairement à ce que l'on pourrait croire, la surprotection n'est pas du tout rassurante : tout faire à la place de son enfant va empêcher ce dernier d'acquérir, les années passant, une confiance en lui nécessaire pour avoir envie de quitter la confortable mais dommageable dépendance. Il ne sera pas en mesure d'affronter les réalités parfois difficiles de la vie adulte. Si l'on peut reconnaître que l'intention était bonne, le résultat est que cet enfant supportera très difficilement la frustration, ne la connaissant pas ou pas suffisamment. Il en est devenu incapable et, une fois lancé dans le monde, il se sentira perdu, il n'a aucun repère. Tout comme le fait d'anticiper ses désirs n'est surtout pas une bonne idée : l'enfant manquera d'espace pour exprimer ceux qui lui sont propres. Ces mères surprotectrices se conduisent en Sauveur, croyant toujours savoir ce dont l'enfant a envie, ce qui sera le mieux pour lui. « Ce qu'on m'évitait dans ma jeunesse, ce n'était pas la souffrance ou le malheur, c'étaient les problèmes, et par conséquent la capacité d'affronter les problèmes », écrivait F. Zorn[1]. Elles vont même parfois jusqu'à l'empêcher de pen-

---

1. Voir Bibliographie, p. 321.

ser et répondent à sa place lorsqu'on pose une question ! Je me souviens d'une patiente qui était venue me présenter son jeune fils de 2 ans ; elle m'a dit : « Je m'appelle Arthur et j'ai 2 ans » ! L'espace psychique personnel de l'enfant est envahi par la mère qui ne sait pas considérer son enfant comme une personne « en devenir », comme disait Françoise Dolto. L'enfant a le droit d'exprimer des désirs et des souhaits qui peuvent être pris en compte. Et, l'âge venant, il peut être très instructif de parler avec son enfant pour savoir ce qui peut lui être utile. Pour cela, les parents doivent descendre du piédestal sur lequel ils se sont juchés dès la naissance de l'enfant. La symbiose de la maman avec son tout-petit, si elle est nécessaire pendant quelques mois, doit laisser place, petit à petit, à l'installation du *Je* de l'enfant. Sinon, il n'éprouvera même pas l'envie ou la volonté d'être lui-même, spontané et authentique, car il croira qu'il n'en a pas le droit ou pas la compétence. Le parent surprotecteur – souvent très possessif – envoie un message de « handicap » à son enfant, du type : « Tu auras toujours besoin de moi », « Sans moi tu n'arriveras à rien », toutes prédictions qui risquent bien de se réaliser si l'enfant, à l'adolescence, ne se rebelle pas avec vigueur, transgressant l'interdit parental d'être lui-même. Je me souviens de la mère d'un de mes patients âgé de 34 ans. Elle m'a un jour téléphoné pour prendre des nouvelles de son « tout-petit ». Béatrice a 31 ans et sa mère lui dit encore : « Tu es mon bébé, tu sais, tu seras toujours ma toute petite fille. » Béatrice, célibataire, demande de l'aide à ses amies pour remplir ses « papiers » administratifs, persuadée qu'elle ne comprendra rien...

Les parents surprotecteurs pour leurs enfants, ne peuvent que générer des adultes qui craignent l'autonomie. Les enfants surprotégés sont fragiles et vulnérables, et ils le demeurent devenus adultes. Ils sont démunis et impuissants devant les aléas de la vie. Quand l'enfant n'est pas autorisé, dans un cadre protecteur, à découvrir le monde, les autres, à faire des expériences par lui-même, « il devient un moi-tu et non un moi-je[1] ».

Et vous n'imaginez pas combien de personnes, adultes par leur âge, n'ont jamais rempli une déclaration d'impôt, ou une feuille de Sécurité sociale, ne savent pas organiser des vacances ou une soirée : elles se reposent sur leurs parents, leurs amis ou leur partenaire... Il me vient en mémoire l'exemple de cette mère qui, supportant très mal que sa fille de 32 ans vive désormais en couple, lui a écrit une lettre lui disant : « C'est de nous, ton père et moi, que tu as besoin. Nous seuls pouvons te guider dans ta vie. » Le désir de surprotéger son enfant est souvent le symptôme d'une angoisse de la mère qui, pour se rassurer elle-même et remonter le niveau de son estime de soi plutôt défaillante, entoure son enfant sur qui elle projette ses peurs – l'entoure tellement qu'elle l'enferme dans une cage, devenant alors son geôlier. Devenant ainsi tyrannique.

Une longue séparation du nouveau-né et de sa mère peut aussi générer un terrain propice à l'installation d'une trop grande dépendance affective. Il peut s'agir d'une séparation pour des raisons de santé de la mère, ou professionnelles ; ou s'il y a une personne très malade dans la famille, que la mère doit soigner ; ou encore pour des vacances, même chez les

---

1. M.-H. Ledoux, *Dictionnaire raisonné de l'œuvre de Françoise Dolto*, Payot, « Désir », 2006, p. 38.

grands-parents ; ou pour des raisons de divorce. Les temps de séparation des jeunes enfants et de leurs parents doivent être allongés très progressivement, de quelques jours à quelques semaines, et encore, pas plus de deux ou trois jusqu'à une douzaine d'années. Sinon, les enfants risquent de vivre ces séparations (qui ravivent l'angoisse de séparation primordiale) comme des abandons – et devenir abandonniques, c'est-à-dire craignant toujours au fond d'eux-mêmes d'être rejetés.

Si l'un des parents est dépendant affectif pathologique (ou si les deux le sont), son attachement à leur enfant ne sera ni sain, ni rassurant. Une mère très dépendante donnera ce modèle à sa fille, un père très dépendant montrera ce modèle à son fils. L'une et l'autre, devenus adultes, rechercheront à combler cette absence de sécurité affective. Ces parents demandent à leur enfant de les prendre affectivement en charge, de façon implicite, et, ce faisant, l'adultifient : c'est l'enfant qui doit alors rassurer ses parents (ou l'un d'eux) ! D. Winnicott a beaucoup insisté sur « la tendance innée de l'enfant à la sollicitude[1] ». Lorsque ses parents vivent des problèmes de couple, l'enfant sait très vite servir d'ambassadeur entre eux, apprenant ainsi à aider les personnes de son entourage, ce qu'il risque bien de faire toute sa vie. Certains parents, croyant peut-être bien faire, asservissent totalement leurs enfants, exigeant d'eux une obéissance et une dépendance totales jusqu'à un âge très avancé – même quand, à leur tour, ils sont devenus parents... Comme cette mère d'une femme de 42 ans, mariée et mère de famille, qui exigeait d'elle au moins un coup de téléphone par jour ! Il

1. D.W. Winnicott, *op. cit.,* p. 10.

arrive aussi que l'un des parents (ou les deux) éprouve des difficultés à démontrer son affection, ses émotions liées aux liens et à l'attachement, ce qui va cruellement manquer au développement du narcissisme de l'enfant. S'il y a un problème d'addiction (alcool, autres drogues, par exemple) ou de psychopathologie importante, l'enfant sera vite très insécure. Il risque même d'être lui aussi très tôt adultifié : « on » lui fera sentir qu'il doit prendre en charge l'un de ses parents, ménager l'autre, etc. Les enfants thérapeutes de leurs parents sont nombreux… Et je ne décrirai pas les différentes formes de maltraitance infligées aux enfants[1], qu'elle soit physique, et/ou psychologique (et donc moins visible) : dévalorisations, injures, critiques répétées, humiliations (sans toujours en avoir conscience). Je me permets d'insister sur la nécessaire interdiction des châtiments corporels qui sont « des procédés de brutes et de lâches qui feraient mieux de s'interroger sur leur santé mentale[2] ». Lorsque, devenue adulte, la personne constate avec un grand désarroi que, finalement, elle ne s'aime pas, que son estime de soi est gravement carencée – n'ayant pu s'étayer sur un socle narcissique suffisamment solide –, elle n'est pas étonnée, mais elle a honte. Récemment, en 2009, le cinéaste autrichien Michael Haneke a reçu la Palme d'or du Festival de Cannes pour son film *Le Ruban blanc*, très dérangeant, sur les méfaits d'une éducation trop répressive. Les mœurs en ce domaine commenceraient-elles à évoluer ?

---

1. J'ai longuement décrit ces types de maltraitance parentale dans *Pardonner. Tyrannie ou libération*, InterÉditions, 2008.
2. A. Naouri, *op. cit.*, p. 237.

Un enfant a besoin de marques d'amour et de cadres sécurisants

Il est impossible, pour comprendre les origines et l'installation d'une dépendance affective pathologique, de faire l'impasse sur les longues années d'enfance. Car un enfant a besoin, avant tout, bien plus que de multiples cadeaux ou de beaux et coûteux vêtements, de **marques d'amour fréquentes et adaptées et d'un cadre sécurisant**, c'est-à-dire de parents capables d'assumer leur rôle d'éducateurs responsables, d'assumer leurs fonctions parentales. Un enfant, depuis la minute où il est né, a besoin d'un **amour inconditionnel**. Ce qui signifie que ses parents l'aiment, tel qu'il est, quoiqu'il fasse, même s'il désobéit ou fait une bêtise, sans attendre de lui qu'il réponde exactement à leurs désirs, sans plaquer sur lui un idéal de perfection avec lequel il ne se sentira jamais à la hauteur. Car un enfant est précieux, a de la valeur, même lorsqu'il ne correspond pas aux attentes de ses parents. Il n'est pas sur terre pour rendre ses parents heureux ou pour soigner leur propre passé. C'est l'amour inconditionnel donné à l'enfant qui lui permettra de s'accepter tel qu'il est, dans son unicité et sa différence. C'est dans cette sorte d'amour que les parents ont intégré l'idée qu'ils doivent être capables de s'opposer à leur enfant qui apprend très vite que leur autorité, nécessaire, est rassurante. Bien plus que ne le serait un désir de lui plaire ou de le séduire – désir lié à une peur de lui déplaire –, qui serait la marque d'une grave défaillance parentale. Récemment, j'ai entendu un enfant d'environ 5 ans qui hurlait dans un magasin pour avoir un jouet, accusant sa mère de n'être pas

« gentille » : elle lui a répondu avec justesse qu'elle n'était pas là pour être gentille mais pour faire son éducation.

Il faut regarder son enfant avec bienveillance, lui sourire, lui parler, le caresser, le masser, le câliner, l'embrasser, le tenir dans ses bras de façon confortable pour lui, le rassurer, l'écouter. Il faut l'encourager, le complimenter (pas n'importe comment, bien sûr !), le valoriser, découvrir progressivement qui il est, dans sa différence, sa particularité, les goûts qui lui sont propres, respecter ses rythmes. Il faut éviter de trop le forcer (surtout à manger : un enfant qui va bien ne se laissera pas mourir de faim ! Ou à être propre trop tôt : il le sera un jour ou l'autre…). La santé psychique d'un enfant réclame du temps passé avec ses parents – pas seulement quand il est malade ou pour le gronder ! –, du temps pour apprendre à le connaître, pour lui montrer que l'on s'intéresse à lui, à ses centres d'intérêt. Ne pas le disputer outre mesure mais savoir le faire de façon appropriée. Surtout ne pas critiquer ce qu'il *est* mais ce qu'il *fait*, le gronder sur ses *comportements* et non sur sa personnalité, quoi qu'il arrive, ne jamais l'humilier, et surtout pas devant d'autres enfants, ne pas le comparer à d'autres qui seraient « meilleurs que lui, plus sages, qui travaillent mieux, qui sont plus obéissants… ». Tout comme il convient de proscrire toute forme de chantage affectif qui ancre définitivement une grande culpabilité chez l'enfant, une culpabilité aucunement justifiée : « Si tu n'es pas sage, tu vas faire de la peine à ta maman », « Cette enfant me rend folle », « Cet enfant va me tuer ! », « Tu fais de la peine à la table quand tu te cognes contre elle, demande-lui pardon ! », « Tu vas peiner le petit Jésus, lui qui t'aime tant » (à ce sujet, il conviendrait que les parents cessent de se prendre pour Jésus ou quelque autre dieu…).

Il faut accepter que son enfant vive tranquillement son enfance, sans entendre parler des soucis (de travail, d'argent, de relation de couple) de ses parents. Il faut aussi accepter que son enfant grandisse, aime à l'extérieur de la maison. Qu'il ait ses propres avis et idées sans se sentir coupable d'être en désaccord avec ses parents (qui n'ont et n'auront jamais la science infuse) et sans que ceux-ci tentent, par une forme quelconque de chantage affectif ou d'abus de pouvoir, de les en culpabiliser. Qu'il puisse ressentir ses propres émotions, ses propres façons d'exprimer son affection ou son mécontentement. Pourtant, bien « des émotions des enfants sont dérangeantes pour les parents, leur tranquillité. C'est pourquoi l'enfant les bannit ou les déguise [1] ».
Sinon, eh bien sinon il ne pourra pas réussir l'étape longue et progressive de séparation, d'individuation nécessaire à son psychisme et à sa vie psychoaffective, à son équilibre. Ses besoins d'amour, si légitimes, ne seront pas satisfaits et il cherchera toute sa vie à les combler, en vain : il deviendra un dépendant affectif pathologique dont les carences affectives et émotionnelles resteront vivaces en lui sans même qu'il en ait conscience. Alors il adoptera les comportements décrits dans la première partie de ce livre, aliénant ainsi sa véritable personnalité et, surtout, en étant malheureux.

Lorsqu'une mère est dépressive (ou un père), elle n'est pas capable d'apporter de la sécurité à son enfant, étant elle-même trop insécure. Comment pourrait-elle valoriser son

1. I. Filliozat, *Trouver son propre chemin. Un guide pour redéfinir le sens de sa vie et réussir l'essentiel*, Pocket, 2004, p. 68.

enfant, l'aider à développer sa confiance en lui, son estime de soi, l'encourager ? Avec une mère dépressive, et qui plus est quand le père est trop « occupé », ou indisponible, le socle narcissique indispensable à la construction de l'autonomie ne peut pas être édifié. Quant aux mères souffrant du syndrome de la mère morte, elles sont dans la totale impossibilité d'apporter autre chose à leur enfant que des soins « d'intendance » : toilette, habillage et nourriture, tous actes accomplis machinalement, sans qu'il n'y passe aucun affect, aucun câlin, aucune caresse, aucun bisou, aucune parole…

De la même façon, une mère anxieuse n'est pas en état d'être rassurante pour son enfant. Ne se sentant pas elle-même en sécurité, elle ne peut pas le sécuriser. Qui ne connaît des parents (car les pères aussi peuvent être anxieux !) qui ont présenté à leur enfant un monde « dangereux », peuplé d'embûches, rempli de gens dont il faut « se méfier » ? Ou des parents qui ont empêché leur enfant d'apprendre à faire du vélo, ou de tout autre engin « possiblement mortel » ? Ou encore des parents ne sachant pas très bien ce qu'ils doivent faire si leur enfant pleure, ou se fait mal, ou a de la fièvre, et qui paniquent – paniquant ainsi leur petit ? Et je ne parle pas des parents qui ont des phobies handicapantes, comme la nosophobie (la phobie des maladies)… J'ai eu une patiente qui en souffrait : elle a vécu comme un véritable cauchemar tous les cris de sa fille, depuis sa naissance, puis ses accès de fièvre, ses diarrhées, ses refus de manger, puis ses maladies infantiles. Quant au père, relativement incompétent pour tout ce qui touchait aux soins à donner à un bébé puis à un enfant, il n'a guère pu rassurer leur petite fille. Je rappelle ici que les enfants, même très

petits, même s'ils ne mettent pas de mots sur ce qu'ils perçoivent, captent parfaitement bien les émotions de leurs
parents (parfois mieux que ces derniers) et « comprennent »
très bien à leur façon les situations. Françoise Dolto disait
que les enfants et les chiens savent tout avant les adultes...

Il existe donc bon nombre de facteurs qui peuvent entraîner une prédisposition à la dépendance affective pathologique : un tissage difficile ou problématique des liens *in
utero*, l'impossibilité à dépasser l'angoisse de séparation de la
naissance, une séparation qui interrompt un moment les
marques d'attachement, un manque d'attention des parents
et surtout de la mère ou, au contraire, une surprotection
parentale ou des dysfonctionnements familiaux. Albert
Memmi pense que « toutes les dépendances seraient des
relais de la dépendance infantile. [...] Le petit de l'homme
est particulièrement avide de soins et d'attentions [...] et
l'adulte ne se débarrassera jamais complètement de cette
exigence inquiète, comme si sa survie en était toujours tributaire[1]. » J'ajouterais que les intensités sont très variables
d'une personne à l'autre, selon que l'on est dans une dépendance saine ou pathologique.

Éducation et morale

Les méthodes éducatives évoluent (fort heureusement)
au cours des siècles, mais les grandes vertus enseignées aux
enfants restent globalement les mêmes. Si toutes sont

---

1. A Memmi, *op. cit.*, p. 40.

VAINCRE LA DÉPENDANCE AFFECTIVE

respectables et importantes à inculquer dès la petite enfance, il existe cependant des «détournements» de certaines d'entre elles qui sont très efficaces pour installer une dépendance affective pathologique.

L'égoïsme a très mauvaise presse. C'est même un «très vilain défaut», dit-on aux enfants. Car il faut toujours être « *bien gentil* » avec sa maman et son papa, ses frères et sœurs, ses petits camarades, les gens en général. Certes, il est plus facile de vivre en bonne entente, en famille, à l'école et ailleurs, mais les dangers d'un tel martelage sont bien réels.

Qu'est-ce qu'un enfant gentil (c'est-à-dire pas égoïste)? Dans la bouche des parents et des éducateurs, il s'agit d'un enfant soumis, qui dit oui à tout, est d'humeur égale, «joue bien sagement, bien gentiment», ne se dispute pas avec les membres de sa fratrie, obéit au doigt et à l'œil à ses parents d'abord, mais aussi à ses éducateurs (professeurs des écoles puis du collège, autorité religieuse, etc.), cherche à faire plaisir, à contenter les uns et les autres… Un enfant bien gentil est ainsi assimilé à une sorte de potiche sur laquelle serait peint un visage : sur les lèvres, un sourire – mais les yeux sont fermés. Car l'enfant ne doit surtout pas communiquer ce qu'il ressent. Il doit manger tout ce qu'on lui donne (même s'il n'a pas faim ou qu'il n'aime pas ce qu'on lui propose) quand ses parents le décident. Il n'a pas le droit de dire qu'il n'aime pas les épinards, sinon il devra en manger tous les jours… Il ne doit pas exprimer ses préférences, ni demander avec insistance quelque chose pour lui : à force de ravaler ses envies, il finira par les refouler (inconsciemment). Plus tard, quand il sera adulte, il ne saura pas ce qui

140

peut lui faire plaisir, il ne connaîtra pas ses désirs et s'attachera à satisfaire ceux des autres.

Quelques définitions

• L'égoïsme, selon le *Petit Robert*, est la « disposition à ne parler que de soi, à rapporter tout à soi ».
• L'égocentrisme est la « tendance à tout rapporter à soi, à ne s'intéresser aux êtres et aux choses que dans la mesure où l'intérêt qu'on se porte à soi-même s'en trouve éveillé ».
• L'égotisme est la « disposition à parler de soi, à faire des analyses détaillées de sa personnalité physique et morale ».

Un enfant « gentil » doit aussi penser comme ses parents, même s'il n'est pas d'accord : il ne peut pas dire que Tonton Jacques ne lui plaît pas, il serait « vilain », ou « méchant ». Il ne peut pas dire non plus qu'il s'ennuie le dimanche et pendant les grandes vacances avec sa grand-mère parce qu'elle le garde auprès d'elle toute la journée et qu'il l'aide à s'occuper du linge (lavage, repassage…). Lorsque, devenu adulte (et même déjà à l'adolescence), on lui demandera ce qu'il pense, il n'osera pas parler : on a tellement pensé pour lui qu'il ne sait même pas qu'il est capable de le faire par lui-même. Un enfant gentil ne doit pas non plus exprimer ce qu'il ressent, sauf de l'amour. Mais s'il trouve sa mère trop intrusive (« Il faut tout me dire, je suis ta maman, tu ne dois pas avoir de secret pour ta maman ») ou son père trop injuste car il vient de le disputer très fort sans savoir ce qui

141

s'est réellement passé (« C'est pas moi qui ai tapé Damien, c'est lui qui m'a fait mal »), il n'a surtout pas le droit de le dire. Surtout, ce n'est « pas bien » de dénoncer son frère.

Un enfant « gentil » ne fait « pas trop de bruit » en jouant, car il dérangerait ses parents qui, par définition, sont toujours fatigués, ou très occupés avec des choses « importantes » : ils sont en train de « jouer » (à l'ordinateur, etc.), ou de regarder un film… Il est « sage comme une image » pour faire plaisir à ses parents, ses grands-parents : « Si tu n'es pas sage, disait sa mère à sa petite fille Alice, je me suicide » ! Il dort bien, ne fait surtout pas pipi au lit (« Tu n'as pas honte ! »), accepte les punitions (justes ou injustes) sans broncher. Il dit « bonjour à la dame », il ne rêve pas (« Tu perds ton temps »). Surtout, il travaille bien à l'école, « pour faire plaisir » à ses parents : pas pour lui, non. Ses bonnes notes remplissent ses parents d'orgueil. Et s'il n'est pas un élève très brillant, il sera humilié : il perdra rapidement toute confiance en lui.

« Ton ignorance est sans lacune », disait son père à Johanna. À 13 ans, il ne lui a pas adressé la parole pendant six mois car ses résultats scolaires n'étaient pas bons. Adulte, elle a mis de longues années pour finir un cursus complet : elle commençait des études puis les abandonnait. Cela pendant plus de dix ans : trop dévalorisée par son père, elle n'allait jamais jusqu'au bout. Tout au long de son adolescence, son père lui serinait : « Tu es partie de rien et arrivée nulle part »… Aujourd'hui, à 36 ans, elle vient de terminer brillamment les études qu'elle avait choisies, elle est même sortie première de sa promotion. Mais que de gâchis : de temps, d'espoir, d'intelligence, d'énergie !

Sylvie n'a pas fait d'études et le regrette beaucoup aujour-d'hui, à 40 ans. Durant son enfance et son adolescence, sa mère a pensé à sa place, lui « interdisant » inconsciemment de développer ses propres facultés mentales de réflexion et d'apprentissage. Aujourd'hui, cette mère se substitue à elle pour élever sa fille : elle sait mieux ce qu'il faut faire avec un enfant. Maintenue dans un état quelque peu infantile, Agnès se laisse faire et a « démissionné » de son rôle de mère, supplan-tée par cette femme intrusive qui a, en outre, toujours dévalo-risé sa fille qu'elle a empêchée de grandir. Pas avec des mots, non, mais en se montrant totalement indifférente à ses résul-tats scolaires. Quant au père, il était trop souvent absent pour s'occuper de sa fille : il en déléguait l'éducation à sa femme.

Un enfant « gentil » n'a pas le droit de penser à lui, de faire quelque chose **pour lui** : c'est « égoïste » de penser à soi. Égoïste de se défendre, d'avoir des idées personnelles, d'avoir des intérêts, des goûts, des aspirations non conformes à ceux de la famille. D'avoir des « mauvais sentiments » : jalousie ou envie (l'un des sept péchés capitaux), de la colère (encore un), avec toutes ses déclinaisons : rancune, ressentiment, agacement, etc. Et pourquoi les enfants ne devraient-ils pas être importants à leurs propres yeux ? En quoi « les autres » seraient-ils plus importants qu'eux ? Suzanne, à 45 ans, me disait : « Si j'ai une vie amoureuse, je serais obligée de quitter ma mère, elle me l'a dit, *et je trahirais mon père* ». Son père est décédé depuis longtemps. Où est l'égoïsme ?

Qui se montre plus qu'égoïste, et bien plutôt égocen-trique souvent ? Ce sont, en l'état, les parents de cette sorte, qui ne « considèrent le monde que de (leur) seul point de vue », qui, parce qu'ils sont des parents, croient tout savoir et s'octroient tous les droits sur leurs enfants. Qui ne les élèvent que pour leur propre satisfaction, leur propre bien-être, selon des principes surannés, sans se préoccuper de la psychologie des enfants (petits et grands). Leur éducation est faite d'interdits plus que de permissions, elle érige des règles qui sont de véritables carcans non adaptés à l'enfant, sans possibilité d'évolution selon leur âge car trop rigides. Pourtant, disait Françoise Dolto, « les parents n'ont que des devoirs » vis-à-vis de leurs enfants. Et s'il n'est évidemment pas question qu'ils fassent preuve de laxisme (pour se sentir rassurés, les enfants ont besoin de règles), ils auraient tout intérêt, pour être vraiment de bons parents, à s'assouplir, à abandonner leur défense favorite : « J'ai été élevé comme ça et je n'en suis pas mort ! » Un bien piètre argument… Ils devraient, dans l'intérêt de leurs enfants, accepter que ceux-ci sont des personnes à part entière – et surtout pas des clones.

Respecter ses parents ne signifie pas dire « amen » à tout ce qu'ils pensent et à tout ce qu'ils demandent, surtout en grandissant. Il n'y a pas qu'une seule façon de réussir sa vie, de « bien » vivre ou « bien » faire les choses. Pourtant, il semblerait que même une toute petite velléité d'un enfant d'avoir un autre avis ne peut que provoquer que la colère – ou du mépris – de ses parents. En quoi serait-ce un manque de respect ? Évidemment, si l'avis est précédé d'une insulte ou formulée sur un ton par exemple méprisant, il s'agit bien là d'un manque de respect. Ce que, pourtant, certains parents pratiquent régulièrement, sans vergogne

144

– le plus souvent ceux des grands dépendants affectifs. « Tu es stupide, tais-toi ! », « Tu n'es qu'une petite morveuse de 12 ans, tais-toi ! », « Tu es trop c…, tu n'auras jamais ton bac ! », « Tu n'es bonne à rien, tais-toi ! », « Je ne te permets pas de me parler comme ça, tais-toi ou tu vas en recevoir une ! » : ainsi s'expriment les parents Bourreaux. Ou, sur un mode Victime : « Après tous les sacrifices qu'on a faits pour toi, tu oses nous parler comme ça ! », « Mais qu'est-ce que je t'ai fait ? », « Tu me fais trop de peine, je ne te comprends plus… », « Tu n'as pas le droit de me parler comme ça, je ne le mérite pas… » Il est vrai que ces parents-là n'ont jamais vraiment fait d'effort pour comprendre leurs enfants. J'insiste sur le fait que je ne parle pas ici des adolescents en grand mal de vivre, comme ceux que l'on voit dans certaines émissions de télévision.

J'éprouve de grandes difficultés, je l'avoue, à admettre que, dans certaines famille, le respect ne soit obligatoire que dans un sens : les enfants doivent respecter leurs parents, certes, mais pourquoi ces derniers ne devraient-ils pas respecter leurs enfants ? Alice Miller[1] s'est longtemps battue contre l'interprétation fallacieuse du commandement « Tes parents tu honoreras », une interprétation qui a laissé libre cours aux maltraitances physiques et psychologiques faites aux enfants. L'on peut tout à fait respecter ses parents sans avoir toujours à l'esprit l'obligation de les satisfaire en tout ou de les valoriser ! Si l'on fait remarquer à un parent qu'il ne respecte pas son enfant quand il exprime violemment sa colère contre lui, il vous renvoie

---

1. Voir Bibliographie, p. 321.

« dans vos buts » rapidement. Il répliquera : « Mais j'ai bien le droit, d'ailleurs j'ai tous les droits sur lui, c'est mon enfant ! » En revanche, si un enfant dit qu'il est agacé par les ronflements de son père qui l'empêchent de dormir, ou par le mauvais goût de la soupe que sa mère l'oblige tous les soirs à avaler, qu'il en a assez de mal dormir ou de manger « ce truc dégueu » (l'expression, il est vrai, manque un peu d'élégance…), cet agacement sera sûrement considéré comme un manque de respect. Ce qui n'est pourtant pas le cas. En repensant à certains patients et patientes, je peux imaginer combien ils ont dû souffrir du manque de respect de la part de leurs parents.

Sophie : « À 12 ans, ma mère a commencé à me teindre en blonde : elle trouvait qu'être brune (j'avais les cheveux très noirs) n'était pas très avantageux. Sur une photo de moi à 10 ans, elle a passé du feutre jaune pour faire croire que j'étais blonde ! Et depuis toute petite, elle m'a mise au régime car une femme se doit d'être mince et il faut s'y préparer très tôt. Elle m'obligeait, nous habitions dans le sud, à rester deux heures par jour au soleil : pour être jolie, disait-elle, il faut être bronzée. Aujourd'hui, à 26 ans, je me trouve grosse et laide. »

Barbara, 47 ans, est en surpoids. « Ma mère, dit-elle, m'a seriné toute mon enfance que si j'étais grosse, je ne plairai jamais aux hommes. Elle avait raison. D'ailleurs l'histoire de mon poids est l'histoire de la vie de ma mère. Mon corps est rond, comme le bébé qu'elle a voulu garder auprès d'elle. Mais elle a honte de moi, elle me l'a dit. »

Le patriarcat à la romaine, fort heureusement, n'est plus de mise dans notre culture, mais beaucoup de parents et d'éducateurs semblent en être encore imprégnés, sans en avoir conscience. La tolérance et la bienveillance ne sont pas toujours au cœur de certaines méthodes éducatives castratrices (aussi bien pour les petits garçons que les petites filles). « Un enfant qui n'a pas été respecté en tant que personne, plus tard, quand il sera adulte, se cramponnera à ses parents ou à des substituts, en attendant d'eux tout ce qui lui a été refusé[1] » dans son enfance, en particulier l'amour. Avec l'alibi du respect, la « castration » intervient sous forme d'interdits qui peuvent se résumer en une phrase : « Tu n'as pas le droit d'être toi-même. » Sous entendu : « Tu es mauvais, tu n'es pas capable, tu ne sais pas. Tu me dois le respect, alors écoute-moi, obéis-moi et tout se passera bien. » Tout se passera pourtant très mal. Le respect, la confiance, ça se mérite, non ? C'est ce que l'on dit aux adultes, pas aux enfants. D'autant plus que les parents ne montrent pas toujours l'exemple, loin s'en faut. Leurs cris, leur impuissance évidente, leurs insultes, leurs critiques blessantes adressées à leurs enfants sont-elles des marques de respect (sans même parler d'amour…) ? Autorisent-elles la confiance en soi, l'estime de soi ? L'intrusion (pratiquée surtout par les mères) dans les affaires des enfants (courrier, journal intime, téléphone portable) serait-elle devenue une marque de respect ? Inspire-t-elle la confiance ?

Quant au haro sur la colère des enfants, il est toujours de saison. La colère ! Ce péché, capital, n'en est un que pour les enfants. Les parents ne s'en privent pas. Les adultes non plus,

---

1. A. Miller, *Notre corps ne ment jamais*, Flammarion, 2005, p. 15.

en général, sur les plus « faibles », ceux sur qui leur autorité est reconnue comme légitime. Éducateurs, supérieurs hiérarchiques, conseillers spirituels, et les parents, bien sûr : ils ont le droit d'exprimer leur colère, du plus petit désaccord jusqu'à la rage. Pourtant, la colère est simplement une réaction à quelque chose qui ne nous plaît pas, dans l'environnement naturel, matériel ou humain – ou en nous. Les raisons en sont donc plutôt fréquentes, pour les grands comme pour les petits, mais ces derniers doivent la ravaler, quand ils ne la retournent pas contre eux : ce qui génère immanquablement une dépression. Sinon, une pluie de punitions, de critiques ou d'insultes tombe sur eux rapidement – quand ce ne sont pas des gifles, des fessées ou pire… Les enfants n'ont pas le droit d'exprimer leur colère. C'est un fait, la messe est dite. Même s'ils ne comprennent pas très bien pourquoi, même si les « grands » ne montrent pas l'exemple.

Les parents toxiques

Les parents toxiques se révèlent incompétents dans bien des domaines, et, en outre, ils ne peuvent transmettre à leurs enfants un quelconque « art d'aimer » (et surtout pas soi-même). Chez ces derniers, toute forme de lien ne peut provoquer que de la peur : l'amour fait mal, qu'on le donne ou qu'on le reçoive. Car pas un moment, au cours de leur enfance, ces enfants ne peuvent imaginer que leurs parents ne les aiment pas. Les parents mal aimant et/ou ne sachant pas reconnaître les marques d'amour qu'ils reçoivent de leurs petits distillent en eux la crainte de l'amour.

Il existe différentes sortes de parents toxiques, et leur « toxicité » est d'intensité variable, selon qu'ils se montrent trop faibles et incapables d'assumer leurs responsabilités, ne donnant à leurs enfants aucun modèle acceptable d'adultes suffisamment indépendants et matures. Ou qu'ils se montrent, comme la plupart du temps, trop anxieux : ils ne préparent pas leurs enfants à affronter le monde des adultes. Ils peuvent aussi les adultifier, leur demandant trop vite de se prendre en charge eux-mêmes, ou de les prendre en charge : ce faisant, ils les privent de leur enfance. Je pense à Gaëlle (25 ans), qui a vécu seule avec sa mère depuis l'âge de 4 ans. Elle n'avait pas 10 ans quand cette mère lui a confié la responsabilité des courses à faire pour la semaine, à peine 12 ans quand elle lui a confié la gestion des comptes et des factures à payer. Surtout, ces parents ignorent – ou veulent ignorer – les besoins de leurs enfants : besoins qui, rapidement, ne seront plus exprimés, ni même, à force, ressentis. En particulier les besoins affectifs, car il leur est, à l'inverse, demandé de satisfaire les besoins du ou des parents et ceux de la fratrie. Le chantage affectif est à l'honneur dans ce type de famille où il peut, par exemple, exister des problèmes d'alcoolisme ou de dysfonctionnements familiaux qui instaurent « l'instabilité, l'insécurité, l'imprévisibilité, des comportements arbitraires, la confusion et des mauvais traitements physiques, mentaux, émotionnels, sexuels (même implicites), l'abandon ou la négligence[1] ». Comme

---

1. C. Whitfield, *L'Enfant intérieur. Découvrir et rétablir l'enfant en soi*, éd. Modus Vivendi, 1993, p. 67.

149

les enfants sont trop jeunes pour bien jouer ce rôle de parents qui leur est demandé (de façon implicite), ils développent en eux le sentiment de n'être jamais suffisamment à la hauteur. Ils sont entraînés durant de longues années à devenir des Sauveurs, des dépendants affectifs pathologiques. Ces enfants sont sacrifiés sur l'autel de l'incompétence et de l'immaturité de leurs parents.

Marie, 30 ans, vit chez ses parents car elle n'ose pas les « abandonner ». Elle ne sait pas du tout ce qu'elle veut faire professionnellement, et va de petit boulot en petit boulot, n'ayant pas tout à fait terminé une maîtrise de psychologie. « J'ai commencé à devenir timide en maternelle, je n'y ai pas dit un mot pendant six mois. Un fois, on m'a oubliée : je dormais pendant que les autres jouaient. Je me sentais triste et seule. Mon père m'impressionnait, ma mère m'étouffait et me parle, aujourd'hui encore, comme si j'avais 12 ans ! Passionnée, elle dramatise tout et prend sur elle tout le malheur des autres. Elle anticipe toujours le pire et je l'ai toujours vue ivre dès le milieu des repas. Tout est difficile pour moi : je me pétrifie de panique à l'idée de faire quelque chose comme téléphoner, demander, prendre une initiative. Je sais que je suis très inhibée : je ne veux surtout pas déranger et j'ai toujours eu peur de décevoir mes parents. C'est curieux, j'ai toujours peur qu'on m'oublie, même avec mes amis. J'ai vraiment le sentiment de n'avoir été qu'une incompétente, dans tous les domaines. »

Lise se souvient que, dès son entrée en classe de sixième, en ville, alors qu'ils habitaient la campagne, ses parents ont installé leurs quatre enfants (qui se suivaient de très près) dans un appartement, à charge pour Lise, troisième dans la fratrie, de s'occuper de ses frères. Cette « pas encore jeune fille » de 12 ans s'est ainsi retrouvée avec trois « enfants » à nourrir, à surveiller. Elle devait s'occuper de leur linge, veiller à ce que les devoirs soient faits : elle vivait dans la terreur qu'il leur arrive un accident. Durant sept ans, alors qu'elle-même était évidemment scolarisée, elle a tenu le rôle de maman pour ses frères, n'ayant pas un moment – et pas même l'idée – pour s'occuper un peu d'elle-même.

D'autres parents sont toxiques dans la mesure où ils se montrent dominateurs et, ce qui va de pair, manipulateurs. L'objectif étant de conserver le pouvoir et le contrôle sur leurs enfants. D'autant plus que la domination ne s'exerce pas forcément avec un excès de rigueur ou de sévérité. Certains parents sont parvenus à un art consommé de la manipulation, à tel point qu'ils n'ont même plus à s'exprimer verbalement pour obtenir ce qu'ils veulent : la communication non verbale (le regard, surtout, mais l'attitude aussi) est bien suffisante. Ils peuvent aussi manipuler en se montrant tellement « exemplaires » et « parfaits » dans leur générosité, leur dévouement, que leurs enfants se retrouvent pieds et mains liés, sans aucune possibilité de rébellion. Ainsi, très tôt, ils apprennent à subir une domination psychique qui risque de se prolonger tout au long de leur vie. Car ils sont sous la coupe d'une volonté de contrôle total sur leur vie présente et future, avec parfois les meilleures intentions du monde – mais aussi les pires. Une patiente m'a un jour décrit le « hold-up émotionnel » que sa mère lui avait infligé :

151

« Elle n'aimait pas que je sois différente de ce qu'elle avait toujours désiré pour moi : elle ne m'aimait pas moi mais ce que j'aurais dû devenir. »

Quelques croyances de parents toxiques

Tous les parents ont des certitudes concernant l'éducation de leurs enfants et ce qu'ils sont en droit d'attendre d'eux. En voici quelques-unes parmi les plus toxiques.

• Un enfant doit se comporter en tous points selon les désirs de ses parents.

• Un enfant doit avoir pour priorité la satisfaction des désirs de ses parents.

• Un enfant n'a pas vraiment de personnalité, c'est pourquoi il doit se conformer aux directives de ses parents.

• Un enfant n'a pas à exiger, ou même à demander : ses parents savent ce qui est bon pour lui.

• Un enfant se doit d'être la fierté de ses parents.

• Un enfant doit veiller à ne pas peiner ses parents, ni à les décevoir.

• Quand un enfant obéit à ses parents, tout va bien pour lui.

• Un enfant est responsable des punitions que ses parents lui infligent.

• Un enfant que l'on écoute devient un enfant capricieux.

• Un enfant que l'on complimente devient trop imbu de sa personne.

Les enfants victimes de parents bourreaux (sans majuscules cette fois) ont tous des problèmes psychoaffectifs, ce qui se comprend fort bien. Je vous présente maintenant le cas de Bernard, qui a grandi dans une famille éminemment dysfonctionnelle.

Bernard a 38 ans, il est marié, a deux enfants. Il est venu en thérapie comme on « appelle au secours ». Sa vie personnelle et sa vie professionnelle sont des « échecs ». Tout le temps « stressé, déprimé », il a « des blocages dans la tête » et ne peut plus « ni penser ni faire quoi que ce soit ». Sa petite sœur s'est suicidée : elle s'est pendue chez ses parents. « Elle a exprimé ce que moi je n'arrivais pas à leur dire. » Son frère aîné, qui ne supportait pas leurs parents, est parti de la maison à 18 ans et n'a jamais plus donné de nouvelles. « Lui, au moins, a eu le courage de partir dès qu'il l'a pu. Moi, je n'ai rompu avec eux qu'à 30 ans, et encore, parce que mon épouse m'a poussé à le faire. »

« Mon père était lâche : il ne voulait jamais rien savoir, et ma mère était hystérique, très violente. Elle nous battait constamment tandis que lui sortait de la pièce… Mon grand-père maternel était alcoolique, et mes grands-parents paternels se sont suicidés ensemble quand j'avais 19 ans : ils ne voulaient pas que la mort les sépare. Moi, j'ai toujours été sage, je ne disais jamais non, je baissais la tête, je ne pouvais pas me défendre – aujourd'hui non plus. J'ai très vite appris à faire profil bas, à me taire, quoi qu'il arrive. Mes parents étaient maltraitants et je ressens beaucoup de violence en moi, elle me fait peur. J'ai été conditionné à ne pas avoir d'idées personnelles, de désirs, d'envies, à refuser toute forme de plaisir. Je n'ai appris qu'à être passif, à devenir transparent pour les autres, à contenter tout le

monde, à surtout ne pas faire d'erreurs. En général, je ne dis que ce qui va plaire à mon interlocuteur. Je souffre d'une grande incompétence relationnelle : c'est dans ma nature, je ne sais pas comment me comporter avec les gens. Quand ma mère criait, je me sentais coupable de tout... Depuis bien longtemps, j'ai le sentiment d'être mort, de ne pas exister, tellement je me sens impuissant dans la vie, incapable de quoi que ce soit. J'avais envie de crier à mes parents : "Laissez-moi avancer !", mais j'ai toujours eu honte de moi, de mon physique, de la personne que j'étais, de l'image que je donnais de moi. »

Ce que les parents ignorent – ou semblent ignorer –, c'est que toutes les expériences vécues, toutes les émotions ressenties durant l'enfance demeurent gravées dans l'adulte. Bon nombre de dépendants affectifs pathologiques (qui croient toujours au mythe de la famille idéale) restent toute leur vie sous l'influence de leurs parents, que ceux-ci soient encore vivants ou non. Leur peur de les décevoir, de les « trahir », guide la plupart de leurs comportements et, sans cesse, ils recherchent amour et approbation chez leurs amis, leurs partenaires en amour, leur psy, mais aussi dans leur vie spirituelle ou idéologique, ou encore dans leur vie professionnelle. Ils cherchent aussi à compenser les carences accumulées dans de multiples dépendances, car, je le répète, toutes les formes de dépendance sont des symptômes d'une dépendance affective problématique ou pathologique. « Et lorsqu'une même façon de compenser devient un besoin irrépressible auquel il faut répondre sous peine d'en éprouver de l'angoisse et même de la culpabilité, la compensation s'est transformée en compulsion. C'est l'accoutumance[1]. »

Vous comprenez mieux comment l'on devient dépendant affectif problématique ou pathologique, comment se sont installés les comportements et les attitudes décrits précédemment. Il n'y a pas de hasard : certains parents et adultes sont toxiques pour les enfants, comme souvent leurs propres parents l'ont été avec eux. Ils ont eux-mêmes manqué d'amour et ne savent pas en donner : chaque maillon de la chaîne n'a transmis que du mal-amour, du mal-aimant, transplantant ainsi à la génération suivante une vie émotionnelle et relationnelle catastrophique. Mais il ne s'agit en rien d'une malédiction : en prendre conscience peut permettre de briser cette chaîne.

Tellement d'émotions pénibles !

Les personnes souffrant d'une trop grande dépendance affective ont une vie émotionnelle extrêmement pénible : elles ne s'aiment pas, oscillent entre la tristesse et la dépression – car les moments de vraie joie, légère, sont rares. Elles passent de l'anxiété à l'angoisse, la sérénité leur est étrangère. Leur frustration est grande, quand elle ne se transforme pas

---

1. G. Corneau, *Le Meilleur de soi*, Robert Laffont, « Réponses », 2007, p. 115.

en colère. Et tout cela sur fond de culpabilité de n'être pas aimables. Un florilège d'émotions toutes plus douloureuses les unes que les autres les habite, que quelques fugaces éclaircies ne parviennent pas à effacer ou seulement à atténuer.

Le désamour de soi

Le désamour de soi est un empêchement majeur de vivre heureux. Il ne peut qu'entraîner l'être humain dans des comportements, des idées, des attitudes qui n'iront qu'à l'encontre de ses désirs profonds, de son abyssal désir d'être aimé. Car s'il ne l'est pas, la raison en est simple : il ne le mérite pas, du moins le croit-il. Nombreux sont les patients qui ne se posent même pas la question de savoir si cette certitude est fondée ou non. Ils ont interprété leur histoire d'enfance comme la « preuve » qu'ils ne sont pas dignes d'être aimés, qu'ils ne valent rien. Ils ne s'aiment pas. Lucie, qui n'a que 19 ans, me parlait ainsi : « Quand quelqu'un de proche n'est pas content de moi, je ferais n'importe quoi pour qu'il m'aime. Je pourrais devenir une serpillière pour lui plaire », tandis que Magalie pleure : « Je suis transparente, je suis une ombre, je n'ai pas de vie »…

Nous avons vu comment le milieu familial, quand il n'apporte pas à l'enfant une bonne qualité d'amour et de sécurité, d'acceptation de lui tel qu'il est, de protection – ou pire, quand il est incohérent et dysfonctionnel –, peut provoquer de grands dommages dans le psychisme de cet enfant, dans sa vie psychoaffective et émotionnelle. Car ce qui lui a manqué, et adulte lui manque encore, c'est un socle, une assise narcissique sur laquelle fonder, au fil des années, une bonne estime de soi. Ce qui est logique dans la mesure où il s'est suradapté aux demandes, aux exigences (implicites ou explicites) de ses parents pour tenter d'en être aimé. Il a donc joué le rôle qu'on lui imposait (ou qu'il pensait qu'on lui imposait), sacrifiant sa propre identité, sa propre personnalité. Aliénant sa véritable nature puisque ses besoins, ses désirs et ses idées étaient déniés. Adulte, il se juge impuissant et ne peut donc que rechercher chez l'autre ce qu'il croit ne pas avoir en lui, créant et alimentant sa dépendance pathologique. Ce sentiment d'impuissance s'accompagne toujours d'une dévalorisation de soi, comme si les critiques entendues dans l'enfance étaient justifiées. Il reprend ainsi le flambeau de ses parents.

Nous savons que les malades alcooliques commencent à le devenir quand ils sont en dépression (alors que l'alcool rend dépressif…), même si elle est « blanche », c'est-à-dire masquée : sous l'effet de cet alcool, ils « oublient » momentanément leurs difficultés. Mais quand l'effet est dissipé, le désespoir revient toujours. Il se passe la même chose avec les grands dépendants affectifs : un regard aimant et tout semble aller bien. Un regard qui se détourne, et tout va mal, très mal. Si l'estime de soi ne peut pas être toujours constante, elle peut néanmoins demeurer à un bon niveau. Lorsqu'elle n'existe pas, ou qu'elle est très déficitaire, les amplitudes sont nettement plus marquées, dans le mauvais sens. Que ne ferait-on pas, alors, pour prouver que l'on est aimable ? Pourtant, quoi que l'on fasse, on finit toujours par se trouver « nul ». Un ami vous propose de partager le pain d'épices qu'il vient de confectionner ? Vous acceptez en insistant sur le fait que vous n'êtes « même pas capable » d'en faire autant ! Une amie vous montre comment elle a installé sa bibliothèque ? Vous la complimentez en remarquant que vous n'êtes « même pas capable » d'en faire autant.

Tout événement, même minime, est utilisé pour se dévaloriser : à ses propres yeux et aux yeux de l'autre. Les personnes qui manquent d'estime de soi s'observent à travers un miroir déformant : elles s'y trouvent laides, stupides, incapables, incompétentes, inutiles, indignes d'être aimées, aujourd'hui et pour toujours. Même si elles soignent le « paraître » et que leur vie semble enviable : ce n'est pour elles que de la poudre de perlimpinpin qui ne les trompent pas, elles. Car ne s'estimant pas, ne s'aimant pas, elles déprécient tout ce qu'il peut y avoir de positif dans leur vie. Et si l'on s'avisait de leur faire un compliment, elles le détourneraient pour le réduire à néant. « On n'aime pas ce qu'on fait, on n'aime pas ce qu'on est. On est fondamentalement insuffisant[1]. » Et, se critiquant quasi constamment, l'on supporte très mal les critiques des autres. Il faut dire que, des critiques, ces personnes en ont soupé ! Elles ont ponctué presque vingt années de leur vie : une de plus, c'est une de trop. Elles seules ont le droit de s'en faire. Jules Renard, dans son *Journal*, décrit très bien sa très basse estime de soi : « J'aime beaucoup les compliments. Je ne les provoque pas, mais je souffre quand on ne m'en fait pas, et, quand on m'en fait, j'arrête tout de suite : je ne laisse pas la personne

---

1. M. Beattie, *op. cit.*, p. 155.

s'étendre comme je voudrais. [...] D'expérience en expérience, j'en arrive à la certitude que je ne suis fait pour rien. [...] Je veux faire les choses bien, et je désire que quelqu'un, n'importe qui, s'en aperçoive. [...] Le bonheur, c'est d'être heureux ; ce n'est pas de faire croire aux autres qu'on l'est[1]. »... L'on ne peut qu'admirer le style... et déplorer le contenu. Quoi d'étonnant à cela, le pauvre Poil de Carotte fut tellement moqué, humilié...

Christelle a 38 ans. Elle vit avec Patrice depuis trois ans, mais se plaint d'« une relation difficile ». Elle ne parvient pas à parler, à s'exprimer avec lui. Comme, dans sa jeunesse, avec ses parents : « Ils se disputaient tout le temps. » Aujourd'hui, Christelle ne se sent pas très bien non plus dans sa vie professionnelle : « Je suis déçue quand mon équipe n'a pas besoin de mon aide, je suis terrorisée quand je dois parler en réunion. J'ai tout le temps peur de déplaire. Et j'ai honte de moi. Je suis restée énurésique jusqu'à presque 20 ans. Ma mère me dit que je ne lui posais aucun problème quand j'étais petite, à part celui-là, évidemment. Patrice se moque de moi parce que je suis très maniaque : c'est vrai que je suis toujours en train de nettoyer... Je ne supporte pas la saleté. Je vis le regard des autres sur moi comme une véritable contrainte, c'est insupportable. De toute façon, dans la vie, on ne peut jamais avoir ce qu'on veut. »

Inès a 45 ans. Célibataire, elle vit loin de toute sa famille (qui est en Espagne) dans un minuscule studio depuis

---

1. Cité par C. André et F. Lelord, *op. cit.*, p. 68.

plusieurs années. Et pourtant elle n'a pas encore défait toutes les caisses. « Je me sens très mal, dit-elle. J'ai le sentiment très profond, très lointain, que ma vie est un échec. J'ai des complexes sur mon physique qui me gâchent la vie, je me sens vide et dans un grand néant affectif. Si j'ai aimé être solitaire pendant mon adolescence (pour éviter le heurt, le chaos, les colères et les affrontements avec mon père), aujourd'hui j'en souffre. J'ai des diplômes universitaires de bon niveau, mais j'ai raté une occasion d'avoir un poste de chargée de cours : c'est LE regret de ma vie. Alors je fais un peu n'importe quoi comme travail, je m'ennuie et gagne le strict minimum. J'ai très peu de vie sociale et suis très fidèle en amitié, mais je n'ai que deux amies… J'ai longtemps été la petite maman de ma sœur.

Mon père était très lointain, distant, froid, autoritaire, très coléreux (tous les enfants tremblaient de peur). Ma mère était très dynamique, proche, attentive. Mais il fallait toujours faire comme si tout allait bien. Depuis quelques années, elle est en dépression. À 9 ans, j'ai appris par ma sœur aînée que ma mère avait voulu me faire passer… Je ne sais pas prendre soin de moi, je n'en ai pas envie. J'ai tellement entendu dire du mal des hommes que je ne me suis rapprochée d'aucun, jamais. J'en ai honte. Pourtant j'ai déjà été amoureuse, il y a 5 ans. Il ne l'a jamais su. Je n'arrête pas de grossir et les antidépresseurs n'arrangent rien. Depuis la terminale, j'ai l'impression d'être un gros veau qui attend qu'on s'occupe de lui… »

Se perdre dans le désir de l'autre est trop souvent la seule manière de se sentir vivre : le désamour de soi transforme la satisfaction des désirs de l'autre en obligation, une obligation qui confère le sentiment d'exister en étant utile, en «servant au moins à quelque chose». Être approuvé par l'autre, être accepté par l'autre donne une raison de vivre, et, un tant soit peu, de s'accepter soi-même, de s'accorder un minimum de valeur. Cette extrême dépendance, cette attente, cette tension vers l'approbation de l'autre sont proportionnelles au déni de tout ce qui fait la richesse de ces patients, de tout ce qu'ils pourraient aimer, apprécier en eux. Lorsque toutes les qualités, toutes les ressources sont ainsi déniées, ils ne «voient» plus le meilleur d'eux-mêmes, mais ce qu'ils détestent.

À force de s'aliéner, de s'éloigner de soi pour être plus à même de mieux «aimer» l'autre, ou mieux le servir, l'on finit par se mépriser encore davantage : l'on a honte de soi, l'on est coupable vis-à-vis de soi. Certains patients emploient le terme «déchéance» en parlant d'eux. C'est vous dire combien leur désamour d'eux est fort, profond. Leur amour-propre est trop souvent blessé : ils sont depuis long-temps leur plus grand ennemi, leur juge interne implacable qui les condamne encore et encore. Et lorsqu'ils prennent conscience de leur dépendance, ils s'en détestent davantage : une faiblesse inacceptable ! Une faiblesse qu'il faut bien cacher : la spontanéité disparaît. Le mensonge peut faire son apparition au détour d'une discussion. Il faut bien sauver les apparences ! Ou bien alors en rajouter dans le cynisme, l'iro-nie qui ravage : dirigée contre soi, bien évidemment. Le désamour de soi naît aussi de la contradiction (l'être humain en est rempli !) entre l'attente de reconnaissance de l'autre (qui signifie que l'on s'évalue plutôt positivement) et l'idée

que l'on ne vaut rien. Si je ne vaux rien, si je suis un incapable, comment être apprécié par autrui ?

*Dominique a 46 ans, sa vie « ne ressemble à rien ». Après
plusieurs relations amoureuses décevantes, parfois « humi-
liantes », elle vit seule depuis six ans. Son père, décédé depuis
plusieurs années, était très violent, buvait trop. « J'ai vécu
dans l'ombre de ma sœur, la préférée de ma mère. Elles
vivent encore ensemble, avec le fils de 18 ans que ma sœur
s'est fait faire par un homme de passage. Ma mère ne voulait
que des garçons : elle a eu deux filles, alors ce petit-fils, c'est
tout pour elle, un vrai miracle ! Pourtant, elle détestait les
hommes, elle disait sans arrêt qu'elle souhaitait la mort de
notre père. J'en étais venue, adolescente, à la désirer aussi : il
était tellement dur ! » La relation de Dominique avec sa
mère a toujours été très fusionnelle, et donc très ambivalente :
elle en a besoin autant qu'elle la rejette. Elle n'a des rapports
corrects avec elle que lorsqu'elle vit une relation amoureuse.*

*« Déjà enfant, j'étais anorexique ; aujourd'hui, je mange
très peu... Ma mère ne voulait pas de moi, elle me l'a dit,
me décrivant toutes ses tentatives d'avortement lorsqu'elle
m'attendait. Pourtant, elle ne vivait que pour ses enfants :
elle ne lisait pas, n'avait pas d'amies, ni aucun centre d'intérêt. Ma peur des hommes est celle de mon père, qui me
terrorisait, ma haine des hommes est celle de ma mère. Chercher un homme est mon seul travail à plein temps alors que
j'ai très peur d'aimer être seule. Je fais comme certains
enfants : je m'efforce d'oublier tout le négatif. Mais j'ai
quand même des souvenirs qui reviennent... Comme quand
ma mère m'a dit : "Sans toi, je n'aurais pas subi ton père",*

ou, le jour de ma communion solennelle : "Profite bien de ta robe blanche, tu ne te marieras pas".

Je me sens très coupable vis-à-vis de mon père : si je l'avais mieux aimé, il ne serait pas mort. Je vais régulièrement entretenir sa tombe pour payer d'avoir souhaité sa mort. Et vis-à-vis de ma mère, je me sens coupable aussi : d'être née, de lui avoir gâché la vie. Je ne me pardonnerai jamais. Je suis nulle, une ratée. Je ne suis même pas capable de m'assumer : c'est un ami de longue date, un ex, qui me donne de quoi vivre… À mon âge… J'ai honte de moi. »

Toutes les formes de dépendance dénotent un mépris de soi, conscient ou non. Tel un homme d'affaires ou un chef d'entreprise très brillant, qui sont des bourreaux de travail et qui ne vivent que pour gagner toujours plus de pouvoir sur les autres – masquant ainsi leur détresse, leur dépression, leur sentiment de solitude. La recherche effrénée de sexe, tout comme l'addiction aux jeux, et autres compulsions comportementales sont motivées par le mépris de soi lié à une dépendance affective pathologique. Car « toutes les toxicomanies sans drogue chimique sont des tentatives infructueuses de maîtriser la culpabilité, la dépression ou l'angoisse par l'activité[1] ». Les comportements mis en place pour se « distraire » des émotions trop pénibles à vivre – le sentiment de solitude, le désespoir, l'angoisse de vivre – agissent comme des drogues, et le deviennent. Le mépris de soi, intimement lié au désamour de soi, voire à la haine de soi, génère ainsi des comportements d'autodestruction.

---

1. O. Fénichel, *op. cit.*

Comme le fait de ne pas quitter le partenaire d'une relation très pénible à vivre, voire nuisible pour le psychisme et la vie émotionnelle, ou à l'inverse de provoquer une rupture tant la peur est grande d'être quitté. Cette peur de ce qui est vécu comme du rejet est, pour beaucoup, pire encore à vivre que la solitude.

Ne jamais dire « non », se rendre toujours disponible pour les autres, se taire à soi et sur soi, même sur ses idées est invivable. D'autant plus que, paradoxalement, ces personnes « filtrent » les compliments ou les marques d'affection pourtant si désirés et attendus : « Je ne les mérite pas » est l'argument le plus utilisé, avec toutes les déclinaisons possibles. Car les dépendants affectifs pathologiques préféreront toujours, consciemment, donner plutôt que recevoir. Quant au verbe « demander », il est totalement exclu de leur vocabulaire lorsqu'il s'applique à eux-mêmes. Et si l'autre refusait ? Ce serait pire encore. L'on retrouve ainsi le modèle, formalisé par Martin Seligman[1], de « la résignation apprise » (ou « l'impuissance acquise »), « l'une des principales théories de la dépression ». La personne qui ne fait pas le lien entre ce qu'elle fait et les résultats obtenus devient dépressive et adopte une attitude fataliste devant la vie. Un fatalisme et une impuissance qui ne l'empêchent cependant pas de croire (ou plutôt d'espérer) qu'il est possible d'être aimé si l'on s'en donne vraiment la peine, si l'on sait suffisamment se sacrifier pour l'autre. Et même si cette certitude se trouve mise à mal lors d'une séparation, elle refait

---

1. I. Yalom, *op. cit.*, p. 360.

surface – faisant rejaillir l'espoir – à chaque nouvelle rencontre.

Désamour et mépris de soi ne peuvent que générer de la dépression.

De la tristesse à la dépression

Les enfants dont la tristesse est plus ou moins chronique deviendront des adultes au mieux déprimés, au pire dépressifs. Je rappelle que l'essentiel de la dépression naît dans la colère non exprimée que l'on retourne contre soi. Comment ne pas ressentir de la tristesse, de la peine, du chagrin lorsqu'on a le sentiment de n'être pas important, pas aimé, mal aimé ? D'être incompris, injustement critiqué ? Les enfants dont j'ai parlé précédemment ont développé des **dépressions réactionnelles** en réaction aux comportements de leurs parents et, de façon plus générale, de certains adultes faisant partie de leur environnement. L'on ne sait d'ailleurs pas vraiment distinguer, quand ils sont devenus adultes, si c'est la dépression qui crée la dépendance affective pathologique ou bien le contraire. Ce qui importe est que les deux sont liées, même s'il s'agit parfois d'une dépression masquée, non apparente. La personne vit «normalement» et elle ne «tient» qu'en se coupant totalement de ses affects, de ses émotions, cette coupure étant possible par un excès de maîtrise – une sorte de paralysie émotionnelle – ou chimiquement, par la prise régulière d'antidépresseurs et d'anxiolytiques. L'on ne sait.

Élodie, 23 ans, est hantée par l'idée de la mort, qu'elle souhaite parfois. Après une rupture amoureuse, elle a fait une dépression réactionnelle sur un état dépressif chronique (sa mère aussi était et est encore dépressive). Durant les derniers mois de cette relation, elle voulait « être dans un placard, disparaître pour qu'on l'oublie ». « J'ai souvent envie de passer sous un bus pour qu'il m'écrase, dit-elle. Presque tous les soirs, je m'endormais en n'ayant pas envie de me réveiller le matin. J'ai très mal vécu le divorce de mes parents et j'en veux à ma mère de l'avoir provoqué en trompant mon père. Elle m'a souvent frappée en me disant que je la dégoûtais ! Avec ma belle-mère, je me sens nulle, et mon beau-père est violent. J'ai un nouvel amoureux, et j'ai très peur de le décevoir. Ce n'est pas simple, il a une amie qu'il va quitter, me dit-il, mais j'ai du mal à lui faire confiance. Je voudrais être parfaite, tout contrôler pour qu'il me choisisse, et surtout parce que, sinon, j'ai peur de me suicider. »

Ce qui est sûr, c'est que ce type d'émotions, qui vont de la tristesse à la dépression (qu'elle soit masquée, larvée ou avérée), naît dans le manque, un manque apparemment irrémédiable qui semble s'être installé pour toujours. La solitude rend triste, la peur d'être seul rend triste, la tristesse rend triste. Toute la vie du dépendant affectif pathologique tourne autour de la tristesse, avec des intensités variables selon les situations et les circonstances. Tristesse d'avoir le sentiment de tout donner et de ne rien recevoir. Même si cette perception n'est pas fondée, elle existe – c'est ce qui compte.

Inès, nous l'avons vu, est dépressive et s'est installée en mode «survie». De plus, elle n'a pas que des difficultés professionnelles, familiales et relationnelles : elle est malade et accumule les somatisations. Les antidépresseurs nombreux et variés, qui lui sont prescrits par son médecin, ne font qu'atténuer l'intensité de ses émotions : son corps, alors, compense en multipliant les dysfonctionnements, hormonaux en particulier, ce qui a provoqué l'apparition de kystes ovariens, une prise de poids conséquente et une forte pilosité très pénible à vivre. Les traitements des endocrinologues qu'elle consulte ne parviennent pas à la stabiliser. Les anti-inflammatoires ne viennent pas à bout d'une tendinite chronique à l'épaule droite et la douleur l'empêche souvent de dormir. Petit à petit, son médecin a donc ajouté des anxiolytiques qui l'apaisent enfin, pressentant un syndrome anxio-dépressif (SAD). On lui a également diagnostiqué une phlébite. Inès est constamment épuisée : c'est l'un des symptômes de la dépression. Plus récemment, on lui a découvert des kystes dans les sinus faciaux et dans les amygdales, ainsi qu'une tumeur à l'hypophyse… Le corps d'Inès parle le langage de la dépression.

Nadia, 67 ans, a «toujours été angoissée». Elle n'a jamais eu le sentiment de prendre sa vie en main, «à cause des hommes», dit-elle. «Pendant sept ans, après mes études (je suis agrégée d'allemand), j'ai vécu dans un no man's land, assistée jour et nuit par ma mère. J'étais en régression massive, disait le psychiatre que j'ai consulté à l'hôpital psychiatrique. J'ai réussi à travailler quelques années, puis j'ai été mise très tôt en retraite pour invalidité. J'ai beaucoup regretté, j'aimais bien enseigner. Depuis toujours, j'ai la colonne vertébrale fragile et j'ai dû voir presque une cinquantaine de médecins en tous genres. Je prends des antalgiques très forts, mais j'ai des insomnies depuis des années : je ne me sens jamais reposée. La personne qui a le plus compté pour moi, dans ma vie affective, c'est ma mère. Elle m'a dit qu'elle ne m'avait pas désirée parce que mon père la trompait. Mes parents m'ont élevée avec une grande sévérité : je n'avais pas le droit à l'erreur. Je crois que je n'ai pas le sentiment d'avoir été aimée. Pourtant, mon corps s'arrête de souffrir dès que je crois l'être. Il a fonctionné comme ça toute ma vie. J'ai toujours pensé qu'il fallait donner pour recevoir : j'ai été élevée dans cette idée, même si le message n'était pas aussi clairement exprimé. Et je suis tellement perfectionniste ! Je n'ai aucune confiance en moi, alors je veux tout le temps me maîtriser. Mon kinésithérapeute me dit que c'est pour ça que j'ai les muscles des épaules et du dos si durs... Aujourd'hui encore, rien qu'à l'idée d'être désapprouvée par les autres, je me mets à pleurer. Et quand je souffre, je me dis que je suis vilaine, que je ne devrais pas avoir mal... »

Qu'il s'agisse de tristesse ou de dépression, le corps s'exprime. Les émotions étant inscrites dans le corps, les grands dépendants affectifs sont la plupart du temps plus vulnérables à la maladie, ils sont souvent malades. Leur système immunitaire, dont les liens avec le stress ne sont plus à démontrer, n'est pas très vaillant. Leur corps dit toutes leurs souffrances.

Tamara a 30 ans. Elle souffre d'une dépression chronique. « C'est insupportable d'être seule, dit-elle, ça me ter-

rorise. Alors je me mets avec n'importe quel homme, mais j'ai toujours la peur au ventre : et s'il m'abandonnait ? Je me déteste d'être comme ça, mais je n'y peux rien. Ma mère est une femme très forte, moi je ne le suis pas. Et je déteste les hommes, ce sont tous des vicieux, des fils de p..., des enc... Moi je recherche un homme qui serait à la fois un père, un mari et un ami. Je vais déjà mieux, je n'ai plus de TOC, mais la vie ne peut rien m'offrir : je ne sais pas si je vais pouvoir continuer longtemps comme ça. »

Si les racines de cette tristesse ont trouvé leur voie dans le manque d'amour, de multiples ramifications l'ont menée vers la dépression, signature du désamour de soi, un désamour profond, existentiel.

De l'anxiété à l'angoisse

Les peurs des dépendants affectifs pathologiques sont multiples. Elles sont si nombreuses, si imbriquées les unes dans les autres qu'elles peuvent provoquer des crises d'angoisse sévères. L'angoisse étant une immense peur sans objet précis : il y en a trop qui s'amalgament, au point de ne plus les reconnaître. Qui n'a pas été témoin d'une véritable crise d'angoisse ne peut même pas se l'imaginer. Je vois encore ce patient inondé de sueur, la tête baissée, les mains crispées sur ses genoux, très rouge, ne pouvant plus parler, le corps figé. Je revois cette patiente recroquevillée sur le fauteuil, incapable de dire un mot, tremblant comme une feuille. Parvenus à cette partie de ce livre, vous savez bien de quoi ces personnes ont peur : des conflits, même des petites disputes ou des simples fâcheries qui ne durent pas. Vous savez ce qu'elles redoutent : déplaire, être jugées négativement, n'être pas suffisamment aimables, être inintéressantes, imparfaites, se tromper, mal anticiper un besoin de l'autre ou mal y répondre, se montrer vulnérables, mettre l'autre de mauvaise humeur. Vous savez ce qui alimente leurs angoisses – sans être toujours verbalisé : la rupture, la séparation, le rejet, le manque d'amour, la solitude, l'abandon.

Paul a 34 ans, il vit avec son ami R. depuis cinq ans. « Je n'arrive pas à donner une direction à ma vie, je ne suis jamais rassuré. Adolescent, j'ai eu des TOC, mais c'était passé. Aujourd'hui, ils reviennent : je dois toucher des objets tous les matins et tous les soirs pour combattre mon anxiété. À mon travail, j'ai le sentiment d'avoir été trahi, trompé, sali. Je suis incapable de fixer du positif sur moi : je ne garde que le négatif. Ma famille a toujours été très pesante. Personne ne m'a jamais écouté sur cette terre et je continue à être complètement infantilisé par R. : il m'étouffe. Mes parents me manquent alors que je sais qu'auprès d'eux, je suis très mal. Même aujourd'hui, quand je vais les voir, je n'arrive pas à dormir : j'ai trop peur. Depuis tout petit, j'appréhende la mort de ma mère. Je sui constamment tourmenté, je n'ai pas le sentiment de me connaître. C'est comme si j'étais étranger à moi-même et ça m'effraie. Je ne sais même pas ce que je désire.
Enfant, déjà, je vivais dans la peur : quand mes parents

sortaient, quand ils me demandaient d'aller à la cave, quand les autres élèves se moquaient de moi. Mes parents n'ont fait que m'insécuriser : matériellement et affective-ment. J'ai longtemps été le confident des problèmes de ma mère. En fait, j'ai manqué d'eux. J'aimerais tellement gran-dir enfin et devenir indépendant ! Tout est difficile et j'ai très peur de vivre seul, je ne m'aime pas. Je prends des anxio-lytiques, mais ce n'est qu'un pansement sur mes peurs. J'aurais besoin que mes parents m'encouragent, me valorisent... Même avec R. je me sens seul, sans aucun appui. Finalement, il n'est qu'une béquille pour moi. Mais je le crains et ne lui fais pas confiance. Je voudrais qu'on m'aime ! Je déteste la réalité de ma vie, elle m'angoisse, j'ai constamment un fond d'anxiété et d'insatisfaction. Je ne me sens pas vraiment exister. J'ai le sentiment d'être éperdument seul !

Maude a 30 ans. Elle subit des bouffées d'angoisse qui empirent depuis qu'elle est entrée dans la vie active. Pire, elle a « peur d'avoir peur ». Ces accès de panique l'empêchent de s'alimenter normalement, sauf quand elle est chez ses parents. Son père, sujet lui-même à des crises d'angoisse, s'est toujours montré très autoritaire. Sa première grande peur, elle l'a vécue à 8 ans, lors de la séparation avec ses parents qui sont partis en vacances sans elle. « J'ai tout le temps peur de déplaire aux gens. Pour me rassurer, je prends les autres en charge : c'est le seul moment où mes inquiétudes perpétuelles me laissent en paix. Je suis tellement sensible au regard des autres ! »

171

Pourtant, Maude, comme Paul et tant d'autres dépendants affectifs pathologiques, ne connaissent pas que la tristesse.

De la frustration à la colère

Lorsque le meilleur de son énergie est dévoué à la recherche d'amour et d'approbation, est consacré à plaire à l'autre (à éviter de lui déplaire), l'accumulation de frustration est à ce point grande qu'elle finit par se transformer en colère. Car si les autres sont responsables du bonheur des patients dépendants affectifs pathologiques, ils le sont, en toute logique, de leur malheur, de leurs maux et de leurs désillusions. Ce sont eux les coupables, les boucs émissaires de l'immaturité de ces patients. « Les gens qui sont le plus sujets à la colère sont ceux qui croient qu'ils doivent toujours faire plaisir aux autres pour éviter de les irriter[1]. » Faire constamment plaisir à l'autre – l'irriter serait désastreux – est le meilleur moyen pour faire naître la colère. Frustrés par cette compulsion à satisfaire les besoins de l'autre et non les leurs, les dépendants affectifs pathologiques sont remplis de rancœur : contre les autres (pour qui ils se sacrifient, délibérément), mais aussi contre eux, pour les mêmes raisons. Mais comme il s'agit d'une dépendance, ils ne peuvent pas faire autrement, du moins le croient-ils. Ils « payent » leur sécurité affective (ou plutôt l'illusion de la

------

1. B. Doty et P. Rooney, *Apprivoiser les sentiments négatifs*, InterÉditions, 1995, p. 127.

sécurité affective) au prix de leur oubli d'eux-mêmes, de leur aliénation, du mépris de leurs véritables besoins. Trop attachés à satisfaire ceux des autres, ils vivent dans une continuelle frustration.

Patrice, 40 ans : « Je ne supporte plus mes parents : mon père boit trop, ma mère fume trop, et ils ne s'intéressent pas à moi. Ils ne sont pas généreux, ma mère refuse mon homosexualité et j'éprouve une colère très violente à son égard. Quand elle me téléphone, c'est pour me faire des reproches, comme d'habitude. C'est une femme castratrice : elle a castré mon père, il ne dit rien, et elle m'a castré moi. Elle m'obligeait à faire le ménage dans la maison, quand j'étais enfant et adolescent. Et j'en ai marre que tout repose sur moi. Si au moins on me remerciait, mais ça a l'air tellement normal ! Pour Noël, ma mère m'a souvent offert des bijoux : comme par hasard, je les ai tous perdus ! Je sais que ça lui fait de la peine... J'en veux à C. de m'avoir installé dans une dépendance : je le menace parfois de le tromper, mais je suis toujours déçu par sa réaction. Alors je deviens de plus en plus intolérant avec lui. Je lui ai dit que notre relation ne me convenait plus, qu'elle ne me nourrissait plus... Mais après, j'ai culpabilisé... »

Lara, 25 ans : Lettre à B. « J'ai pas dormi de la nuit. J'ai dû t'appeler une trentaine de fois, toujours le même silence de ton répondeur... Je t'ai laissé deux messages, sûrement incompréhensibles à cause de mes larmes... J'ai passé la nuit à penser à toi, à me dire que ça ne te touchait pas, que tu t'en foutais, que je n'étais qu'une parmi d'autres. J'ai aussi pensé que je n'étais pas la seule avec qui tu trompais ta femme, qu'il y en avait certainement une autre. Et que je passais après. Comme toujours. Pourquoi tu me fais ça ? Pourquoi tu ne réponds pas alors que tu sais que ça me fait du mal ? Je te hais, je te jure que je te hais vraiment quand tu fais ça ! Trente fois, bordel, je t'ai appelé trente fois, et pas une seule t'as décroché !!! Alors que t'étais là ! C'est vraiment du foutage de gueule ! Et avec tous les jours fériés qui se pointent, comme par hasard t'as toujours pas le temps de me voir… ! Mais tu me prends vraiment pour une conne, c'est pas possible ! Je pleure sur ton répondeur, et toi, ça te passe au-dessus ? Toi, t'en as rien à foutre ! C'est pas possible d'être autant insensible !

Là, j'ai vraiment de la haine contre toi. Je trouve que tu te conduis comme un porc immature. Vraiment. Comme le dernier des enfoirés. Et ça me blesse d'avoir pu être aussi conne de tomber amoureuse d'un gars aussi peu respectueux, aussi nul. C'est révoltant, ce que tu fais. Là, à cet instant, je te hais. Je te hais comme je n'ai jamais haï personne. Et surtout, surtout, je te hais comme j'ai toujours espéré ne jamais devoir te haïr. Mais quel genre d'homme traite la fille à laquelle il tient de cette façon ? Quel genre d'homme es-tu ? Quant tu te regardes dans la glace, tu te dis quoi ? T'es pas un homme, t'assumes pas, tu me fuis… Tu ne sais même pas me dire adieu… »

Dans les couples où l'un des partenaires est trop dépendant affectivement, les aller et retours entre la réassurance et la colère n'en finissent pas :

– « Je vais faire tout ce qu'elle me demande, elle va bien s'en rendre compte… » ;

– « Si au moins il m'écoutait, s'il faisait ce que j'attends de lui, je serais de meilleure humeur et plus gentille avec lui, mais il me déçoit tellement ! ».

Il se rassure avec sa bonne volonté, elle est encore déçue, il est frustré, elle le repousse… La même chose se reproduit, indéfiniment. La frustration accumulée finit par aigrir et risque bien de prendre au dépourvu lorsque la colère n'est pas suffisamment maîtrisée. Elle s'exprime par un ton désagréable et, parfois, par des mots regrettés aussitôt prononcés. À force d'enrager, effectivement, les efforts consentis pour plaire à l'autre sont de moins bonne qualité : plaintes et récriminations peuvent surgir, provoquant une situation que les dépendants affectifs pathologiques voudraient fuir à tout prix. Ils peuvent alors se draper dans leur bonne volonté, incriminant l'autre qui, vraiment, est de trop mauvaise foi. Ces retournements évoquent le triangle infernal : quand le Sauveur se transforme en Bourreau… : « Tous mes efforts sont inutiles : je fais ce que je peux et n'en suis même pas remerciée. Finalement, ce n'était pas la peine de me donner tout ce mal, il ne le mérite pas. De toute façon, c'est toujours comme ça, plus on en fait et moins on est remercié. J'en ai assez de m'excuser quand quelque chose ne va pas… Finalement, je me demande s'il m'aime vraiment. S'il m'aimait, il voudrait que je sois heureuse, non ? Il me rendrait la vie plus simple, plus agréable ! Mais non, c'est toujours moi qui dois faire des efforts, m'accuser de tout s'il n'est pas content. Non, décidément, il ne m'aime pas. »

175

Tout est de la faute des autres

Les dépendants affectifs pathologiques rendent les autres (tous les autres) responsables de leur malheur. Dans leurs immenses difficultés à être heureux, il est évidemment plus confortable et moins « désobligeant » à leur égard de se persuader que ce sont les autres et leur difficulté à les aimer qui sont la cause de leurs tourments. Ils ne s'interrogent pas sur leurs propres impossibilités, convaincus que leur art d'aimer est supérieur. Se confondant avec l'enfant qu'ils ont été, ils considèrent que, à l'instar de leurs parents, les autres sont responsables d'eux, d'autant plus que trop souvent, ils se sentent exploités. Et si mal « rémunérés » ! Cette « faute » attribuée à l'autre est fréquente dans les couples : lorsqu'un des partenaires est très « demandeur », exige plus que l'autre, il finit par se demander s'il est vraiment bien aimé. S'il l'était, nul doute que l'autre lui accorderait davantage d'attentions et de présence…
« Tout est bon et rien n'est suffisant : parents, amis, Sécurité sociale, État, Église, syndicat… À qui l'on réclame et que l'on condamne. On en voudra toujours à celui dont on espère tant et qui ne répond pas, ou si mal, à nos vœux[1]. » C'est de cette façon que ces personnes se sentent piégées, abusées, certaines – avec la meilleure mauvaise foi du monde – que les autres sont les seuls responsables de leur malheur.

1. A. Memmi, *op. cit.*, p. 63.

Il est très pénible de se sentir piégé dans la contradiction qui, à la fois, accuse les autres et les recherche pour en recevoir de l'amour. Contradiction qui est à l'origine des désillusions, des déceptions qui, à leur tour, génèrent de la colère et, parfois, une attitude très agressive. Parce que le « bien » attendu n'est pas toujours au rendez-vous des efforts qui ont été faits. Très loin s'en faut ! D'autant plus que la colère est alimentée par la très désagréable conscience de la dépendance : la boucle est bien bouclée. De frustrations en désillusions, de déceptions en rancœurs, la relation ne peut connaître que d'inévitables déboires. Satisfaire les désirs de l'autre par obligation, en ne faisant que des efforts (et donc sans réel plaisir) ne peut qu'amener les personnes trop dépendantes à attendre fébrilement un « retour sur investissement ». Car la dette ne doit être payée qu'en espèces aimantes et reconnaissantes, en marques d'amour. L'autre est ainsi constamment redevable puisque les efforts sont constants. Ainsi se forgent les ressentiments, dans le creuset des attentes désespérées.

Julien a 37 ans. Il vit avec C. depuis 3 ans. « J'ai encore des résidus d'une mère castratrice, destructrice. Elle a aussi castré mon père, qui s'est toujours tenu en retrait. Ce n'était pas un modèle. J'ai toujours cherché à sauver le monde, à aider mes proches. C'est ma mère qui m'a appris à être comme ça, pour elle. Il fallait qu'elle puisse compter sur moi, à n'importe quel moment. Elle m'a dit un jour que j'étais son mari idéal ! Avec C., je retrouve la colère : il y a trop de choses qui ne m'appartiennent pas dans la construction de ma vie. Avec elle, je suis trop frustré, nous n'avons plus d'intimité, ni de sexualité (elle se trouve trop grosse). J'en suis arrivé à un tel point de saturation que je ne peux plus la rassurer. Je ne sais même plus si j'en ai encore envie. Finalement, je mène une vie de c..., je passe à côté de plaisirs simples. Je ne sais pas si je pourrai un jour pardonner à mon père d'avoir été si lâche, et à ma mère de m'avoir utilisé. »

Karine a 38 ans. Elle est mariée depuis dix-sept ans avec G., qui vit en Allemagne. « Chaque fois que je me suis décidée à partir vivre avec lui en Allemagne, j'ai dû rentrer en catastrophe en France pour me faire soigner. Je m'accommodais de vivre sans lui : je savais que je n'étais pas seule, que j'étais aimée. Il va peut-être venir s'installer à Paris. Je l'aime bien, mais je n'ai jamais été amoureuse de lui. Lors de ma dernière tentative pour vivre en Allemagne, j'étais tellement désespérée d'être encore malade que j'ai fait une tentative de suicide. De toute façon, je suis en dépression depuis l'adolescence. Depuis, il m'arrive de faire de véritables crises de rage qui me donnent de la tachycardie. J'ai parfois envie d'étrangler ma mère et, il y a quelques mois, je me suis ouvert les veines devant elle pour qu'elle soit un peu plus gentille avec moi. Je voulais vraiment lui faire peur. G. a été très déçu par ma conduite... Je suis sous antidépresseurs et anxiolytiques depuis des années, mais ça ne suffit pas. J'ai été au collège chez des religieuses : leur mascarade m'exaspérait et je me suis fait renvoyer pour mauvaise influence sur mes camarades ! C'est vrai, je suis capable d'être plus mauvaise que d'autres. J'ai trop de colère en moi : contre mes parents, les bonnes sœurs, les médecins, et maintenant G. qui ne fait rien pour trouver du travail à Paris alors qu'il est sur le point de venir vivre avec moi. Au bureau, je fais de plus en plus d'erreurs tellement je suis excédée, ça commence à m'inquiéter. Je suis une mauvaise personne, alors à quoi bon vivre comme ça ? Je creuse ma tombe lentement mais sûrement : je suis dévorée de colère et de tristesse. »

Les dépendants affectifs pathologiques n'innovent en rien : n'ont-ils pas, dans leur enfance et leur adolescence – et cela se poursuit parfois dans leur vie d'adultes – entendu leurs parents parler de dettes d'amour envers eux ? « Je t'ai portée, je me suis occupée de toi et c'est comme ça que tu me remercies ? Tu n'es qu'une ingrate ! », « Après tous les sacrifices qu'on a fait pour toi, tu pourrais au moins venir nous voir un peu plus souvent ! », etc. En réalité, l'autre à qui l'on se sacrifie n'est ni plus ni moins considéré comme un créancier : il doit donner de la reconnaissance et de l'amour en fonction de ce qu'il reçoit, il doit même payer des intérêts… car la frustration coûte cher. Le choix est limité : une seule alternative est possible, se taire et fulminer en silence ou exprimer sa colère au risque de briser la relation. Cette alternative est typique du comportement passif-agressif : l'oscillation entre les deux pôles est quasi constante. La passivité est exprimée avec des plaintes, des complaintes et des larmes, tandis que l'agressivité se traduit par la colère (très inattendue), parfois violente.

Annick a 41 ans. Elle s'est mariée avec S. il y a trois ans. Elle souffre d'eczéma, d'asthme et d'arthrite. « Ma mère n'a pas su donner d'amour à ses enfants. Moi, pour ne pas montrer que je pleurais, je m'enfermais dans un placard. Mon père, alcoolique, me frappait, plus que ses autres enfants, parce que je ne pleurais jamais devant lui. Je lui disais qu'il était méchant et je l'affrontais. J'en veux encore beaucoup à ma mère, à mon père aussi. Je ne peux pas, ne veux pas leur pardonner, il n'y a pas de raison. Cette colère me donne parfois envie de disparaître. Je n'arrive pas à avoir un bébé parce que mon ventre est encombré de vieilleries, et je m'en veux de ne pas être plus légère. Pourtant, je suis quand même contente d'enfin éprouver de la colère contre mes frères qui m'ont tellement fait souffrir : ils s'arrangeaient toujours pour que ce soit moi qui me fasse battre… »

Frustration et colère sont on ne peut plus légitimes du point de vue des dépendants affectifs pathologiques qui ne connaissent que l'effort, la contrainte, le devoir qu'ils s'imposent, mais qui sont leur raison d'être. Ne s'octroyant pas le droit à une vie qui tiendrait compte de ce qu'ils sont vraiment, de ce à quoi ils aspirent, ils éprouvent forcément de la colère. Se sacrifier à ses enfants, à son époux ou son épouse, à ses parents, à ses amis, à son travail, à sa communauté religieuse, à son idéologie ne peut engendrer que des frustrations. Contrairement à ce qui est attendu si éperdument, ce comportement sacrificiel devrait-il être « gratuit » ? Il le serait s'il émanait d'un véritable altruisme ou amour, d'une conviction profonde. Ce qui n'est pas le cas. L'extrême sollicitude ne provoque pas toujours une réciprocité car il s'agit ici d'une forme « d'attachement pathogène où se mêlent la peur et le sentiment du devoir, dans un simulacre, une façade de dévouement considéré comme une vertu[1] ».

La culpabilité

Comment ne pas se sentir coupable quand, dans l'enfance et l'adolescence, l'on a entendu que l'on était responsable des émotions de ses parents ? (en analyse transactionnelle, il existe un jeu psychologique dénommé « Mère déchirée » : « J'ai tellement souffert pour t'avoir ! ») S'il s'agit de joie, très bien, mais pour la déception, c'est nettement moins bien, comme pour leur mauvaise humeur, énervement, colère, ou leur tristesse. Pour leur piètre qualité de vie ou leur fatigue, leur inquiétude et leurs soucis... Responsable aussi des punitions : l'enfant « oblige » ses parents à le punir, à le frapper, à l'enfermer (placard, cave...). Toutes formes de culpabilité absolument non justifiées. Dans le cas des dépendants affectifs pathologiques, le sentiment de culpabilité est totalement infondé lorsqu'il s'attache aux comportements qu'ils ont pu avoir dans leur jeunesse. Il peut cependant, parfois, l'être dans leur vie adulte s'ils ont réellement nui à quelqu'un, gravement, ou exprimé trop violemment leur colère : leurs mots auront dépassé leur pensée, dit-on. Mais ce sentiment n'a pas à perdurer ou à gâcher une relation, surtout quand la « faute » est minime : son ampleur ne serait alors que fantasmée – quand ce n'est pas l'erreur elle-même qui ne relèverait que du fantasme ! Dans ces situations,

---

1. A. Miller, *Notre corps ne ment jamais, op. cit.*

« l'autopunition dépasse de loin le crime[1] ». Rappelons cependant que l'obsession de la perfection ne peut qu'engendrer un sentiment de culpabilité chronique et bien difficile à combattre. Nous avons quitté Annick et sa colère, nous la retrouvons avec sa culpabilité :

> *Je m'en veux tellement de ne pas savoir communiquer avec ma mère, de n'avoir jamais su le faire… Elle n'a pas su me protéger de mon père, et je lui en veux pour ça, mais elle avait sans doute très peur de lui, elle aussi. Je l'ai invitée à mon mariage : elle s'est tenue à l'écart, comme une pestiférée, et moi je n'ai pas su aller vers elle… Elle vit sûrement mieux aujourd'hui que mon père est mort, mais elle est seule avec ses mauvais souvenirs… Elle n'a pas su être une bonne mère, mais moi je ne sais pas être une bonne fille pour elle et je m'en veux terriblement.*

Cependant, la plus grande culpabilité, inconsciente en général, a tout lieu d'exister : il s'agit de « la **transgression envers soi-même** ». Irving Yalom cite les propos d'Otto Rank : « Nous nous sentons coupables à cause de la vie non utilisée, de ce que nous portons en nous de non vécu[2]. » C'est cette culpabilité-là, la plus pénible à vivre, qui condamne les dépendants affectifs pathologiques à « l'autodestruction quotidienne partielle[3]. »

Car l'on peut à juste titre se sentir coupable d'avoir mal

---

1. I. Yalom, *op. cit.*, p. 386.
2. *Ibid.*, p. 380.
3. *Ibid.*

fait : c'est une culpabilité normale, fondée sur quelque chose de concret et qui peut être traitée avec une réparation (même symbolique) ou une demande de pardon lorsque cela est possible. Il s'agit souvent d'une culpabilité mineure qui ne mérite pas que l'on s'y arrête plus longtemps. Il existe aussi les culpabilités non fondées sur une parole ou un acte réels – l'importance en est alors amplifiée. Mais la culpabilité envers soi-même, celle qui provoque le plus de souffrance, n'est pas simple à conscientiser. Elle renvoie directement au désamour de soi. Cette forme-là, bien plus forte que le sentiment de ne pas avoir fait ce que l'autre attendait de soi, de ne pas avoir bien rempli son rôle, ronge de l'intérieur. Elle ne place pas non plus la personne en victime de l'autre : il s'agit d'une histoire entre soi et soi. La pire. Elle peut se résumer en quelques mots : « Je suis coupable de rater ma vie ».

Ces sept mots créent des ravages dans la vie émotionnelle et le psychisme : ils laminent bien davantage que, par exemple, d'en vouloir encore à ses parents malades ou, pire, décédés (ce qui, pourtant, est déjà très culpabilisant). Ou de s'en vouloir d'avoir blessé en paroles quelqu'un que l'on aime (ce qui est aussi très culpabilisant). La culpabilité dont nous parlons, que Irving Yalom, Otto Rank et d'autres nomment la « culpabilité existentielle », est bien pire. C'est un enfer inconscient qui interdit toute possibilité d'être heureux.

Mallory a 37 ans. Enfant très rêveuse et solitaire, elle a commencé à se mordre l'intérieur des joues à l'école primaire et, au collège, s'arrachait les cheveux jusqu'à souffrir d'une

« *mini-calvitie* ». *Elle pleure sur sa solitude affective.* « *J'ai profondément aimé deux hommes dans ma vie. Ils m'ont quittée. Je ne comprends pas pourquoi. Je leur donnais de l'amour, je faisais tout pour les délester de ce qui était trop lourd pour eux, je les ai écoutés, je leur apportais de la douceur, j'étais présente. Est-ce que ce n'est pas ainsi qu'on aime ? Quel mal ai-je pu leur faire ? J'étais leur infirmière, leur maman… Petite, j'étais toujours anxieuse de ne pas être à la hauteur, adolescente aussi. J'avais une peur énorme mais je ne l'exprimais jamais. Je me sens coupable vis-à-vis d'eux : ils n'ont pas reçu ce qu'ils voulaient de moi. Ma mère me faisait ses confidences : je ne l'ai sans doute pas suffisamment écoutée. J'ai envie d'être une vraie femme, féminine, mais ma mère en avait très peur. Elle ne me faisait pas confiance. Je voulais tellement être aimée, pour me fortifier, me donner l'ampleur que ma mère m'interdisait, avoir le sentiment d'exister. Sans amour, je ne me sens pas complète, mais je ne veux pas désobéir à ma mère. J'étais si triste pour elle : elle n'a pas eu une jeunesse heureuse. En même temps, je lui en veux d'avoir voulu étouffer la femme en moi. Et je m'en veux de lui en vouloir. Je n'ai pas reçu la permission d'être une vraie femme, de vivre comme je voulais. Mais je n'ai jamais rien dit. Je me suis interdit de décevoir mes parents, surtout ma mère. Je suis en colère contre moi de ne pas m'être écoutée, de n'avoir jamais dit non. Je voudrais tant savoir exprimer ce que je ressens, avoir plus d'assurance. J'aimerais être dans le monde, oser le féminin, oser devenir une adulte, me sentir complète, entière. Sortir du cocon qui ne me protège pas. Je veux affirmer mes besoins de femme et vivre à fond ce que j'ai à vivre, vivre pour moi, complètement. Je veux rester fâchée contre les injustices, les combattre, arrêter d'idéaliser les gens, surtout ceux qui m'ont fait mal. Je veux arrêter de croire qu'on doit toujours être d'accord avec les gens qu'on aime et faire le SAMU affectif quand ils ne vont pas bien. »*

Loïc a 30 ans. « Quand j'ai un choix à faire, je ne sais jamais si je dois le faire pour me satisfaire moi ou pour faire plaisir à mes parents. J'ai toujours tout fait pour mon père. C'est lui qui a choisi mes études, alors que j'étais intéressé par tellement de choses! Mais il a tout fait pour me transformer en véritable machine à culpabiliser! Je subis et réagis au lieu d'agir, et tout ce que j'entreprends, c'est pour lui prouver que je suis un bon fils, qu'il peut (enfin) m'aimer… Je voudrais suivre mes choix à moi, authentiques, mais je ne sais même plus si je les connais. J'ai constamment sa voix dans ma tête. Je suis autant en colère contre lui que contre moi parce que je ne me respecte pas. J'essaye d'être moi, mais, finalement, je crois que je ne sais pas bien qui je suis. Je voudrais croire en ma valeur, mais je n'ai su que me plier en cinquante pour plaire à ma famille et j'ai le sentiment d'être bloqué de tous les côtés. Enfant, ma mère ne me protégeait pas de mon père devant qui je n'osais pas m'exprimer : j'avais bien trop peur de ses punitions, de ses humiliations. Il faut que je sorte de son influence, que j'arrête de chercher sa reconnaissance. »

Comme le dit si bien Julie : « Ça suffit de se mépriser »! C'est ce qu'elle dirait à Emmanuelle si elle l'entendait : « Je me suis mariée pour faire plaisir à Pierre qui s'est montré si gentil avec moi quand j'étais malade! Comme j'ai toujours cherché à faire plaisir à mon père. Je me suis évertuée à sauver la cellule familiale, à me conformer aux désirs de mes parents alors que j'étais une enfant révoltée à l'intérieur. En réalité, toutes mes révoltes se sont transformées en capitulations... » Le premier des devoirs envers soi-même étant de se respecter et de faire vivre toute sa richesse intérieure, il n'est pas étonnant que cette forme de culpabilité soit si destructrice et ravage autant l'estime de soi. Les dépendants affectifs pathologiques n'ont plus aucune intimité avec eux-mêmes, leurs émotions : au cours de leur chemin de vie, ils se sont d'abord trahis puis oubliés...

La codépendance

Jusqu'ici, je vous ai parlé de la dépendance affective pathologique et de ses nombreuses manifestations. J'aborde maintenant la notion de codépendance, c'est-à-dire la dépendance à la dépendance de l'autre. À l'origine, ce terme était utilisé pour qualifier une personne vivant avec un malade alcoolique ou toxicomane. Aujourd'hui, cette acception s'est élargie et décrit « tous les gens qui se transforment eux-mêmes en victimes en portant secours à une personne obsédée, droguée, brutale ou excessivement dépendante, et en devenant responsable de cette personne[1] ». En effet,

---

1. S. Forward (en coll. avec G. Buck), *Parents toxiques. Comment échapper à leur emprise*, Marabout, 1991, p. 52.

nombreux sont celles et ceux qui, par non-hasard, sont attirés (qu'il s'agisse d'amour ou d'amitié) par des gens qui, globalement, vont mal. Comme me le disait une patiente : « Je ne comprends pas pourquoi je suis toujours attirée par des hommes qui ont des problèmes : ils peuvent avoir une maladie, ou se droguer, ou encore avoir une famille très dysfonctionnelle. Mais je n'en loupe aucun… ou aucun ne me loupe. » Tandis qu'une autre, il y a longtemps, s'apitoyait sur son mari en disant : « Mais si je le quitte, qui pourra-t-il *frapper ?* » Une autre patiente, encore, regrettait de « tomber » systématiquement sur des hommes très malades alcooliques et grands consommateurs de drogues. Être codépendant signifie avoir besoin de s'occuper de quelqu'un – au point de s'oublier soi-même – et, dans le pire des cas, de souhaiter que cette situation perdure (souhait très inconscient, évidemment). Car cet autre, dont le codépendant s'occupe avec tant de dévouement, lui procure une sécurité affective permanente dont il serait très pénible de se priver – pour se retrouver face à lui-même et son comportement autodestructeur. Élisabeth, infirmière, est codépendante et elle a choisi (inconsciemment) un métier avec lequel elle est sûre et certaine de pouvoir vivre au mieux sa codépendance. Il y aura toujours des malades à soigner !

Traditionnellement, les femmes ont été éduquées pour devenir de parfaites codépendantes. De leur mari surchargé de travail qu'il faut soutenir et aider de son mieux en lui retirant toute responsabilité sur l'intendance de la maison. De leurs enfants à qui elles se consacraient totalement sans penser une seconde qu'elles pouvaient prendre un peu de temps pour elles. De leurs parents aussi, parfois. Du

« suivi » des relations amicales. Des œuvres (bonnes) qui leur prenaient le peu de liberté qu'elles pouvaient dégager de leurs nombreuses occupations. En échange, elles recevaient un certain confort matériel, le respect de leur époux et de leurs relations. Elles en retiraient aussi, de façon moins explicite, le sentiment hautement valorisant d'être AB-SO-LU-MENT IN-DIS-PEN-SA-BLES. Ce qui n'est pas rien ! Leur codépendance était leur raison de vivre. Il n'y en avait pas d'autre. Et nombre d'entre elles ne se gênaient pas pour critiquer les femmes qui, allègrement, se délestaient de ces obligations-là pour gagner leur vie, aux dépens bien évidemment du bien-être de leur famille.

Si la société a quelque peu évolué, il n'en reste pas moins vrai que trop de personnes se retrouvent dans la codépendance par un excès d'empathie, de compassion frôlant la pathologie ou de sens du devoir. La compassion va se transformer en pitié : « Je ne pouvais la laisser dans cet état. Oui, elle vient s'installer chez nous jusqu'à ce qu'elle aille mieux », « Je ne vais pas lui raccrocher au nez quand elle me demande un petit service ! Elle est déjà tellement malheureuse ! », etc. Les relations de couple, les relations familiales et amicales sont de très bons terreaux pour mettre en œuvre la codépendance, un excellent moyen pour fuir les responsabilités que tout être humain a envers lui-même, pour maintenir le déni sur l'oubli de soi, dont j'ai donné maints exemples. L'aliénation de soi trouve cependant des compensations qui ne manquent pas d'intérêt.

De façon générale, et donc pas seulement dans les couples, une personne est codépendante si elle pense être responsable des humeurs des autres : le champ est large. Le problème n'est d'ailleurs pas nécessairement chez « l'autre » : il est chez le codépendant qui, affecté par les sentiments et le comportement d'autrui, cherche à son tour à influencer ce dernier par le contrôle (ou la tentative de contrôle). Tous comportements et obsessions d'autrui qui ont pour mission de satisfaire ses besoins d'être aimé. Être disponible (dans son entourage personnel et professionnel, dans la rue, les transports…) lui permet de moins se détester, de se valoriser. Nous retrouvons chez les codépendants tous les symptômes psychiques et comportementaux des dépendants affectifs pathologiques. Leur besoin de reconnaissance, d'amour et d'approbation est leur drogue.

Le plus grand piège, si l'on a affaire à des codépendants, c'est d'être maintenus dans une situation problématique. Leur credo étant d'aider, il faut bien avoir besoin d'être aidé, sinon ils seraient inutiles. Ils n'iront pas jusqu'à créer des problèmes, non, mais ils auront très envie (inconsciemment) que l'autre ait toujours besoin d'eux. Le désintéressement n'est pas leur fort, mais là est justement leur pathologie. C'est pour cette raison qu'ils ne peuvent pas envisager de mettre fin à une relation (familiale, amicale ou amoureuse) dans laquelle ils s'éteignent – les autres aussi. La séparation, nous l'avons vu, est inenvisageable. Les gens qui les font souffrir ne leur font pas peur tant qu'ils ont besoin d'eux. Lors et las, même frustrés et insatisfaits, malgré leur détresse, ils resteront dans le creuset de leur désespoir – là où, malgré tout, ils ont le sentiment d'exister un tant soit peu.

Le besoin de contrôle

« Le codépendant est un individu qui se fait une véritable obsession de contrôler le comportement de l'autre[1]. » Non seulement son comportement, mais aussi ce qu'il est. Melody Beattie poursuit en précisant que ce contrôle sur les gens et les événements s'exerce par « le biais du désarroi, de la culpabilité, de la coercition, de la menace, de la multiplication des conseils, de la manipulation ou de la domination[2]. » La codépendance est un outil de pouvoir sur l'autre. Élisabeth me disait qu'elle en voulait à son père de n'avoir pas suivi toutes ses directives médicales : « Il en est mort ». Les plaintes et complaintes des personnes qui vivent avec des sujets qui se droguent ou qui boivent trop ne se comptent plus tant il y en a ! Les codépendants ne les lâchent pas une seconde, alternant les reproches et les encouragements, les menaces et les pleurs. Je me souviens d'un patient qui, chaque matin, donnait à son épouse le médicament qui l'empêcherait de boire dans la journée. Il le lui mettait lui-même dans la bouche et vérifiait, la main sur son cou, qu'elle l'avalait bien. Oui, car elle l'avait plus d'une fois trompé en gardant le comprimé dans la joue. Lorsqu'elle avait bien avalé, il lui faisait un gros câlin…

Les gens codépendants savent ce qu'il faut faire et ne pas faire, ce qui est bien ou mal, ce qui est juste ou injuste, ce qui est permis ou interdit (ce qui explique que certains vou-

---

1. M. Beattie, *op. cit.*, p. 13.
2. *Ibid*, p. 62.

draient sauver le monde entier alors qu'ils ne savent pas se prendre en charge eux-mêmes !). Ils possèdent savoir, savoir-être et savoir-faire, les imposent sans cesse, ce qui, cela ne nous étonnera guère, provoque souvent le comportement opposé ! Ce qui les met très en colère ! Colère qui les culpabilise. Culpabilité qui les pousse à devenir plus «gentils»... Si l'illusion du codépendant est de changer l'autre (dans le cas particulier des addictions), son désir inconscient est qu'il ne change pas : s'il changeait, la codépendance n'aurait plus lieu d'être. Colère, culpabilité et gentillesse ne sont pas l'apanage des codépendants : celles et ceux qui en sont dépendants éprouvent aussi ces émotions. Et la boucle se referme sur un enfer. Tel homme, si fier de gagner tant d'argent, n'a jamais voulu que sa femme travaille. Il la maintient en dépendance matérielle. S'ennuyant à la maison, elle commence à boire jusqu'à devenir malade alcoolique : la codépendance de son époux est née. Il peut alors se permettre de lui reprocher de trop dépenser d'argent, de trop boire, tandis qu'elle, voulant éveiller sa compassion, se désole, promet que plus jamais... Il la console... Mais il ne fait rien pour qu'il n'y ait plus d'alcool à la maison, ne fait rien pour qu'elle s'ennuie moins, l'empêche même de rejoindre une association où elle aimerait être bénévole. Il la garde auprès de lui, à disposition de sa codépendance. À la fois «généreux» (il ne demande pas le divorce) et dominateur (il lui interdit de sortir avec d'autres femmes), il soumet sa Victime à son contrôle car il en a besoin.

Bien sûr, tout ceci au nom de l'amour ! «Pour aider l'autre, pour lui être utile-indispensable. Parce que cet autre, le pauvre, ne sait pas, lui, ce qui est bon pour lui, ni comment il faut faire, se comporter. Et puis parce que c'est ce que nous savons bien faire – nous ne savons même faire que ça ! Parce que c'est notre devoir, aussi : ce n'est pas toujours un plaisir, vous savez ! Mais que voulez-vous, c'est notre raison de vivre… Et ce n'est pas toujours facile : nous souffrons en silence parce que nous nous devons de nous montrer forts, sinon il n'aurait plus personne sur qui compter… »

Les codépendants adorent se mêler des affaires des autres – une forme de vie par procuration… Ce qui leur permet de leur donner des conseils, de leur faire, si nécessaire, des leçons de morale. Leur masque de gentillesse, d'altruisme et de douceur leur permet d'ouvrir les portes de la vie des autres. Une intrusion qui, au début, n'est pas vécue comme telle. Mais le jour où la douceur fait quelque peu défaut, où le masque tombe, l'intrusion n'est plus permise et les codépendants n'ont plus qu'à s'éloigner, grinçant des dents de rage. « On » a refusé leur aide, leur soutien, leurs conseils : c'est inadmissible. Et, ne nous y trompons pas, de nombreux codépendants se dissimulent aussi derrière des masques de Victimes : lorsqu'ils adoptent ce genre de rôle, ils sont encore plus forts ! Comment ne pas les ménager ? Comment leur refuser quelque chose ? La manipulation est toujours efficace.

Les couples de codépendants

La relation de couple est la combinaison quasiment idéale pour réunir deux codépendants. Donner, aider, étant la préoccupation majeure des dépendants affectifs pathologiques. Quoi de plus instructif sur la codépendance en couple que d'entendre cette femme : « Si mon époux est heureux, je suis heureuse car c'est grâce à moi. S'il va mal, je suis malheureuse et je m'en sens coupable car c'est à cause de moi. »

Souvenez-vous de Bernard : venu en thérapie comme on appelle « au secours », il est marié et a deux enfants. Son épouse, Brigitte, est comme lui dépendante affective pathologique. Bernard fut son Sauveur, comme elle fut le sien. Tous deux sont codépendants, chacun à sa manière. Brigitte critique sans cesse Bernard, le rabroue, n'est jamais contente de ce qu'il fait. Elle le traite de « nul » devant leurs enfants. Lui s'enferme dans le silence. Elle se plaint : « Après ce que j'ai vécu, tu pourrais être plus gentil avec moi », lui s'isole dans son bureau : « J'ai du travail ». Il ne se plaint pas, n'exprime rien (en mots), mais sa colère est immense. Brigitte est nerveuse, querelleuse, lui se cache derrière un calme apparent. Chacun accuse l'autre de son malheur conjugal.

Brigitte l'empêche de voir ses rares amis à l'extérieur et elle ne veut recevoir personne : c'est pour cette raison qu'elle a toujours refusé d'acheter fauteuils ou canapés. Elle est agressive tout en le maternant, se montre jalouse. Bernard refuse de plus en plus souvent d'obéir à Brigitte : elle l'insulte alors davantage. Depuis près de deux ans, elle refuse toute intimité avec lui : ils ne dorment même plus dans la même chambre. Sous le coup d'une grande colère, elle a annoncé son intention de divorcer. Il n'a rien ressenti, il ne la croit pas : il n'est plus amoureux d'elle et rêve d'être avec une autre femme. La communication entre eux est de plus en plus difficile. Elle se borne à des contingences matérielles, à la préparation des repas, aux activités des enfants. En réalité, aucun des deux n'est rassuré sur les sentiments de l'autre à son égard, et chacun reproche à l'autre ce qu'il est. Aucun ne reçoit suffisamment de marques d'amour. Brigitte attendait « tout » de Bernard qui lui, attendait « tout » de Brigitte. « Tout » étant d'abord la réparation de leur enfance de mal aimés, « tout » étant la solution miracle à toutes leurs frustrations, déceptions, difficultés relationnelles. « Tout » étant très vague, si vague qu'impossible à satisfaire. Brigitte ne s'aime pas, Bernard pas davantage. Mais tous deux voudraient que l'autre lui apporte ce qu'ils ne savent pas se donner à eux-mêmes : estime de soi, respect, valorisation.

Le refus de la réalité

À la lecture de tous ces exemples, vous vous êtes peut-être dit que j'exagérais, que j'en « rajoutais ». Malheureusement non. Et ce qui vous a sans doute davantage surpris, c'est que toutes ces personnes, intelligentes – voire brillantes –, entretiennent un rapport quelque peu problématique avec la réalité. Souvenons-nous que les dépendants affectifs pathologiques, à un moment ou à un autre, se considèrent – même inconsciemment – comme des victimes impuissantes qui ont *besoin* des autres pour vivre. Ils n'imaginent pas que leur vie relationnelle dépend pour une

194

grande partie d'eux, qu'ils la construisent. Même si, trop souvent, ils ont vécu (ou ont la perception d'avoir vécu) un grand manque d'amour dans leurs jeunes années. Pourtant, ils ne tentent pas, pour la plupart, de comprendre, de regarder lucidement leurs échecs affectifs successifs afin d'arrêter de les multiplier.

Le déni de la réalité

Ce qui est frappant, dans les pathologies du lien, c'est la capacité des personnes qui en souffrent à utiliser le déni comme mécanisme de défense préférentiel. Le déni consistant à refuser de regarder la réalité. Ce n'est pas une décision consciente, mais elle est là, bien présente. Je tiens à préciser que le déni n'est pas le refoulement, un autre mécanisme de défense qui consiste, toujours inconsciemment, à refouler ses désirs dans l'inconscient. Ces mécanismes s'installent très tôt chez l'enfant : ils sont mis en place par l'inconscient pour se protéger de certains aspects de la réalité. Une réalité déniée, remplacée par des interprétations plus ou moins conscientes, lesquelles, s'appuyant sur des convictions profondes comme celles que nous avons vues dans la première partie de ce livre, vont générer les comportements déjà décrits.

Matthieu a 37 ans. Très amoureux de Charlotte, il trouve cependant que « la relation est très compliquée. Je l'aime énormément, dit-il, je l'ai aimée dès que je l'ai vue. Pourtant, j'ai parfois l'impression qu'elle ne m'aime pas autant

195

que je l'aime. J'ai été très bien accepté dans sa famille où je me sens très à l'aise. Elle est même devenue très amie avec mon frère et ma sœur. Si elle savait comme je suis prêt à tout faire pour elle ! J'avais déjà déménagé pour me rapprocher d'elle, puis, le temps passant, je me suis acheté un appartement, persuadé qu'elle viendrait y vivre avec moi. Elle m'a dit que c'était encore trop tôt, mais notre relation dure depuis trois ans ! Je sais qu'elle aime son indépendance, et je la respecterai… L'année dernière, j'ai consacré tout mon temps libre à l'aider à monter sa propre société : ainsi, nous passions tous nos week-end ensemble, presque toutes nos soirées et j'avais mille prétextes pour l'appeler souvent dans la journée. Elle ne répondait pas à tous mes appels, c'est normal, je sais qu'elle est très occupée ! J'étais si heureux qu'elle ait eu besoin de moi ! Aujourd'hui, son affaire est lancée et marche bien : elle m'a d'ailleurs remercié. Je vais continuer à tout faire pour qu'elle se sente bien, qu'elle soit contente de moi. »

Charlotte a 36 ans : « Je n'en peux plus. J'aime beaucoup Matthieu, mais il ne veut apparemment pas comprendre que je ne suis plus amoureuse de lui. Je ne sais même pas si je l'ai déjà été. Il est adorable, intelligent, dévoué, mais il m'étouffe et refuse d'en tenir compte quand j'essaye de le lui faire comprendre. Je suis très triste de cette situation, et en colère aussi, contre lui qui ne veut pas m'entendre ! »

S'il est vrai que l'objectivité absolue n'existe pas, il est pourtant possible de tenter de s'en rapprocher. Or ces personnes ne cherchent pas à vérifier si leurs interprétations sont plus ou moins éloignées – ou proches – de la réalité. Les interprétations, ou inférences, sont de plus ou moins bonne qualité et, en l'occurrence, celles des grands dépendants affectifs sont fort éloignées de la réalité lorsqu'il s'agit de leur vie relationnelle.

Émilie a 23 ans. Elle vit avec Éric depuis deux ans, un homme que sa famille et ses amies n'acceptent pas du tout, le trouvant trop familier, trop sûr de lui. Ils se disputent souvent et, au cours de ces scènes très violentes verbalement, elle se frappe la tête avec le poing. Elle n'a pas le sentiment d'être respectée et, dit-elle, manque d'attention de sa part. Émilie, depuis son enfance, s'est toujours pliée aux désirs des autres : « Je me sens souvent perdue et j'ai peur d'être responsable. Je laisse Éric décider à ma place, c'est mieux pour moi. Et en même temps, j'ai peur de lui : il m'infantilise et j'ai l'impression de me retrouver devant mes parents. Je suis dans son désir et je m'efface. Je ne m'affirme pas, j'ai trop peur de déplaire. Quand j'essaye de parler à Éric, pour qu'il me comprenne, il me répond qu'il ne veut pas se remettre en question, que c'est moi qui suis malade. »

Émilie considère son compagnon comme une figure d'autorité et refuse de regarder la réalité en face : leur vie commune ne la rend pas heureuse. Elle grossit, a des compulsions sur le chocolat et, manquant de douceur, sur les gâteaux et les bonbons. Émilie s'apitoie sur elle, se croit folle, craint de ne plus plaire à Éric si elle évolue. « Je veux qu'on s'occupe de moi pour avoir le sentiment d'exister et surtout d'être la plus importante. »

Jules a 35 ans. Il vit avec Yann depuis cinq ans et se sent très mal dans cette relation. « Yann m'infantilise et je suis complètement dépendant de lui. Je vis chez lui, c'est lui qui prend tout en charge financièrement car je gagne très peu d'argent. J'étouffe, mais qu'est-ce que je peux faire ? En plus, je m'ennuie terriblement avec lui. J'ai le sentiment d'être complètement bloqué, que tout est difficile. Yann, je l'aime beaucoup, j'ai de l'affection pour lui, mais ça s'arrête là. Pourtant, j'ai très peur de vivre seul, et ce n'est matériellement pas possible, de toute façon. Je le trompe souvent, mais ça ne m'apporte rien, sinon l'envie d'avoir mon propre appartement. Je n'aime pas ce que je suis devenu, mais je n'y peux rien. Je ne veux pas retourner vivre chez mes parents ! La relation avec Yann ne me nourrit plus et j'ai le sentiment d'être seul affectivement. J'ai le dos complètement bloqué, j'ai une sciatique chronique et je trouve que Yann m'exploite, ce qui me met très en colère contre lui. Il n'est plus qu'une béquille pour moi… Je crois aussi que je le crains et j'ai perdu toute confiance en lui… Comme je ne rencontrerai jamais quelqu'un d'autre, il faut bien que je reste avec lui, non ? »

Les dépendants affectifs pathologiques se comportent exactement comme s'ils étaient empêchés de penser : ils décrivent une situation dans laquelle ils souffrent et refusent de voir qu'ils pourraient s'en extraire, ou réagir autrement. Ce qui démontre une fois encore que le déni est inconscient. La peur de déplaire, la terreur de l'isolement les maintiennent dans un tel brouillard qu'ils sont réellement persuadés qu'ils ne peuvent rien faire pour diminuer leur détresse, ou même en sortir. D'autant plus que, bien souvent, ils sont dans le déni de leur dépendance, comme

Matthieu ou, d'une façon moindre, Émilie. Nous vivons à une époque où l'indépendance est une vertu très prisée (alors que notre société occidentale, de façon contradictoire, incite les gens à devenir de plus en plus dépendants en créant sans cesse de nouvelles addictions) : il n'est donc pas question de donner de soi l'image d'une personne dépendante. Il en va de sa dignité ! Ce qui est frappant, c'est qu'ils ne comprennent pas, en toute sincérité, pourquoi le problème perdure, puisqu'ils font tout pour que « ça marche ». Regarder en face la réalité, les faits tels qu'ils sont, leur est très pénible, quand ce n'est pas impossible. Il leur faudra beaucoup de courage : c'est ce que nous verrons dans la dernière partie de ce livre.

Ce déni, cette dénégation, les pousse à des méconnaissances de deux sortes : ignorer les faits d'une part, ou bien les connaître mais ne pas en tenir compte. Cette façon de se mentir à eux-mêmes (non délibérément, le plus souvent) les amène à adopter une attitude très passive. Même lorsqu'ils se sentent épuisés, en grande déperdition d'énergie, même lorsqu'ils en tombent malades : rien n'y fait. L'écran de fumée qu'ils installent devant leurs yeux tient lieu de réalité et ils ne se doutent généralement pas que les somatisations dont ils souffrent (insomnies, douleurs articulaires, problèmes digestifs, etc.) sont directement liées à leurs difficultés relationnelles. Ce sont des signaux qu'envoie leur corps, auxquels ils restent sourds car ils ne les comprennent pas. J'ai souvent parlé des liens existant entre le corps et l'esprit, la psyché, le psychisme, liens reconnus par la « Faculté » puisque la médecine psychosomatique est devenue une spécialité. Comme le dit si joliment Henri

Gougaud, «Le corps, de haut en bas, est un village de mémoires[1].» Le déni s'applique aux faits «mal» interprétés, aux grands mouvements émotionnels, déniés eux aussi. C'est ainsi que les dépendants affectifs pathologiques restent attachés à des besoins infantiles et fantasmés, immergés qu'ils sont dans l'illusion d'aimer.

L'égocentrisme

Dans l'illusion d'aimer car, sans que cela soit conscient, cette sorte d'amour-là est surtout donné pour en recevoir : l'être aimé est utilisé comme pourvoyeur d'amour, d'approbation, de sécurité affective, de sentiment d'exister. Il n'est donc pas aimé tel qu'il est, pour ce qu'il est, ni dans sa spécificité, ni dans son entièreté, car la personne qui croit l'aimer n'est préoccupée, en réalité, que de ce qu'elle va recevoir. Objétisé (considéré comme un objet), il n'est pas pris en compte par le dépendant affectif pathologique, dans sa démarche d'extorsion d'amour ou de marques d'amour. Ce qui peut sembler contradictoire avec le fait que, pour recevoir ce qu'il attend de l'autre, il s'oublie lui-même, il se consacre à la satisfaction des besoins de cet aimé. L'intention semble en effet tout à fait désintéressée, mais dans le cadre de cette pathologie du lien, elle ne l'est pas. Ce qui n'est pas très valorisant.

Si, au lieu de dire à la personne «Je veux t'aimer toute ma vie», nous lui disions «Je veux t'ingérer toute ma vie»,

1. H. Gougaud, *Les Sept Plumes de l'aigle*, Le Seuil, 1995, p. 144.

comment réagirait-elle ? Cette dévoration, cette vampirisation n'existent que pour combler les carences affectives. Est-ce une forme d'amour de l'autre ou d'avidité ? N'est-ce pas plutôt la signature d'un autocentrage exacerbé ? Ne seraient-ce pas des marques objectives d'égocentrisme ? Je le crains fort, malheureusement. A-t-on, dans ces situations, quelque inquiétude pour le bien-être psychologique et affectif de l'autre ? Se soucie-t-on réellement de sa vie émotionnelle ? Tenter de devenir indispensable ne constitue pas une véritable marque d'amour. Avoir besoin (et non envie) d'aider les autres pour être en mesure de s'accorder quelque valeur ou se donner le sentiment d'exister n'est pas de l'altruisme mais bien plutôt de l'égocentrisme. Achète-t-on l'amour ou l'amitié ? Parmi la pléthore des définitions de l'amour, il en est une que j'apprécie tout particulièrement : « L'amour, c'est vouloir porter l'autre au plus haut de lui-même[1] ». Est-ce la préoccupation des dépendants affectifs pathologiques, avec leur « assujettissement à *un lien essentiellement imaginaire* qui les force en permanence à faire leurs preuves, à acheter au prix le plus fort leur droit à l'existence[2] » ? Sans doute l'ignorent-ils, mais la réponse est non.

Nous avons déjà vu que l'égocentrisme était une « tendance à ramener tout à soi-même, à se sentir le centre du monde, à ne concevoir ce dernier que de son seul point de vue ». Ce qui est bien naturel au cours de la construction de l'enfant ne l'est plus lorsqu'il s'agit d'adultes. Les

---

1. V. Woolf, *La Traversée des apparences*, Poche, 1999.
2. Dr T. Vincent, *L'Anorexie*, Odile Jacob Pratique, 2006, p. 80.

dépendants affectifs pathologiques pensent, en raison de leur égocentrisme, que les autres sont en permanence en train de les observer tandis que leur autocentrage les conduit à n'agir qu'en fonction de leurs propres intérêts. Pourtant, si vous leur faisiez une remarque de ce genre, ils démentiraient immédiatement, seraient à la fois outrés et peinés : ce qui est normal puisqu'ils n'ont pas conscience de toutes les motivations de leurs comportements. Oscar Wilde disait : « L'égoïsme n'est pas vivre comme on le désire, mais demander aux autres de vivre comme on veut qu'ils vivent. » Une demande totalement implicite, cela va sans dire…

Dépendance et responsabilité

L'évitement de la responsabilité est l'une des manifestations de la dépendance affective pathologique. En effet, n'ayant pas intégré dans l'enfance la relation de cause à effet entre leur comportement et ses conséquences – empêchés en cela par un contrôle parental excessif et par un manque cuisant d'encouragements –, les patients entretiennent le déni quant à leurs responsabilités à l'égard de ce qu'ils vivent. Autrement dit, ils sont intimement persuadés qu'ils n'ont aucun impact sur leur vie, qu'ils remettent dans les mains des autres. Se sentir responsable de soi, de la construction de sa vie, de ses comportements et de ses choix relève d'un sentiment de liberté qu'ils n'ont pas. Pour cause de panique aiguë à cette seule idée, qu'ils refusent car ils se sentent impuissants. Ils ignorent qu'ils pourraient acquérir

UN SENTIMENT D'ÊTRE VACILLANT

la puissance personnelle qui leur permettrait de vivre selon leur véritable personnalité – oubliée. Alors ils adoptent des comportements pulsionnels (la pulsion est la « charge énergétique qui fait tendre l'organisme vers un but[1] » : après le passage à l'acte, la tension disparaît.) Ils analysent ces pulsions, ou compulsions, en ces termes : « Je ne pouvais pas faire autrement », « Je n'avais pas le choix », « Je n'y peux rien », « C'est plus fort que moi », etc. Ou bien alors ils confient leurs responsabilités à d'autres personnes à qui ils demandent, implicitement, de les prendre en charge. Se plaçant en Victimes impuissantes, ils cherchent des Sauveurs. S'ils acceptaient leurs responsabilités, cela équivaudrait à reconnaître qu'ils sont seuls à pouvoir décider pour eux : cet évitement les protège donc de la terreur de l'isolement.

Cette « fuite » leur est pourtant fort dommageable dans la mesure où elle restreint considérablement la compréhension des manifestations somatiques qu'ils subissent, des insomnies, de l'anxiété, de la dépression, du mal général de vivre. Le Pr Irvin Yalom décrit très bien ces personnalités si dépendantes qui, pour se protéger de la solitude et éviter les responsabilités, croient en un « sauveur ultime » qui viendra et saura s'occuper d'elles. Ce peut être Dieu, une institution, un psy, des gens de l'entourage. Elles choisissent ainsi l'irresponsabilité, avec la certitude qu'elles sont aussi démunies qu'un enfant qui vient de naître ou un vieillard. Le « sauveur ultime » n'est rien d'autre qu'un pourvoyeur... Ni

---

1. J. Laplanche et J.-B. Pontalis, *Vocabulaire de la psychanalyse*, PUF, 2007.

203

responsables d'eux-mêmes, ni responsables des autres, les dépendants affectifs pathologiques se présentent comme des handicapés, et le croient. Ne pas s'affirmer, suivre les goûts des autres, trouver de bonnes raisons pour ne pas prendre de décision importante, se soumettre à « l'avis général », cacher ses émotions, dissimuler ses propres désirs : ce sont des évitements de responsabilité. « Je ne veux pas déranger ; faites votre choix, je vous suivrai ; qu'est-ce que tu ferais à ma place ? Je ne sais pas quoi décider, et vous ? » Etc. Les petites phrases qui contournent la prise de risque sont nombreuses. Les manifestations d'autonomie, d'indépendance, de libre arbitre recèlent en effet de grands dangers : le principal étant de déplaire. Ce qui signifie, peut-être, être rejeté et se retrouver seul.

Françoise, très pratiquante durant son enfance et son adolescence, a changé de « dieu » après les événements de mai 1968, reniant le premier. Elle est devenue une maoïste très fervente, jusqu'à quitter une activité professionnelle prestigieuse pour aller travailler à la chaîne, en usine, afin d'y porter la bonne parole. Puis, un jour, ce fut la catastrophe : son nouveau dieu dégringola de son piédestal. Grandes furent sa déception, sa colère et sa... dépression. Il lui a fallu des années pour retrouver un autre pourvoyeur, pour se sentir exister à nouveau. Vous lui auriez dit alors qu'elle était dépendante affective pathologique, elle vous aurait ri au nez. Pourtant elle l'était bel et bien.

Tous ses actes étaient dictés par des idées qu'elle croyait justes et utiles : elle n'avait pas besoin de réfléchir, ayant complètement aliéné sa responsabilité, jusqu'à ses capacités intellectuelles pourtant brillantes. Elle ne décidait plus, elle n'avait plus à choisir : son comportement lui était dicté, tout comme sa vie relationnelle. Elle avait perdu tout libre arbitre et se plaisait à dire à ses amis : « Si vous êtes contre mes idées, vous êtes contre moi. Je n'ai plus rien à faire avec vous. » Durant des années, vaillant petit guerrier, elle s'est échinée à convaincre, à prêcher, à mettre toute son énergie et sa force dans la « cause ».

Qu'il s'agisse de «philosophie, de religion, d'une idéologie ou d'une personne, le fait d'y être attaché de façon automatique signifie que vous renoncez à vous-même en tant qu'individu séparé[1] ». Il n'y a plus de frontières claires entre soi et autrui. Sans séparation avec l'autre, l'être humain retrouve la fusion archaïque de sa prime enfance. Il n'est plus un adulte à part entière.

Mais alors, que deviennent les dépendants affectifs pathologiques ? Que deviendront-ils ? Sont-ils condamnés à vivre leur détresse, leur misère relationnelle tout au long de leur vie ? Bien sûr que non ! Il leur faudra pourtant franchir les nécessaires étapes qui les mèneront vers la… délivrance. Étapes pas toujours simples ou agréables, avec des renoncements, des séparations. Car : «Un bon travail thérapeutique s'accompagne toujours d'une épreuve de la réalité et de la recherche d'avancées personnelles[2]. » Des périodes de prises de conscience accompagnées d'un véritable désir de

---

1. A. Linden, *Les Frontières dans les relations humaines. Pour être soi et ensemble, séparé et connecté*, InterÉditions, 2008, p. 198.
2. I. Yalom, *op. cit.*, p. 23.

changement. Des moments qui les feront grandir et leur permettront de s'épanouir en retrouvant une véritable intimité avec eux-mêmes. Ce faisant, ils se réconcilieront avec leur identité profonde : ils apprendront ainsi à se respecter et à se faire respecter. Sur ce chemin de reconstruction, ils seront guidés par un thérapeute qui les aidera, à leur propre rythme, à se débarrasser du carcan dans lequel ils se maltraitent.

3.

Traiter
la dépendance affective pathologique

« Soyez à vous-même votre propre lumière, votre propre refuge. »

Alexandra David-Néel

Le rôle du psychothérapeute :
« donner droit d'existence à l'enfant »

Il appartient au thérapeute de savoir diagnostiquer les dépendances affectives pathologiques en donnant aux patients tout le temps nécessaire pour l'expression de leurs souffrances, la narration de leur histoire de vie et la description de leur environnement familial. Cependant, ce diagnostic n'est pas toujours simple à établir car nous savons que les adultes ayant subi dans leur enfance des carences affectives ou des parents négligents, ou même dysfonctionnels, voire maltraitants, sont le plus souvent dans le déni. Ils opposent généralement un refus global de ce qui s'est passé dans leurs jeunes années, déniant la possibilité d'avoir subi des traumatismes – ce qui aggrave considérablement leur impact sur leur psychisme. Alors que, pourtant, les comportements de ces patients adultes « décrivent » une répétition de ces traumatismes. Il en va de même pour les émotions

209

reliées à ces événements traumatiques. S'il n'est pas difficile de reconnaître et d'admettre celles qui sont jugées acceptables (tristesse, anxiété, inquiétudes et désillusions), la confrontation est plus problématique lorsqu'il s'agit des autres : colère, frustration, haine, envie, jalousie… Une étape essentielle. Toute émotion a un sens : les patients le découvriront. Identifier ses émotions, apprendre à les nommer, c'est déjà enlever quelques épaisseurs de brouillard : une lumière apparaît, faible mais bien réelle.

Il est important de garder en mémoire le possible enfermement (inconscient) de certains patients dans un *faux self,* dès l'enfance : ils peuvent y demeurer pendant toute la durée de leur thérapie qui devient alors interminable car tout ce qui a été intégré dans le psychisme à une période archaïque ne peut être « travaillé ». Ce *faux self* « désigne l'adaptation, par soumission ou compromis, d'un individu à son environnement […], le privant de développer sa vraie personnalité et entraînant plus tard des relations artificielles. […] Il peut perturber le sentiment d'exister[1] ». C'est ainsi que certains enfants, parfois très tôt, se sont effacés et interdit « de se construire un sentiment d'*être*[2] ». Derrière ce *faux self* se terre ainsi un désespoir installé dès le début de la période que l'on nomme archaïque.

Un autre facteur est à prendre en compte, c'est l'attitude du thérapeute vis-à-vis de l'isolement existentiel, de la responsabilité liée à la liberté, l'autonomie, et la peur, existen-

---

1. Sandor Ferenczi, *Sur les addictions,* Petite Bibliothèque Payot, 2008, p. 28.
2. *Ibid.*

tielle également, de la mort. Si le thérapeute, au cours de sa propre thérapie, n'a pas « traité » ces trois angoisses fondamentales, il risque bien de pratiquer le déni au cours de ces thérapies bien particulières que sont les thérapies des grands dépendants affectifs. Car c'est bien « la confrontation aux fondamentaux de l'existence qui se révèle thérapeutique [1] ».

Ces patients viennent généralement consulter un thérapeute sur les conseils de leur médecin – généraliste ou psychiatre. Ils suivent pour la plupart le traitement médicamenteux que l'on donne habituellement dans les syndromes anxio-dépressifs (SAD), c'est-à-dire des antidépresseurs et des anxiolytiques, auxquels s'ajoutent parfois des somnifères. Ces traitements leur permettent de « tenir » à peu près dans une société où l'on n'a pas le droit d'aller mal [2], en abaissant l'intensité des mouvements émotionnels trop pénibles à vivre (dépression, angoisses). Pour cette raison, l'accès aux émotions est rendu plus difficile, ce qui ne facilite pas le travail en profondeur. Cependant, il serait malvenu de remettre ces traitements en question : l'accès à la conscience, par l'introspection, serait empêché en raison de la confusion, justement, dans ce trop-plein d'émotions. Le thérapeute doit apprendre à travailler avec cette contradiction.

En sachant aussi que les patients ne doivent pas non plus entrer en dépendance vis-à-vis de ces médications – ni du psy. Il faudra bien, un jour, que la thérapie se termine et le

---

1. I. Yalom, *op. cit.*, p. 23.
2. P. Brückner, *L'Euphorie perpétuelle. Essai sur le devoir de bonheur*, Grasset, 2000.

211

thérapeute devra engager cette « dernière ligne droite » avec beaucoup de précautions pour que le patient ne « sabote » pas toute son évolution en craignant cette séparation. Il y faudra, de la part du psy, une grande capacité de réassurance et infiniment de patience –avec une diminution progressive de la fréquence des séances et un grand, sincère et profond désir d'autonomie de la part du patient. N'oublions pas que chez tout être humain, mais bien davantage chez les dépendants affectifs pathologiques, l'idée même de séparation est anxiogène. Pourtant, comme le rappelle Sandor Ferenczi, les personnes dépendantes savent que la dépendance affective, telle qu'ils la vivent, leur est néfaste, car elle renvoie immédiatement à la notion de rejet qui adviendra tôt ou tard. Telles sont leurs tristes expériences.

Il convient de dire qu'une thérapie ne peut pas, à elle seule, résoudre *tous* les problèmes, car la vie apporte son lot de joies mais aussi de souffrances et, surtout, les patients doivent prendre conscience que le thérapeute n'est qu'un guide. Ils ont leur part de travail à faire et doivent accepter que, *in fine*, ils seront seuls pour continuer à le faire quand la thérapie sera terminée. Dans ces sortes de psychothérapies, le thérapeute devra veiller à éviter de tomber dans le « piège » de ces patients qui voudront trop souvent considérer leur psy comme le « sauveur » qui viendra résoudre leurs problèmes. Ce qui n'est pas toujours simple, malheureusement, surtout si le psy se sent quelque peu « flatté » par cette attitude (le plus souvent implicite). Il y verra l'occasion de se sentir indispensable, ce qui, dans ce cas, pourra s'apparenter à une prise de pouvoir sur le patient qui, très dépendant, n'attend que ça, au moins un temps. C'est pourquoi, dans les supervisions de thérapeutes, je reste très vigilante sur cet aspect : un dépendant affectif pathologique ne pourra en aucun cas être sérieusement aidé par un autre dépendant affectif problématique ou pathologique qui s'ignore ! Or, et c'est tout à fait consternant, cette situation se rencontre, en particulier avec des thérapeutes qui n'ont pas eux-mêmes fait de thérapie, et chez ceux qui croient que c'est le psy qui « fait le travail »… qui se place ainsi en Sauveur. Or, « plus le psy se montre actif et directif (même ostensiblement dans le but d'aider le patient à assumer sa responsabilité), plus le patient se voit infantilisé[1] ».

Si un patient ne doit pas « tout » attendre d'un psychothérapeute-Sauveur, le psy, par son humanité, devra le soutenir en l'accompagnant tout au long de la thérapie afin qu'il ne se sente jamais seul dans son entreprise. Il doit pouvoir laisser s'exprimer l'enfant qui est en lui, parfois redevenir cet enfant souffrant, meurtri. Lui permettre, enfin, d'exister.

Le psy a également pour tâche d'aider le patient à retrouver ses souvenirs – sans en craindre aucun –, à les « ranger » chronologiquement, mais surtout à en parler. Même s'il s'agit d'événements pénibles, voire traumatisants, il est absolument nécessaire de les verbaliser : cette remémorisation est fondamentale dans le processus thérapeutique. Certains thérapeutes estiment que cette étape n'est pas nécessaire, qu'une douleur déjà vécue n'a pas à être répétée par son récit. Je crois qu'il est, peut-être malheureusement mais c'est ainsi, impossible de faire cette « économie ». Que la parole

---

1. I. Yalom, *op. cit.*, p. 366.

permet au contraire de « sortir » de soi ces épines si doulou-reuses. Que le processus de cicatrisation de certaines bles-sures ne pourra en aucun cas commencer tant que la plaie n'est pas « nettoyée » par la parole. Car c'est justement la prise de conscience de l'aspect si pénible de certains souve-nirs qui permettra, par la compréhension des émotions qui y sont liées, de prendre du recul. C'est ainsi que les blessures peuvent cicatriser, grâce aux mots mis sur les souffrances et les émotions qui seront enfin reconnues. Tout en sachant, bien évidemment, que les situations, les événements vécus ne seront jamais effacés – le croire serait naïf et relèverait, de la part du psy, d'une illusion d'omnipotence –, même si leur impact émotionnel s'en trouve considérablement adouci.

Le psy, ni impatient, ni pressé, respectueux du rythme de ses patients, devra leur offrir un espace-temps rassurant. Le travail de mémoire demande de la lenteur car l'incons-cient, pour protéger le patient d'un « tsunami » émotionnel, ne délivre les souvenirs enfouis que progressivement. Il suf-fit au psy d'être là et de savoir se synchroniser sur le rythme de la personne, de « mettre des mots sur le processus de réinvestissement progressif des émotions[1]. »

La thérapie permet aux patients, en s'appuyant sur la relation thérapeutique, de reprendre goût à la vie en retrou-vant le désir et la volonté de vivre en fonction de ce qu'ils sont au plus profond d'eux-mêmes. Ils ne se heurtent plus aux obstacles, nombreux, qui généraient leurs blocages : délivrés de leurs illusions, ils acceptent la réalité de leur

---

1. S. Tisseron, *Vérités et mensonges de nos émotions*, Albin Michel, 2005, p. 200.

214

humaine et imparfaite condition. Or, pour accepter la réalité, plusieurs prises de conscience sont nécessaires.

Sortir du déni

La première étape de la thérapie sera donc dédiée aux si nécessaires prises de conscience : « Chacun ne doit-il pas s'apercevoir de l'état où il est, pourvu qu'il veuille s'en apercevoir ? », écrivait Fritz Zorn dans son journal. Pour y parvenir, la volonté d'ouvrir les yeux, de sortir du déni, s'impose. Admettre cet « état » d'excessive dépendance, à travers ses manifestations émotionnelles et comportementales, à travers les situations et expériences vécues, est le premier pas indispensable. Pour Freud, « le passé qui n'est pas mis en conscience se répète, et Jung disait que ce qui demeure inconscient nous arrive de l'extérieur comme un destin qui nous semble étranger alors qu'il reflète simplement notre condition de vie intérieure[1] ». Qui voudrait demeurer jusqu'à son dernier souffle dans une prison dont il a remis la clé à d'autres ? Qui pourrait, en vérité, se satisfaire de ces ébauches de joie ou même de bonheur que donnent les autres lorsqu'ils le veulent bien, lorsqu'ils y consentent ? Qui refuserait de pouvoir s'appuyer sur soi

---

1. G. Corneau, *N'y a-t-il pas d'amour heureux ? Comment les liens père-fille et mère-fils conditionnent nos amours*, Robert Laffont, « Réponses », 1997, p. 69.

pour s'apporter ce qu'il recherche, en vain, ailleurs qu'en lui-même ?

Si les enfants n'ont pas la capacité de développer une claire lucidité sur eux-mêmes, ceux qui les entourent ou le monde en général, les adultes, eux, disposent de toutes les ressources pour le faire. C'est pourquoi il est essentiel pour les patients de balayer le lourd écran de fumée qui les empêche de se voir tels qu'ils sont. Essentiel aussi de dissiper le brouillard qui noie leur vie émotionnelle dans la confusion, qui anesthésie et engourdit les facultés de compréhension de ce qu'ils vivent et masque leur personnalité profonde pour, finalement, les rendre étrangers à eux-mêmes.

Avant même de comprendre pourquoi et comment la dépendance affective pathologique s'est installée au fil des années, il leur faudra accepter de regarder et d'admettre, en toute lucidité, ce que cette dernière génère en termes de relation à soi et de relation à l'autre. Sans ce regard lucide, l'on ne peut que s'engoncer dans la répétition traumatique et l'on se croit définitivement incapable d'imaginer que d'autres choix, d'autres options existent. Une patiente me disait récemment qu'elle pensait être « inapte » au bonheur, aux joies de la vie : ce sont ses peurs et son désamour d'elle-même – en raison justement de cette croyance en son « inaptitude » – qui lui dictent cette conclusion. Pour qu'elle apprenne à se faire confiance, pour qu'elle devienne sa « bonne mère » intérieure, elle doit d'abord admettre la réalité de cette croyance, et ses conséquences.

Revisiter ses croyances

Dans la première partie, nous avons observé que de très nombreuses croyances (certitudes non démontrées) faussaient le jugement des dépendants affectifs pathologiques. Le fonctionnement des croyances est simple. Prenons l'exemple d'une personne qui **croit** que les besoins des autres sont plus importants que les siens (nous en avons déjà rencontré). C'est l'énoncé – tout du moins conscient – de sa **croyance**. Ses **pensées** tourneront alors sur les meilleures façons de connaître (ou de deviner) ces besoins et de les satisfaire efficacement. Elle **ressentira** un grand plaisir à l'idée de bien s'occuper des autres et sera fière de passer à l'acte tout en étant remplie d'attentes de reconnaissance ou d'amour. Ces « autres » vont peut-être la féliciter, ou la remercier vivement. Sa croyance sera **confirmée** et **renforcée**. Tout ceci dans le plus grand **déni** de ses propres besoins, enfouis sous sa peur de n'être pas aimée. Prenons un autre exemple : Jeanne ne s'aime pas, elle croit (est persuadée) qu'elle ne pourra jamais plaire à un homme : « Je ne comprends pas qu'un homme s'intéresse à moi », dit-elle. Dans son dialogue interne, ses pensées, elle se convainc, grâce à de nombreuses situations vécues, que jamais elle ne rencontrera un homme qui aura envie de s'approcher d'elle. Ou, s'il le fait, « c'est juste pour coucher avec moi car les hommes ne veulent que du c... ». Elle en est triste, parfois même désespérée. Lorsqu'elle va en soirée, elle reste isolée et distante. C'est ainsi que, refusant toute rencontre, elle confirme et renforce sa croyance : elle ne plaira jamais à un homme « bien ».

Or, des croyances, nous en avons tous un très grand nombre, certaines d'ordre général, d'autres s'appliquant à différents domaines : croyances sur soi (les plus importantes), sur les autres (parents et famille, amis, environnement humain), sur la vie, sur l'amour – pour nous en tenir à celles qui concernent le thème de ce livre. Nos croyances constituent nos paysages intérieurs et, surtout, notre « squelette » psychique dans la mesure où elles conditionnent nos pensées, nos émotions et nos comportements, ainsi que nous venons de le voir. Ces certitudes s'installent pour une grande part dans l'enfance : nous « prenons » celles de nos parents, de notre milieu, de nos fréquentations (même déjà à la crèche), de nos lectures, des films, etc. Elles sont également conditionnées par l'interprétation que nous donnons aux expériences vécues. Ceci dès la naissance car, très tôt, nous éprouvons le besoin (même sans mots) de donner un sens à ce que nous vivons. Et, ce qui est tout aussi important, nous passons notre vie à nous « confirmer » leur véracité et à les renforcer : car il est impensable de remettre en question son « squelette » sans appréhension… J'ajoute que les croyances dont nous nous occupons dans ces pages sont des certitudes **limitantes**, c'est-à-dire qu'elles ne sont absolument pas **aidantes**, comme d'autres le sont, comme « J'ai de la valeur », « Je mérite d'être aimé », etc. Ce sont ces croyances tellement négatives, très limitantes sur soi, qui conditionnent la mauvaise estime de soi.

C'est pourquoi il est essentiel pour le thérapeute de relever régulièrement les croyances exprimées par le patient au fil de son discours : « Ainsi, vous croyez que les besoins des autres sont plus importants que les vôtres ? »… Plusieurs séances lui permettront de mieux connaître les certitudes – conscientes – qui l'ont amené à cette dépendance affective pathologique. Et de **vérifier** avec lui qu'il a bien compris, évidemment. Pour le patient, découvrir que certaines de ses croyances peuvent être remises en question est à la fois très pénible et difficile. D'autant plus que, nous l'avons vu, elles sont à la fois **à la source** des comportements des dépendants affectifs pathologiques et bien souvent le **résultat**, donc la confirmation, des interprétations des situations qu'ils ont vécues. Il s'agit donc, en quelque sorte, d'un véritable cercle vicieux sur lequel le thérapeute devra intervenir.

Reprenons des exemples de croyances sur soi décrites dans la première partie.

« Je n'ai pas le droit de m'affirmer tel que je suis, alors je suis sans cesse en suradaptation à l'autre pour être aimé », disait Lucien, qui ajoutait : « Je veux être admiré, donc je ne dois jamais décevoir. Si je suis spontané, on jugera mal ce que je fais ou dis, donc je me ferai remarquer et juger négativement ». « Je suis insatisfaite de moi en permanence », déplorait Inès. Tandis que d'autres pensaient : « Si je suis suffisamment généreux, utile, aidant, disponible, à l'écoute, je serai aimé », et « Seule la perfection m'apportera l'amour et la reconnaissance dont j'ai besoin pour vivre. » Et d'autres encore : « Je n'ai pas le droit de me plaindre : je ne mérite pas ce que j'ai à côté des autres qui ont eu moins de chance ! Je ne dois pas dire ce qui ne va pas. » Sans, bien sûr, négliger tous les commentaires absolument désastreux sur soi…

Pourquoi est-on dépendant ?
Parce qu'on le croit[1]

Si l'on croit que l'on a besoin de l'autre pour se sentir exister, si l'on croit que l'on est incapable de s'appuyer sur soi, que l'on n'est pas aimable, que l'on est faible et impuissant, que l'on n'est pas responsable de sa vie, que l'on ne possède aucun libre arbitre, que tous nos malheurs viennent des autres, alors, bien sûr, il faut « créer » un sauveur (une personne, une idéologie, une religion, une cause…) qui viendra nous prendre en charge et recouvrir de pétales de roses notre chemin de vie. Je tiens à préciser que toutes les personnes qui adhèrent à une idéologie, qui croient en Dieu, qui militent pour une cause ne sont pas forcément dépendantes affectives pathologiques : elles ne le sont que si elles attendent d'en être totalement comblées au point de s'oublier elles-mêmes et de renoncer à leur véritable identité.

Quand des croyances de ce type sont très solidement ancrées, il sera difficile d'accepter de les remettre en question pour la bonne raison que ces patients sont dépendants… de leurs croyances : ce sont leurs drogues, ils en ont besoin. Ainsi, si je crois en la puissance du pourvoyeur-sauveur que je me suis choisi, en sa compétence, je décide de le transformer réellement en Sauveur et je ne peux plus m'en passer. Si une personne vante les bienfaits de son addiction en disant : « Jouer me donne de l'espoir, me permet de rêver. Bien sûr je suis déçu quand

---

1. A. Memmi, *op. cit.*, p. 57.

je ne gagne pas, mais un jour, je gagnerai, alors je ne dois pas arrêter!..», «Si je suis parfait, je serai enfin aimé», «Si je ne bois pas tous les soirs, je dors mal, je suis trop agitée», «Passer tout mon temps libre à militer donne un sens à ma vie», «Si je suis un pratiquant fervent, Dieu m'aimera et m'aidera à vivre», etc., elle n'aura sûrement pas le désir de s'en séparer. Nous avons vu dans la première partie que l'addiction fonctionne comme une autothérapie : s'en défaire peut être effrayant. La croyance crée le besoin et s'appuie sur lui pour se confirmer, se renforcer.

Nous avons «entendu» aussi bon nombre de croyances sur soi et la relation amoureuse : «Qui, me connaissant, pourrait continuer à m'aimer puisque je ne vaux rien?», «Je dois rendre une femme heureuse, mais je ne peux pas être aimé tel que je suis, alors je suis trop gentil», «Seul l'autre peut me rendre heureux», «Je suis incapable de vivre seul», «Seule, je ne vaux rien», «Nous ne faisons qu'un», «Nous sommes semblables», «Si nous nous séparions, j'en mourrais», «Une séparation, c'est un anéantissement», «La vie n'a aucune valeur tant que l'on ne vit pas en couple», avec son corollaire : «Tant que je ne vis pas en couple, je n'ai aucune valeur», «Toi et moi, nous ne faisons qu'un», «Je me sens en symbiose totale avec elle», «Je sais ce que tu penses», «Tu ne peux rien me cacher, tu sais», «Je ressens exactement la même chose que toi», «Elle et moi, c'est pareil»… La coupe est pleine… de désamour de soi.

D'autres croyances aussi sur l'attitude à adopter quand on aime : «Je suis responsable du bonheur de l'autre»,

« L'autre doit être tout pour moi », « L'autre doit être mon seul souci », « Je dois être tout pour l'autre », « L'autre doit toujours être là pour moi », « Je dois être le seul souci de l'autre », « Tant que je fais le bonheur de l'autre, je suis heureux », sous-entendu (et inconsciemment le plus souvent) : « Tant qu'il aura besoin de moi, il m'appréciera », « Si je suis si inquiet, c'est parce que t'aime… », « L'autre est responsable de mon bonheur », « Quand on s'aime, on doit tout faire ensemble, tout se dire, ne rien se cacher », « L'autre est là pour me combler », « Je dois combler l'autre », « L'autre doit pouvoir compter sur moi à tout moment », « Je dois pouvoir compter sur l'autre à tout moment », « Je dois être la personne la plus importante pour l'autre », « Je ne comprends pas qu'elle puisse se trouver bien sans moi », « Je me mets à ta place », « Pour bien aimer, il faut s'oublier »… La coupe est pleine… du mal-amour de l'autre.

Ces trois types de croyances sont ceux qui ont le plus de pouvoir pour conditionner la vie des dépendants affectifs pathologiques. Il en existe d'autres, bien limitants, comme ceux concernant les liens familiaux : « Je n'ai pas le droit de décevoir mes parents qui se sont sacrifiés pour moi », « Je connais bien mon fils et je sais ce qui est bon pour lui. » Ou bien ceux qui dictent les comportements sociaux : « Je dois être le meilleur », « Plus on a d'argent, plus on est admiré », etc.

Nous retrouvons le même schéma de croyances dans la codépendance. Une personne qui vit avec un conjoint malade alcoolique ou toxicomane **croit** souvent qu'elle parviendra à arrêter ce comportement addictif par la force de son amour. Malheureusement, elle n'y parviendra pas dans la durée. Son besoin excessif d'être utile, son fantasme quant à sa capacité à soigner son époux, l'entraîneront vers une amère désillusion. Ils forment un couple de codépendants car l'on s'attire mutuellement sur des ressemblances, et si l'on manque d'estime de soi, on se rapprochera des personnes qui souffrent de cette même problématique…

Devenir lucide sur ses croyances, du moins celles qui sont devenues conscientes, est nécessaire, et admettre que l'on se comporte « comme si » elles étaient des vérités universelles est une étape très importante. Car, ce faisant, c'est déjà le processus même de leur fonctionnement qui est compris. Cette lucidité représente un retour à la réalité : les patients prennent conscience que, peut-être, leur vision, leur interprétation de la réalité n'est pas entièrement juste, ou plutôt qu'ils peuvent sortir de cet enfer autoentretenu par la puissance de croyances limitantes en les reconsidérant.

Une croyance importante sur soi s'installe souvent à la suite d'une expérience particulièrement forte, dont l'impact a été suffisamment puissant pour qu'une conclusion générale en soit tirée. Le travail du thérapeute consiste alors à proposer d'autres interprétations, d'autres conclusions : il suggère ainsi des recadrages au patient qui comprend qu'une même expérience peut être interprétée de plusieurs façons. Si un enfant se fait sévèrement punir par son père et en conclut qu'il est mauvais, l'adulte qu'il est devenu recevra du thérapeute la permission d'interpréter différemment cette situation : son père était énervé, était quelqu'un de colérique, etc. Sa déduction : « Je suis mauvais » s'en trouvera infléchie et peut-être modifiée.

Vous avez dit perfection ?

Qui dit perfection dit fin de l'évolution, du progrès
– mort. Le mot perfection vient du latin : *per-facere*. *Per*
signifie « jusqu'au bout » et *facere* « faire ». Autrement dit,
perfection veut dire « ce qui est fait jusqu'au bout ». Nulle
avancée n'est plus alors possible. Ce qui peut fâcher singulièrement les perfectionnistes et l'on en rencontre tellement
parmi les dépendants affectifs pathologiques. Ainsi, recherchant vainement la perfection, ils ne peuvent qu'être insatisfaits d'eux-mêmes, anxieux et coupables de ne pas faire
encore plus et encore mieux pour l'autre.
Le thérapeute peut expliquer au patient que la perfection
n'est qu'un mythe : il peut même le lui prouver très simplement en lui demandant de décrire une journée « parfaite »
selon lui. Cette description devra comporter un nombre
infini de minuscules détails, de critères, qui démontreront
cette perfection. Autrement dit, il s'agit d'une tâche totalement impossible à réaliser ! Il peut aussi lui demander, pour la
prochaine séance, de décrire par écrit ce qu'est la perfection.
Le « commentaire de texte » du thérapeute sera fait de contre-
exemples, de propositions venant de sa propre vision du
monde, selon d'autres critères. Tout ceci pour lui dire, tout
simplement, que la perfection est un concept, c'est-à-dire une
idée on ne peut plus abstraite et dont chaque individu possède
sa propre définition. S'il est utile et évolutif de vouloir s'améliorer ou d'améliorer ses compétences (se perfectionner), vouloir la perfection n'est qu'un leurre, un véritable poison.

Le thérapeute peut expliquer que, lorsque nous sommes enfants, même très petits, nous cherchons à comprendre ce qui se passe autour de nous, en nous. « Si mes parents sont en colère contre moi, c'est que je suis un méchant garçon », « Si mes parents se séparent, c'est qu'ils ne veulent plus de moi », etc. Mais l'enfant que nous étions n'était pas en mesure de tout comprendre et bon nombre de ses interprétations l'ont conduit à des conclusions qu'il risque de tenir pour « vraies » toute sa vie. Le thérapeute fera en sorte que son patient remette en question, à son rythme et sans le heurter, certaines de ses déductions. Si cela est possible, il peut inviter le patient à interroger ses parents sur différents points essentiels : le déroulement de la grossesse de sa mère, sa naissance, sa toute petite enfance, etc. Si c'est impossible, il pourra peut-être poser ces questions à d'autres membres de la famille. Sinon, il sera bien sûr plus difficile de retrouver, pour le comprendre, le vécu du nourrisson.

Lorsqu'un patient découvre ce fonctionnement des croyances, il en est immédiatement soulagé car il commence à entrevoir une possibilité de changement de point de vue sur lui-même, comme une respiration – enfin !

Il est tellement reposant de s'entendre dire, avec les précautions d'usage et en temps voulu, que ce que les « gens » pensent de nous, ce qu'ils ressentent pour nous, n'est pas nécessairement lié à ce que nous sommes ou à notre valeur en tant qu'êtres humains, pas plus qu'à notre réussite sociale. Je répète souvent, à qui veut bien l'entendre, que nous ne pouvons pas plaire à tout le monde – comme tout le monde ne nous plaît pas. Bien sûr, la deuxième partie de la phrase passe beaucoup plus facilement… Et il n'est pas toujours très facile d'admettre la réalité de la première proposition. Il est pourtant tellement rassurant d'entendre une **permission essentielle**, à savoir que l'on n'a pas à vivre **que** pour les autres : nous avons le droit, et même le devoir, de vivre **pour nous**, **avec** les autres. D'être égoïste, à savoir de prendre soin aussi de nous et non pas **que** de notre famille et/ou notre travail !

Toutes les croyances sont à l'origine des émotions : c'est pourquoi, après le travail sur les croyances, il est fondamental de retrouver celles qui leur sont associées.

Retrouver ses émotions

« Si quelque chose a pu être vécu sans être éprouvé, c'est parce que la personnalité s'est coupée en deux pour éviter d'être totalement détruite par le choc, et il faut favoriser le rapprochement de ces deux morceaux[1]. » Les deux « morceaux » étant l'expérience vécue et l'émotion (ou les émotions) qui lui est liée. Quand celles-ci ont été trop longtemps refoulées, quand l'enfant, puis l'adolescent, ont perfectionné l'art de ne plus rien ressentir, toute la vie émotionnelle est devenue singulièrement étrangère à l'adulte devenu. La thérapie va permettre au patient d'opérer cette rencontre, cette réunion. Ce seront des passages pénibles parfois, qui demandent de prendre son temps, qui autorisent (enfin) les larmes, les cris de colère, les recroqueville-

---

1. S. Ferenczi, *Psychanalyse, Œuvres complètes*, tome IV, Payot, 1982.

ments de peur, car les dépendants affectifs pathologiques, vous le savez maintenant, ont trop souvent et depuis fort longtemps, dû verrouiller leur vie émotionnelle pour n'en pas souffrir – consciemment du moins. Cette catharsis agit comme une véritable libération, les larmes affleurent si vite ! Dans la gêne, au début, car il faut bien donner de soi une bonne image, car il faut bien rester digne ! Puis cette gêne laisse la place aux pleurs qui autorisent ce processus de libé-ration. Permettant au patient de se retrouver tel qu'il était avant d'endosser son costume, d'installer son masque et d'écrire des scénarios illusoires.

Ils pleurent enfin, ces patients. Ils pleurent lorsqu'ils prennent conscience que, par leur histoire, ils ont dû – très précocement – apprendre à s'occuper d'eux seuls : vivaient en eux l'enfant désespéré et l'enfant thérapeute de ce der-nier. L'autocompassion qu'ils ressentent alors à l'égard de ce tout-petit qui, dans sa solitude extrême, a trouvé en lui le courage et la puissance intérieure pour se permettre de sur-vivre au(x) traumatisme(s), est très touchante. Ce faisant, ils peuvent enfin s'autoriser à retrouver les émotions si profon-dément enfouies. Ils pleurent et, au détour d'une larme de rage, découvrent leur colère, leur haine parfois, leur jalou-sie, leurs sentiments d'envie… Peu leur importe désormais : ils s'expriment enfin ! Certains osent crier, insulter, criti-quer : ils ont accédé à leur intimité émotionnelle. L'attitude du thérapeute les a aidés : il ne juge pas, il entend, refor-mule. Il est là, dans une présence active pour entendre les peurs – abyssales –, les culpabilités, les hontes : les unes entraînant les autres. La dépression, la tristesse, le désamour de soi commencent à se désagréger. Le mépris de soi est

227

questionné d'une nouvelle façon. Le patient s'étonne lui-même : il ressentait réellement tout cela ? Il ne le savait pas ? Il a le droit de l'exprimer ? Même l'agressivité, pourtant enterrée si loin de sa conscience... Cette agressivité qui, « de toutes les tendances humaines, (est) celle qui se trouve le plus souvent cachée, déguisée, déviée, attribuée à des instances extérieures[1] ». Cette agressivité qui est à l'origine de la créativité de l'enfant... Même la haine ? Même vis-à-vis d'une mère ? D'un père ? Même s'ils ne sont plus de ce monde ? Oui, bien sûr. Nos sociétés occidentales (et sans doute d'autres) condamnent sévèrement la critique des personnes décédées : la mort conférerait-elle une sorte de sainteté ? Faudrait-il, parce que des parents ou des proches ont quitté cette vie terrestre, devenir amnésique à leur sujet ? Pour quelles « bonnes » raisons ? Alors oui, même la haine, car toutes nos émotions sont porteuses de messages : elles nous parlent de nous, de ce que nous avons ressenti, de ce que nous éprouvons. Dans chaque larme, un mot ; dans chaque cri, une blessure ; dans chaque cœur qui bat trop vite, une peur.

Le patient apprend que le mythe *new age* d'un amour universel n'est... qu'un mythe justement. Il découvre que sa haine lui parle de lui, de son histoire passée, de son présent ; qu'elle lui parle de ses blessures, de ses souffrances. Pleurer, enrager : voilà que s'ouvre le champ des possibles. Désormais, il serait bien inutile de rester aveugle à la réalité : les émotions, si elles sont avant tout inscrites dans notre corps,

---

1. D.W. Winnicott, *Agressivité, culpabilité et réparation*, Petite Bibliothèque Payot, 2004, p. 14.

sont également partie prenante dans nos processus de pensée. Nous ne sommes pas coupés en deux et ce que nous ressentons influence grandement ce que nous pensons, choisissons, décidons. Ce que notre corps savait, il peut enfin le révéler puisque la porte de la vie émotionnelle s'est ouverte. Tout ce qui avait été dissimulé par le brouillard réapparaît : c'est le retour du refoulé. Le patient découvre que pouvoir exprimer ses mouvements émotionnels, c'est aussi être capable de nouer des liens sur un mode authentique. L'on sait tellement mieux regarder les autres lorsque disparaissent les brumes générées par la peur et les illusions ! Et s'il est bien une réalité, une seule réalité chez un être humain, ce sont ses émotions. Une émotion n'est jamais fausse, tandis que les souvenirs des événements eux-mêmes, ou les idées, les pensées… Ce sont les retrouvailles avec ses émotions qui vont guider le patient vers les nourritures émotionnelles, vers ses véritables besoins, les siens.

Quant aux émotions prescrites par les parents, les éducateurs, celles que l'on se doit d'éprouver en lieu et place des sentiments authentiques, elles finissent par rendre malade – malade de ne pas avoir le droit d'être soi-même. Malade de se forcer à sourire lorsqu'on est triste, de s'obliger à se taire en se mordant l'intérieur des joues pour ne pas montrer sa colère, rire ou ironiser sur ce qui fait mal… C'est ce qu'apprennent les patients en thérapie. Ils comprennent aussi que leur santé (physique et psychique) a énormément souffert de leur long silence sur les émotions si pénibles à vivre, quand elles n'avaient pas acquis leur titre de séjour : reconduites à la frontière du non-dit, elles sont douloureuses à révéler car elles gênent, elles dérangent… Ils se montrent parfois choqués d'avoir dû se contraindre à devenir des robots! Comme si un enfant qui s'est figé, durci comme de la pierre était une preuve de la réussite de son éducation! Cette forme d'«anesthésie affective[1]», ce rempart épais construit autour de la vie émotionnelle avait pour mission de protéger l'enfant de sa trop grande souffrance. Alors qu'elle est fort préjudiciable à toute vie relationnelle.

Nous vivons dans une société qui donne priorité au paraître et à l'avoir, qui n'encourage en rien la réflexion sur soi – sans même parler d'introspection ! –, et décider de faire une psychothérapie dénote du courage, motivé par le désir de retrouver les émotions et les sentiments refoulés dans l'inconscient. Car ils ne sont que refoulés : ils n'ont pas disparu. Le travail thérapeutique consiste justement à les mettre au grand jour pour sortir du *faux self* dont la protection n'a plus lieu d'être. S'il fut souvent l'ultime recours pour l'enfant blessé, il n'est plus utile pour l'adulte : tout au contraire, car il lui faut retrouver son véritable *self*, sa véritable identité avec ses désirs authentiques. C'est ce que lui permet la catharsis émotionnelle, l'expression des émotions revenues. D'autant plus que, durant toute son enfance, l'être humain est une véritable «éponge» face aux émotions de ses parents et de son entourage proche. Alors non seulement il s'en croit responsable – et se culpabilise lorsqu'elles sont douloureuses –, mais, par mimétisme émotionnel, il arrive fréquemment qu'il s'approprie (inconsciemment) l'angoisse, ou la tristesse, ou la culpabilité ou encore la

---

1. S. Tisseron, *op. cit.*, p. 31.

honte, l'absence d'estime de soi de ses parents (ou de l'un de ses parents) en dépression.

Il sera souvent extrêmement pénible pour les patients de se confronter avec l'imperfection de ses parents (ou d'un parent) : il faudra alors combattre l'inévitable culpabilité – vis-à-vis de ces parents (qui, dans l'enfance, furent leurs dieux !) – et vis-à-vis d'eux-mêmes, d'avoir été si naïfs (mais un enfant, spontanément, fait confiance à ses parents). Il faudra aussi « trier » les émotions qui ont été prescrites, « trier » celles qui ne leur appartiennent pas : cette étape, fondamentale au cours de la thérapie, les mène sur le chemin de l'authenticité – une forme de liberté qu'ils ignoraient.

Enfin, la prise de conscience des attentes illusoires offre aussi la possibilité de devenir plus lucide sur soi-même.

Comprendre ses comportements

La psychothérapie va permettre aux dépendants affectifs pathologiques de comprendre non seulement leurs comportements, mais aussi l'impact de ces derniers dans leur vie relationnelle. Cette connaissance lucide de leurs motivations et de leurs façons d'agir les incitera à sortir de leur rôle et, pour certains, de leur *faux self*. Le thérapeute va aussi leur expliquer que, dès leur plus jeune âge, ils ont acquis leur « tendance à entourer maternellement les autres[1] ». J'ai déjà évoqué ces enfants « parentifiés », adultifiés par leurs parents

---

1. S. Ferenczi, *Sur les addictions, op. cit.*, p. 19.

et qui, très tôt, en deviennent les thérapeutes, tout comme ils se montrent à la fois compréhensifs et remplis de sollicitude avec les autres adultes en général. C'est ainsi, ayant trop vite grandi, qu'ils en viennent à devenir le « soignant » de leurs parents, car « un enfant traumatisé et hypermature doit endosser de manière prématurée la responsabilité des adultes immatures, défaillants ou agresseurs [1] ». De nombreux psychiatres et psychologues de l'enfance ont décrit cet élan spontané de sollicitude et de compréhension chez ces enfants – élan tout aussi spontané que l'on retrouve chez les patients dépendants affectifs pathologiques.

Apprendre à mieux se connaître

Faire connaissance avec le vrai soi (sortir du *faux self* et des rôles) est le seul antidote à l'oubli et au désamour de soi. Découvrir ses croyances, retrouver sa vie émotionnelle authentique et comprendre ses comportements pour s'engager sur le chemin menant vers une meilleure connaissance de soi. Se connaître mieux, se reconnaître. Pouvoir, au détour du sentier, se poser deux questions essentielles : « Qui suis-je ? », « Qu'est-ce qui est important pour moi, dans ma vie ? », et « Qu'est-ce que je veux ? », et commencer à trouver quelques ébauches de réponses. Pouvoir, aussi, énoncer plus clairement ce que l'on ne veut plus, ce qui fait trop mal. Apprendre que ce sont nos croyances qui, muettes et pour-

---

1. *Ibid.*, p. 20.

tant toutes-puissantes, génèrent nos émotions et guident nos comportements.

Découvrir ces éléments du fonctionnement du psychisme de l'être humain éclaire les patients dépendants affectifs pathologiques sur la réelle possibilité qui leur est offerte de mettre fin à des comportements automatiques et de s'ouvrir à d'autres choix : il est possible de modifier des croyances, et donc de « penser autrement » pour ressentir d'autres émotions et agir différemment. La boucle infernale peut être transformée en cercle humainement plus vivable. Car ce fonctionnement des croyances est applicable quelles que soient les certitudes. Il se déroule de la même façon pour confirmer et renforcer des croyances aidantes : « Je suis quelqu'un de bien », « J'ai le droit de me respecter », etc.

Mieux se connaître, c'est choisir d'arrêter de se mentir pour devenir capable de définir clairement sa problématique. Le fait même de décider de se faire aider démontre une vraie volonté de se confronter à ses difficultés, d'arrêter de tenter de se persuader que « finalement, rien n'est grave, et puis pourquoi, après tout, chercher à être plus heureux ? Je n'ai qu'à me résigner… » Lorsque les patients découvrent qu'ils se conduisent selon certaines idées et n'obtiennent pas ce qu'ils désirent, ils sont désormais en mesure de s'interroger sur la véracité et l'efficacité de ces idées. Cette confrontation va leur permettre de nombreuses remises en question : ils acceptent de reconnaître qu'ils ont pu se tromper, qu'ils ignoraient même à quel point ils s'étaient éloignés d'eux, persuadés à la fois d'avoir raison et d'être impuissants pour ne serait-ce qu'envisager une vie meilleure. Découvrir les véritables motivations de leurs comportements permet aux patients de quitter la position de victime en récupérant, progressivement, leur puissance personnelle et leur libre arbitre. Le changement, alors, apparaît possible.

Au cours de la thérapie, les patients prennent donc conscience de la motivation principale qui est à l'origine de leurs comportements : leur recherche effrénée d'amour. Une quête qui génère une exigence de perfectionnisme très culpabilisante puisque illusoire, une suradaptation extrêmement contraignante aux désirs d'autrui, des agissements souvent manipulatoires pour parvenir à leurs fins. Ces réalités, aussi pénibles soient-elles, représentent un passage nécessaire. « Si tant est qu'il existe un chemin vers le meilleur, il faut, pour le trouver, bien regarder le pire », écrivait Thomas Hardy. C'est en comprenant à quel point les jeux psychologiques, et particulièrement les rôles de Sauveur, de Victime et de Persécuteur, sont vains et dommageables pour leur équilibre psychoaffectif qu'ils peuvent décider, progressivement, de les abandonner. C'est pourquoi il est essentiel pour ces patients de se réhabiliter à leurs propres yeux pour les comportements qu'ils ont eus jusqu'alors. Comment, en effet, accepter, sans ressentir un grand désespoir, l'idée que l'on attend « tout » des autres, que la compulsion à aider, à se rendre indispensable serait la seule voie possible pour se sentir exister, pour se réaliser pleinement, pour avoir une raison de vivre ? Comment concevoir sans une infinie tristesse l'idée de s'abandonner soi-même, de se détourner de soi pour s'approprier la vie de l'autre : ses besoins et ses aspirations ? Comment ne pas être bouleversé en constatant que l'on a dû creuser un grand vide à l'intérieur de soi pour permettre à autrui – à son insu – de s'y lover ?

Florence : « *Tout est possible et rien n'arrive… Dehors, par-delà les toits, j'entends vibrer le cri des hirondelles. Mais je suis dans un tel désarroi qu'elles n'arrivent pas à m'enchanter. Parfois je ne m'explique pas ma théorie de l'échec, cet entre-deux qui ne rime à rien. C'est étrange de vouloir des autres ce qu'ils ne peuvent pas donner. C'est étrange aussi de rester là, à attendre, encore et encore, sans savoir quoi faire. Et le soir de se coucher en se disant que vraiment demain, il serait bon de passer à autre chose. D'oublier. Et recommencer, le soir en rentrant chez soi, seule, au calme, en commençant ses vacances qui riment avec errance, oui, recommencer à se dire que, vraiment, ce doit être fini…*

Mais pourquoi s'infliger un tel châtiment, de telles punitions ? Pourquoi toujours être la seconde ? Que la seconde ? Pourquoi n'être que la fille qu'on met dans son lit et pas dans sa vie ? Un peu/beaucoup marre des situations foireuses. À quoi servent-elles ? Ne serais-je capable que de cela ? Je patine, je n'avance pas. Alors que je n'attends que cela. Quelqu'un que j'aime et qui m'aime…

Je sais que certains de mes comportements, certaines de mes peurs, viennent de la non-conciliation entre rêve et réalité. Déjà quelques jours avant notre dernière séance, j'avais bien compris que mon non-engagement vient de là. Mais moi j'aime mon inconséquence. Comment, sans ne plus se comporter comme un papillon, porté au fil du vent, rester ce papillon ? Sans être toujours collé derrière une vitre, les ailes déployées ? Au-delà de tout, malgré les obligations auxquelles on ne peut déroger, c'est perdre (l'illusion de) ma liberté qui me fait peur. L'idée de partir quand je veux, sans attaches, me réjouit, me porte, me libère. Je tente de réconcilier le tout… Ce sentiment permanent d'insécurité et mes obligations d'adulte. »

Le thérapeute va expliquer qu'un comportement a toujours une raison d'être : nous ne faisons jamais rien « pour rien », c'est ce que l'on appelle la « fonction positive » ou le « bénéfice » de tous nos actes. Mais force est de constater que cette fonction positive, que ce bénéfice n'en sont pas vraiment quand les attentes sont vaines et que les comportements entraînent des résultats constamment décevants. « L'insoutenable nécessité de plaire [1] » est le premier élément remis en question : le patient a pu identifier les conséquences de son besoin toujours inassouvi d'être rassuré sur sa capacité à être aimé tout en craignant, une fois la relation installée – d'amitié ou d'amour –, l'inévitable rupture. Qui, en effet, pourrait suffisamment l'aimer tel qu'il est : indigne d'amour ? Et par quel miracle serait-il possible de « tenir » dans la durée en jouant un rôle, en dissimulant ses propres pensées, ses véritables émotions, en ayant peur de la sincérité ? Aucun être humain n'est capable de ce tour de force qui consiste à se montrer sous les traits de quelqu'un d'autre ; en tout cas pas très longtemps. La peur panique d'être découvert provoque l'erreur, puis les erreurs, jusqu'au dévoilement. À moins que la rupture ne permette pas d'en arriver à ce point de non-retour… Le thérapeute explique aussi que l'on ne peut pas être profondément aimé sur ses seules actions. L'amour se porte sur l'ÊTRE et non sur le

---

1. C. André et F. Lelord, *op. cit.*, p. 110.

FAIRE, qui ne vient qu'après. Les mensonges (dits ou par omission) ne peuvent pas protéger éternellement.

Construire de bonnes relations avec soi

Tout au long de leur enfance et de leur adolescence, puis dans leur vie d'adultes, les patients dépendants affectifs pathologiques ont installé, en raison de leur histoire de vie, des certitudes sur eux-mêmes et les autres qui les ont menés dans une insécurité permanente quant à leurs capacités à être aimés. Au cours de leur thérapie, ils apprennent qu'ils n'ont eu de cesse de confirmer et renforcer ces certitudes très limitantes, très négatives (en particulier sur eux). Jamais remises en question, elles ont jalonné leur vie d'échecs, de culpabilités, de terreur de se retrouver seuls. C'est pourquoi il leur a fallu accepter de sortir du déni et d'être confrontés à leur réalité. Pour y parvenir, ils font preuve non seulement d'un immense courage, mais aussi d'une grande capacité à se révolter. Il a bien fallu en effet qu'un beau jour ils se rebellent, osant affronter leur passé et les personnes qui l'ont peuplé (leurs parents en premier lieu). Oser se questionner à leur sujet, oser transgresser l'omerta, cette nocive loi du silence. Oser regarder toutes ces années de souffrances comme des formes d'injustice et décider de se transformer en justiciers pour les réparer, pour que les cicatrices se referment.

Réparer son enfance

Pour obtenir des cicatrices de bonne qualité, tous les chirurgiens et panseurs vous expliqueront qu'il faut auparavant bien nettoyer et refermer à l'intérieur, à chaque niveau – du plus profond au plus superficiel – et, évidemment, ne rien oublier ! Les cicatrices psychiques sont de même nature : il convient de réparer l'enfance afin qu'elles deviennent de fines traces blanches bien régulières que l'on ne viendra plus gratter et rouvrir. C'est pourquoi j'ai évoqué plutôt la très nécessaire réhabilitation du patient par lui-même, réhabilitation qui prendra en compte ce qui n'était pas de sa propre responsabilité : le plus important étant le regard qu'il porte sur ce qu'il a vécu plutôt que les événements eux-mêmes.

Réparer son enfance consiste donc, en tout premier lieu, à retrouver l'enfant en soi, cet enfant qui a tellement souffert qu'il a enfoui profondément et refoulé ses souffrances. Ces retrouvailles vont lui permettre de prendre conscience de tout ce que le corps a enregistré, intégré depuis l'époque la plus archaïque de son histoire. Réparer l'enfance, c'est panser ses blessures.

Cynthia, 26 ans, a, comme tant de jeunes femmes, souffert d'attitudes très malsaines de la part de sa mère. Alors qu'elle n'avait que 10 ans, celle-ci a commencé à lui présenter ses nombreux amants, à lui raconter toutes ses rencontres avec des hommes, ce qu'ils faisaient ensemble...

Les patients dépendants affectifs pathologiques ont à franchir la porte étroite qui va leur permettre d'entrer en rébellion pour admettre, reconnaître ce qu'ils ont subi, sans éprouver de culpabilité. Ce qui n'est pas simple. Qu'il s'agisse de se rebeller contre des valeurs et des pratiques issues de méthodes éducatives hautement condamnables, ou de soi-disant vertus inadaptées car trop intégristes, ou encore contre des incompétences, des négligences ou, pire, des maltraitances psychiques. La révolte est nécessaire, tout comme elle l'a toujours été pour faire progresser l'humanité. Elle offre la distance utile pour observer les faits. Pour se rebeller, les patients doivent avant tout intégrer l'idée que leur « mission sur terre » n'était pas de contenter constamment leurs parents et admettre qu'ils peuvent devenir autonomes car leur bonheur ne dépend pas de leur soumission. Cet apprentissage et cette nouvelle clairvoyance excluent, j'insiste, la culpabilité : il ne s'agit que de remettre les responsabilités à leur juste place et de donner aux enfants intérieurs la permission de grandir, afin de pouvoir voler de leurs propres ailes. Les patients s'étonnent : « Ce n'était donc pas moi qui étais responsable de la dépression de ma mère ? De la fureur de mon père ? », « J'ai le droit de penser autrement ? »… Et ces étonnements opèrent très vite un rapprochement avec eux-mêmes : « Je ne suis pas si mauvais que ça », « D'autres parents, sans doute, auraient pu m'aimer… »

Peter Pan
ou l'enfant qui ne voulait pas grandir

Parce qu'il n'en a pas reçu la permission, Peter Pan refuse de grandir. Dépendant affectif pathologique, « la quête de l'acceptation par autrui devient son seul moyen de s'accepter lui-même. Il prend l'amour comme chose due... Il prétend être un adulte mais agit en fait comme un enfant gâté[1]. »

L'image que les hommes souffrant du syndrome de Peter Pan donne aux autres est bien plaisante : joyeux, enthousiastes, toujours remplis d'énergie et prêts à tout faire, à tout découvrir, pétulants, insatiables dans la recherche du plaisir, insouciants, sûrs d'eux-mêmes – et beaucoup de femmes se plaisent en leur compagnie. Jusqu'à ce que, le temps passant, ils se dévoilent car ils finissent par s'effondrer. Leur apparente confiance en eux s'avère être un complexe d'infériorité surcompensé et leur amour du risque un comportement contraphobique, tant ils vivent dans la peur. Leur façon ferme de s'affirmer, plutôt « virile », masque leur colère et leur estime de soi, un leurre, dissimule un fort sentiment d'impuissance à mener une vie adulte. S'ils se croient tout permis, c'est pour dissimuler leur dépression.

Leur enfance, en apparence tout à fait agréable, les a rapidement plongés dans l'angoisse, la peur de la solitude, la misogynie (qui se traduira plus tard par un machisme guère supportable). Leurs relations avec leur mère étaient chargées d'ambivalence, de confusion des sentiments qui

---

1. D. Kiley, *Le Syndrome de Peter Pan. Ces hommes qui ont refusé de grandir*, Odile Jacob Poche, 2000, p. 12.

240

oscillaient entre l'agressivité et la culpabilité. Ce qui n'est pas étonnant, dans la mesure où les hommes séducteurs sont dans la quête constante d'une « bonne » mère. Ils ne semblaient pas concernés par l'autorité paternelle et les règles à respecter. Au fil des années, l'immaturité de leurs parents, trop laxistes et trop « absents », qui compensaient souvent leur manque d'attention par de l'argent, leur a fait éprouver un fort sentiment de solitude. Enfants livrés à eux-mêmes, ils ont consacré leur enfance à la recherche perpétuelle du plaisir auquel ils sont persuadés d'avoir droit, quel qu'il soit. Comportement qu'ils perpétuent devenus adultes.

Pourtant, un jour, le carrosse s'est transformé en citrouille : le « Pays de Jamais Jamais [1] » s'est effacé devant une réalité beaucoup moins plaisante. Un père qui n'a pas pu être un modèle pour son fils, une mère peu affectueuse : le jeune Peter Pan n'a pas eu d'autre choix que de compenser le manque d'amour par une constante quête d'admiration et de reconnaissance.

Si les hommes souffrant du syndrome de Peter Pan représentent la jeunesse éternelle – c'est ce qu'ils désirent, d'autant plus qu'ils sont très narcissiques –, ils craignent surtout, le temps passant, de sortir du rêve, de se confronter avec la réalité. Ce qui explique que certains la fuient dans la toxicomanie. Au fond d'eux-mêmes s'installe la tristesse, même s'ils continuent à rechercher le plaisir, même s'ils peuvent s'attacher à des femmes qui prennent soin d'eux. Ne pouvant plus tromper leur monde, ils commencent à agir « de manière purement infantile », confuse, peu rationnelle. Toujours dans l'espoir de rester jeunes.

---

1. Neverland.

Ce syndrome décrit des hommes très dépendants affectivement : ils n'ont pas accès à leurs véritables émotions, ils se montrent perfectionnistes, veulent encore et toujours plaire, adoptant un comportement de séducteur et de manipulateur. Ils refusent de quitter leurs illusions et, vers la cinquantaine, ils ne peuvent plus masquer leur dépression.

Certes, il n'est jamais aisé de se confronter aux défaillances parentales, même minimes. Comme il n'est jamais simple d'assumer les siennes, car d'autres personnes, élevées avec les mêmes parents, ne seraient peut-être pas devenues aussi dépendantes affectivement, avec une telle intensité. Mais c'est ainsi. Chaque pas est important : là, il est question de réparer le passé – et non ce qui en a été fait –, de laisser enfin l'enfant s'exprimer complètement et lui permettre de prendre de la distance avec ses parents. Pour y parvenir, les patients s'appuient sur la relation thérapeutique afin d'affronter ce qui hantait leur enfance avec l'interdiction de le reconnaître. Aujourd'hui, ils se révèlent à eux-mêmes les peurs et les injustices, les colères et les désespoirs. Ils découvrent, parfois effarés, qu'un grand nombre de blessures psychoaffectives auraient pu être évitées si leurs parents avaient un tant soit peu remis en question leurs méthodes éducatives appliquées en toutes bonnes intentions (celles qui pavent la route qui mène à l'enfer…) par des adultes trop sûrs d'eux, peu curieux et amnésiques sur leur propre enfance. L'on peut d'ailleurs se poser la question pertinente de savoir pourquoi il n'est écrit nulle part : « Tes enfants tu respecteras »…

Souvenons-nous que les patients ont été adultifiés en devenant à la fois leur propre parent et celui de l'un de leurs parents – quand ce n'est pas de la fratrie tout entière, comme de vaillants petits adultes de quelques années... Mais des petits adultes qui manquent cruellement des compétences propres, justement, aux seuls vrais adultes : ils n'ont pas toujours su comment «bien» remplir ce rôle et s'en culpabilisaient. Leurs parents ont volé leur enfance et son lot d'innocence, de légèreté, de rêve... Grâce à la thérapie (et à la lucidité acquise), ils sont capables de réhabiliter cet enfant qu'ils étaient, de lui offrir une enfance. Pour leur plus grand soulagement. Ils ont suffisamment payé à la place de leurs parents inaptes à la parentalité, incompétents dans leur fonction. Ils peuvent alors leur restituer leurs responsabilités. Parfois, ils sont un peu effrayés de ce retournement de situation, ils cherchent à les excuser – ce qui sera possible, s'ils le désirent, une fois la thérapie terminée. C'est pourquoi il m'arrive régulièrement de leur proposer d'imaginer qu'ils assistent à leur procès au cours duquel ils joueront le rôle... de leur propre avocat. Ils rédigent leur plaidoirie avec pour toile de fond l'idée qu'ils sont accusés de tout... et responsables de rien. Les enfants ne sont pas coupables. Justice sera faite. Le désamour de soi commence à se dissiper. L'enfant n'a plus à subir, ni à se taire. Les cicatrices, peu à peu, se referment sur des tissus «sains».

Lorsque les patients, grâce à leur juste rébellion, se libèrent de la tutelle parentale inappropriée, ils découvrent parfois qu'ils ont en quelque sorte pris le relais de ces parents néfastes à leur épanouissement. Ils ont tellement intégrés leurs principes que leur surmoi, cette instance parentale introjectée, intériorisée, perpétue les principes et valeurs dont ils désiraient se dégager. Un « juge » intérieur les condamne, comme l'œil de la conscience qui regardait Caïn. Il est important que le thérapeute les aide à comprendre ce processus pour s'en dégager. J'imagine que bien des lecteurs pensent, parfois à juste titre, que les parents ne sont « quand même pas coupables de tout, qu'il est injuste de les stigmatiser ainsi ». Je leurs réponds que cette réparation de l'enfance (et des relations avec les parents en particulier) ne peut se faire qu'à travers le regard de l'enfant blessé : c'est à lui que le thérapeute donne la parole afin qu'il « renonce à un attachement destructeur ». Il est déjà tellement pénible de regarder, pour la première fois le plus souvent, toutes ces années douloureuses sans en avoir honte, en acceptant la vulnérabilité, la fragilité que génère ce regard ! Il est déjà tellement pénible de bousculer, par ces prises de conscience, les sentiments éprouvés vis-à-vis de ses parents ! Combien d'enfants se taisent, par amour pour leurs parents, même lorsque les faits sont incontestables ? Combien d'enfants préfèrent porter sur eux le poids des incompétences de leurs parents ? Combien d'adultes refusent encore et toujours la lucidité sur leurs parents, les êtres qu'ils idolâtrent ?

Un véritable travail de deuil s'impose : celui, tout d'abord, de l'illusion des parents parfaits. Le père idéal n'existe pas, la mère idéale non plus. L'être humain est faillible et, très vite, les parents tombent de leur piédestal : ils désertent l'Olympe… J'ai déjà abordé le thème de l'illusoire perfection : il est temps désormais de faire le deuil de celle de ses parents. S'il est désolant d'accepter que les meilleurs parents seront toujours imparfaits – mais cela s'appelle tout simplement grandir –, il est extrêmement soulageant et apaisant d'intégrer cette banale réalité.

Florence : « Cher papa, longtemps, je t'ai attendu. Longtemps. Peut-être même encore aujourd'hui. Longtemps, j'ai espéré que tu m'attendrais, là dehors, et que je passerais avant tout le reste. C'est peut-être arrivé. Mais si peu souvent que je n'en garde aucun souvenir. Non, les souvenirs que j'ai sont ces moments où, à la sortie de l'école, une fois mes amis partis, à partir de 11 h 30, je t'attendais. Je commençais à compter les voitures blanches, comme la tienne. Et j'attendais. Patiente et docile. Résignée.

Aujourd'hui, je partirais, en colère et triste, mais je partirais. Ne laissant à personne le soin de m'écorcher. Mais à cet âge-là, à ce moment-là de la vie, et jusqu'à il y a peu, j'aurais attendu. Un geste, un mot. Une attention. L'impression d'être un chien attendant une caresse qui ne vient pas. Chien fidèle. Longtemps, j'aurais été une petite fille patiente et déçue. Chaque jour.

Ensuite, j'ai attendu d'autres hommes. Plus tard. Sans imaginer jamais pouvoir être celle qu'on viendrait chercher parce qu'on en a envie, parce qu'on l'aime. Non. Je retrouvais ma place à l'arrière, en attendant un « je ne sais quoi » qui ne venait pas. Oui, je dois comprendre, et accepter qu'il est bien trop tard pour te rattraper, et pour te voir enfin arriver à l'heure. Aimant et souriant. Comme le père que j'aurais aimé avoir. Tu n'es pas celui-là. Tu ne le seras pas. À moi de vivre sans cette épine. À moi de vivre sans ce père fantasmé. À moi de vivre. À moi de m'imaginer libérée de ces attentes jamais assouvies.

245

Je n'arrive pas encore vraiment à faire grandir la petite fille qui t'attendait devant l'école primaire. Elle a du mal à renoncer, alors je le fais pour elle. Mais avant, je lui demande de ne plus t'attendre. Parce qu'ainsi, je vais pouvoir avancer vers de meilleures choses, moins douloureuses. Changer le rapport à l'autre. Arrêter d'être derrière l'autre, la seconde. Dans l'arrière-boutique. Attendante. Soumise aux choses, aux désirs et aux faits. »

Réparer les dommages psychoaffectifs liés aux parents ne concerne pas que le passé. Certains patients, devenus adultes, sont encore ligotés par la trop grande influence de leurs parents qui, décidément, veulent à tout prix conserver le contrôle sur leurs enfants comme si, toute leur vie durant, ils leur appartenaient ! Comme si leurs «toujours-petits-jamais-grandis» n'étaient pas capables de s'assumer ! Car il faut les conserver sous cloche, la cloche du désir absolu de maintenir leur pouvoir sur eux. Leurs arguments sont nombreux pour préserver ce pouvoir sur leur progéniture : l'inquiétude (réelle ou non) qui autoriserait à elle seule ce contrôle ; le chantage affectif et la culpabilité qui brisent les efforts d'autonomisation ; l'argent (moyen largement utilisé pour dominer) ; la mauvaise foi qui laisse pantelant ; l'appel à la loyauté aussi, qui peut aller jusqu'à condamner des choix de partenaires, de profession, de lieu de résidence ! Et, outre toutes ces formes de manipulation, l'amour ! L'amour au nom duquel, selon certains parents, tout est permis, même un comportement dominateur et/ou destructeur. Même la critique, les jugements négatifs, les «ordres» ou les incitations très «appuyées» à suivre leurs conseils. Distiller habilement le doute sur soi, sur ses facultés, est une façon efficace de créer le besoin. Proposer de « faire à la place » est un bon moyen pour garder ses enfants sous contrôle : « Je vais faire ça, tu es fatiguée, repose-toi ». L'amour, qui emmaillote des désirs de mainmise totalitaire sur ses enfants adultes. Je pense à ces parents (père ou mère) qui disent à leur enfant qui n'en est plus un : « Je te connais mieux que toi, je sais ce qui est bon pour toi ». Je pense aussi à toutes ces « filles de compagnie[1] » (adultes et célibataires) interdites d'aimer ailleurs par des mères égocentriques et possessives. Toutes ces manifestations de pseudo amour sont tellement éloignées de l'amour véritable !

L'épouse d'un de mes patients consacre plusieurs heures par semaine à faire le ménage chez son fils de 32 ans ; elle s'occupe également de son linge… Si ce fils était en thérapie, il déciderait de mettre fin à cette situation qui permet à sa mère de contrôler son « petit ». Il lui dirait clairement qu'il est tout à fait capable de s'occuper de lui et de son intendance. Sans doute lui ferait-il de la peine, mais ce n'est pas une bonne raison pour accepter de perpétuer ce comportement. C'est de sa propre vie qu'il s'agit : si sa mère a des problèmes de dépendance affective, le territoire du problème est chez elle. Cette attitude serait un exemple de révolte contre une mère abusive. Tant de mères justifient leur désir de contrôle sur leurs enfants avec ces simples mots : « Je ne vis que pour ton bonheur ; tout ce que je fais, je le fais pour

---

1. Voir Sylvie Tenebaum, *Cherche désespérément l'homme de ma vie,* *op. cit.*

toi. » Seule la révolte des enfants grandis pourra venir à bout de ces pratiques. Une mère n'a pas à vivre QUE pour ses enfants : elle est aussi une femme, une amie, peut-être une épouse, elle a une vie professionnelle, des activités, des aspirations, des projets, une vie, etc.

Et comme il est difficile, au cours de la thérapie, de se dégager de cette tutelle si bien intentionnée, de cette tutelle qui maintient la croyance en sa propre impuissance. Pourtant, lorsque la révolte est en marche, les patients dépendants affectifs pathologiques y parviennent.

Assumer sa vie émotionnelle

Les patients ont aussi à réapprendre que la vie émotionnelle représente une composante essentielle de l'être humain. Je dis réapprendre car l'enfant le pressent, le sait. Et, lorsqu'il y est autorisé, il exprime ce qu'il ressent : par des mots, mais aussi par tout son corps, ses gestes, ses mimiques, par sa créativité, ses comportements – par la maladie aussi, quand il n'est pas entendu. Pourtant, les dépendants affectifs pathologiques craignent comme la peste cette si humaine composante : n'ayant pas le droit d'être sincères sur ce qu'ils éprouvent, ils continuent à nier leurs émotions. Ce qui peut humainement se comprendre, mais ce qui les prive, fort malheureusement, des prises de conscience indispensables pour résoudre leurs problèmes. Ce n'est que dans le cadre rassurant de la thérapie qu'ils vont enfin entrer en contact avec elles, qu'ils vont réparer ce manque en découvrant le respect qu'ils leur doivent. Sûrs de n'être pas jugés, après les avoir exprimées (comme nous l'avons vu plus haut), ils s'autorisent enfin à les considérer comme faisant partie d'eux-mêmes. Ils acceptent leurs colères, leurs rages, leurs sentiments de honte, de culpabilité, leur désespoir et leur rancune, leurs désirs de manipuler, parfois, les personnes dont ils attendent tant d'amour et de reconnaissance…

Ils parviennent ainsi à intégrer l'idée que toutes ces émotions ne sont ni bonnes, ni mauvaises, simplement justes. Qu'elles sont « l'écho de leur être réel[1] », qu'elles font partie d'eux et qu'elles sont les messagères utiles les informant de ce qu'ils sont en train de vivre. Bien sûr, elles peuvent gêner, mais il n'est plus temps de les renier ou de chercher à les dissimuler. Elles sont une part intégrante de leur personnalité, de leur identité. Toute dépendance affective pathologique est reliée de très près à la vie émotionnelle puisque le comportement qu'elle génère est mis en place justement pour combattre des émotions trop douloureuses.

Déjà, lors de la réparation de l'enfance, lorsque les responsabilités sont remises à leur place, une forme d'apaisement a pu commencer à s'installer. Le désamour de soi s'amoindrit. Réhabilité aux yeux du patient, l'enfant intérieur acquiert une plus grande confiance en lui. Il est alors possible pour l'adulte de reconsidérer certains de ses choix, de ses croyances, de ses comportements. Davantage connectés avec leurs émotions, les patients apprennent aussi à les assumer, même celles qui ne les flattent pas. Les assumant, il leur sera plus facile de découvrir ce qu'ils

---

1. I. Filliozat, *op. cit.*, p. 117.

veulent vraiment pour eux : ils vont enfin avoir accès à leurs désirs. Sans doute commenceront-ils à cesser de « faire comme si » ils n'étaient jamais en colère, comme s'ils étaient constamment béats de compassion, remplis de bonnes intentions, tellement généreux… Un leurre pour eux, un leurre pour les autres. Et, davantage respectueux de ce qu'ils ressentent, ils seront en mesure d'être plus attentifs aux émotions des autres : ils les craindront moins. Progressivement, ils vont enfin sortir de l'ambivalence des sentiments : ils sauront repérer des émotions opposées comme l'envie de plaire et le ressentiment, la tristesse et le contentement factice. Ils ne craignent plus les nombreuses déclinaisons de la colère. Comme Justin qui, aujourd'hui, comprend pourquoi il a du psoriasis sur les jambes. Ne pouvant nier cette manifestation somatique de son émotion, il est désormais capable d'interroger sa colère et d'y remédier. Lors de sa dernière séance, il en a formulé très clairement la raison : « Mes parents ont voulu faire de moi un Monsieur Parfait en tout et qui n'a pas le droit d'aller mal. »

Les patients peuvent aussi s'adresser à l'enfant qu'ils étaient, qu'ils portent à l'intérieur d'eux-mêmes, pour le rassurer, lui donner des permissions. Ils vont à nouveau devenir leur « bon parent », mais un parent averti, compétent. Cette forme de reparentage est essentielle pour réparer leur vie émotionnelle passée et les autoriser à vivre leurs véritables émotions, celles de tous les jours, dans le présent. Il leur faudra apprendre beaucoup de choses à cet enfant afin d'apaiser ses souffrances, pour qu'elles cicatrisent. Ils lui expliqueront que les émotions ne sont pas inspirées par le Malin : elles n'ont rien de diabolique ou d'effrayant car toutes sont justifiées. Ce sont leurs manifestations qu'il conviendra peut-être de changer : ressentir ne donne pas tous les droits… L'enfant doit bien comprendre qu'il peut éprouver de la colère et que ce n'est pas une raison pour faire du mal aux autres ou à lui-même. Il peut ressentir de la peur, mais ne doit pas entraîner l'autre avec lui dans sa panique. Il peut se sentir triste sans désirer pour autant que l'autre le soit à sa place. Et réciproquement : il a le droit de n'être pas triste à la place de l'autre. Il doit avant tout et surtout savoir que le fait de ressentir ses émotions humanise et enrichit la psyché – ce que l'on appelle aussi l'esprit.

Ce travail sur les émotions a un autre objectif : faire admettre aux patients que les émotions, quelles qu'elles soient, plaisantes ou pénibles, font partie non seulement de tout être humain mais sont aussi une part intégrante du vivant. Seule la mort les anéantit, définitivement. Il s'agit là d'une réalité à laquelle nous sommes tous confrontés, tout au long de notre vie, au plus profond de nous. Le meilleur exemple que le thérapeute puisse en donner est que la thérapie serait impossible sans l'expression de tous ces affects. J'ai déjà mentionné le fait que les traitements antidépresseurs et anxiolytiques empêchaient l'accès aux émotions, ce qui ne facilite pas le travail thérapeutique – mais que sans eux, les patients en sont, à l'opposé, tellement submergés que ce travail est rendu impossible. Il convient d'apprendre à surfer sur cette contradiction, tant il serait incongru d'imaginer une thérapie au cours de laquelle le thérapeute n'interrogerait pas le patient sur ce qu'il ressent !

251

Assumer sa vie émotionnelle permet de la comprendre pour mieux la vivre : l'on a moins peur de l'inconnu. La comprendre, c'est connaître sa raison d'être, et son fonctionnement. La soif d'absolu ne conduit qu'à de pénibles désillusions, l'évitement de l'expression (adaptée) de la colère conduit à la frustration et parfois à un comportement verbal ou physique empreint de violence. Comprendre sa vie émotionnelle, c'est aussi savoir reconnaître et nommer ses émotions, devenir de plus en plus compétent pour leur donner un nom en tenant compte de leurs infinies subtilités et finesses. Certaines sont tellement volatiles et fugaces, tandis que d'autres provoquent des sensations physiques pouvant être trompeuses… Maintenant que les blocages sont levés, elles ont enfin le droit d'exister. Seuls les psychopathes ne les ressentent pas. Enfin nommées, elles seront alors reliées à des besoins, car nous avons aussi des besoins émotionnels, comme par exemple tout ce qui a trait à l'attachement : affection, amitié, tendresse, amour, etc. Ou encore à l'expression artistique… Les émotions existent dans tous les domaines de la vie. Reliées à ces besoins bien humains, il sera alors possible d'apprendre à les satisfaire – au moins en partie, l'idéal restant… un idéal !

S'ils ne peuvent parvenir à assumer leur vie émotionnelle, les patients dépendants affectifs pathologiques maintiennent une sorte de torpeur émotionnelle qui engendre la dépression, les crises d'angoisse, les insomnies et somatisations en tout genre qui sont les preuves malheureuses de leur souffrance. Ils ignorent que cet engourdissement ne les protège en rien : les murs qu'ils ont inconsciemment dressés entre leurs émotions et d'autres aspects d'eux-mêmes sont aujourd'hui à l'origine de leur mal de vivre.

Construire des frontières intérieures

Imaginez un instant un immeuble de plusieurs étages dont on aurait mis en panne les ascenseurs et cadenassé les portes menant aux escaliers : il serait impossible de passer d'un étage à l'autre. Les habitants ne se rencontreraient plus et finiraient par oublier l'existence de leurs voisins. Il n'y aurait plus désormais de communication possible entre eux. Imaginez maintenant, à l'inverse, qu'il n'y ait pas de murs entre chaque appartement et que chaque famille puisse ainsi aller chez les uns et les autres, y prendre des livres, des vêtements, des meubles, dormir, manger leur repas, etc. Il est difficile de se faire une représentation de ces absurdes situations. Pourtant, c'est un peu ce qui se passe avec les frontières intérieures des patients dont nous parlons. Soit elles sont des murs épais et totalement imperméables, soit elles sont absentes. Dans ces deux situations, la problématique est de taille. Nous venons de parler des murs qui encerclent la vie émotionnelle : ce sont de solides remparts et l'on ne peut les franchir d'aucune façon. Les émotions sont alors « en camp retranché », inaccessibles, méconnues, ignorées. À l'inverse, le manque de frontières intérieures explique très bien la submersion émotionnelle – toujours très douloureuse et génératrice parfois de crises de panique car, en l'occurrence, il ne s'agit aucunement de joie ! La dépendance affective pathologique dénote un grave problème de frontières intérieures – qu'il s'agisse de murs trop épais ou d'absence de ces frontières qui limitent toutes les composantes de l'être humain. Ce serait donc peu dire que d'affirmer qu'elles sont très nombreuses.

Lorsqu'elles n'existent pas, nul ne peut vraiment savoir s'il est aimé pour ce qu'il *est* ou pour ce qu'il *fait*. Ainsi, la confusion est grande entre l'être et le faire, les comportements. Tout comme entre qui sont ces patients et l'*image* qu'ils veulent donner d'eux-mêmes. Entre ce qu'ils *ressentent* et ce qu'ils *pensent* : entre les émotions et les idées, entre leurs raisonnements intellectuels et leurs émotions. Entre le *passé*, le moment *présent* et l'*avenir*. Prenons l'exemple d'une personne qui n'a pas construit de frontières intérieures claires entre le passé, le présent et l'avenir. Si son histoire de vie a été malheureuse, elle en souffre encore aujourd'hui avec la même intensité que par le passé : elle ne parvient pas à respecter ce que j'appelle une chronologie émotionnelle. Si, en plus, elle projette ses tourments dans le futur – « J'ai beaucoup souffert, j'en souffre encore aujourd'hui et je ne vois pas comment je pourrais ne plus souffrir dans l'avenir » –, elle se crée des représentations d'un futur douloureux sans espoir d'amélioration possible. Elle se « cogne » dans son passé à chaque instant… Si elle construisait des frontières perméables entre ces trois composantes du temps, elle souffrirait déjà moins – le temps atténuant les peines – et pourrait développer des projets agréables. Elle serait capable d'imaginer, d'entrevoir un futur qui lui donne envie de vivre mieux. Les patients dont nous parlons souffrent terriblement du manque de ces frontières-là : jour après jour, ils perpétuent leur enfance difficile et l'avenir qu'ils entrevoient est bien sombre. Ils ne possèdent donc pas non plus de frontières entre l'enfant, l'adolescent, le jeune adulte et l'adulte plus mûr d'aujourd'hui. Ils se sentent aussi impuissants que peut l'être un petit, aussi démunis et sans aucune capacité à avoir un impact sur leur vie.

Il peut également exister un manque de frontières intérieures entre les **différents domaines** de la vie : la sphère *privée* : familiale, amicale, amoureuse et ceux de la sphère *sociale* et *professionnelle*. Ce manque n'induit, une fois encore, que de la **confusion** dans les sentiments, les pensées, les émotions, les attentes et les comportements (pas toujours adaptés). Je donnerai un exemple simple et très fréquent : confondre les besoins sexuels (physiques), et les besoins émotionnels, l'affectivité. Confondre systématiquement la **sexualité** et l'**amour**. Bien sûr, les deux coexistent dans l'amour authentique, mais, dans le cas de ces patients, cette confusion est particulièrement dommageable. J'avais un patient qui croyait sincèrement être amoureux de chaque femme avec laquelle il avait des relations sexuelles – et elles étaient nombreuses. « J'adore les femmes, je les aime », répétait-il souvent – mais il ne savait pas même en aimer une… Quant aux femmes qui se persuadent qu'elles aiment un homme dès leur première nuit partagée – et que sans doute elles sont aimées de cet homme ! –, elles sont pléthore. J'ai souvent rencontré des patients qui confondaient aussi leur puissance interne et leur musculature – qu'ils entretenaient avec une belle persévérance afin de masquer ce qu'ils appelaient leur « faiblesse » : entendez leur sensibilité. Combien de parents confondent encore la sévérité avec l'autorité, la responsabilité, n'ayant pas installé de frontières entre leur désir de pouvoir sur l'autre et leur puissance personnelle (qui, sans doute, leur manque).

L'«écologie psychique[1]» demande des ponts ou des routes, des moyens d'accès entre tous les aspects de soi et du temps, des ponts ou des routes qui relient les frontières entre elles. D'accès aisé, ils permettent de faire cesser toutes ces confusions qui ont contribué à installer le brouillard interne. Le thérapeute est là pour aider les patients à construire ces frontières et ces ponts. Tout comme il est là pour les aider à transformer les murs intérieurs en frontières perméables. Car lorsqu'il s'agit de véritables murs, il est impossible d'avoir accès à ses croyances, ou à ses pensées, ou à ses émotions, à ses sentiments, à sa mémoire aussi. De nombreux patients disent ne pas se souvenir de leurs premières années, ne pas avoir de souvenirs d'enfance – parfois jusqu'à 10 ou 12 ans. Leur passé est emmuré, tout comme le sont les émotions liées à ces années d'amnésie. Si, un moment, les remparts sont de bonnes et utiles protections, ils finissent par isoler… de soi-même en premier lieu : ces patients souffrent d'un isolement intérieur qui les empêche aujourd'hui de contacter les différentes composantes de leur personnalité. C'est pourquoi la plupart d'entre eux parlent du «grand vide» qu'ils ressentent en eux. C'est ce que vivent les dépendants affectifs pathologiques.

---

1. G. Corneau, *Père manquant, fils manqué, op. cit.*, p. 39.

Tout un monde à découvrir : les émotions

Tout un monde, en effet, car les émotions sont nombreuses, parfois très subtiles, très parlantes. Tout un monde à découvrir par pans successifs. Vous sentez-vous coupable ? Demandez-vous quelle valeur importante pour vous a été trahie, en quoi vous avez été infidèle à vous-même. Vous sentez-vous triste ? Interrogez-vous sur ce qui vous manque. Ressentez-vous de la peur ? Demandez-vous ce que vous craignez. De la déception ? Demandez-vous si vos attentes étaient réalistes et appropriées.

Toutes nos émotions ont des choses très importantes à nous dire. Or nous vivons dans une société où l'on nous demande de les refouler, de les enfouir si profondément qu'elles seront oubliées. Exception faite, bien entendu, de celles qui sont autorisées : la joie, le désir, la fierté, le plaisir... Mais que sont nos émotions devenues ? Les enfouir est bien inutile et inconséquent : elles demeurent en nous et, telles des rivières souterraines qui, muettes, suivent leur chemin, elles finissent toujours par ressortir...

Il ne sert à rien de les refuser : elles représentent la vie qui est en nous. Même privé de ses facultés mentales, un être humain est capable de ressentir des émotions. Même perdu dans le coma, il demeure réceptif à l'expression de l'attachement : une caresse sur la main dessine un faible sourire sur son visage. Les yeux fermés, il se tourne vers la personne assise, en silence, auprès de lui. Et qu'avons-nous besoin de femmes et d'hommes qui ne « vont bien » que grâce à la chimie, alors qu'ils sont anxieux, dépressifs ? Et qu'avons-nous besoin de robots à figure humaine aux émotions anesthésiées par le conformisme ? Imaginez un bref instant un enfant qui ne sourirait plus...

Pour aider le patient à installer des frontières (perméables) intérieures, le thérapeute peut proposer une métaphore : chaque domaine (émotions, croyances, pensées, aspirations, composantes du temps, enfance, adolescence, différents rôles et fonctions, etc.) peut être représenté par une image. Il peut s'agir d'une pièce d'une maison, d'une étagère de bibliothèque ou d'une salle d'archives où tout est accessible. Puis les frontières elles-mêmes sont représentées sous forme de portes et/ou de fenêtres que l'on peut évidemment ouvrir, ou toute autre représentation visuelle provenant de l'imaginaire du patient. Comme s'il s'agissait de voisins – ce sont les parties de soi – qui se connaissent, se respectent, même s'ils ne sont pas toujours du même avis, qui sont capables de s'exprimer et d'interagir. Ainsi, le patient parvient plus facilement à comprendre l'origine de ses émotions (toujours liées à l'événement vécu) en s'interrogeant sur le message qu'elles lui communiquent. Attentif à ce message, il saura comment agir en tenant compte de ce que cette émotion lui apprend sur lui. Grâce à cette imagerie mentale, il lui sera désormais possible, par exemple, de repérer des émotions qui appartiennent au passé et ne sont plus d'actualité. Il pourra comprendre les contradictions internes qui, souvent, le mettent dans la confusion, tout comme il sera en mesure d'apprécier, outre la réalité de sa complexité intérieure, le bien-fondé des éléments qui le composent, leur utilité, leur nécessité. Même si les comportements que certains génèrent ne lui conviennent pas ou plus : il pourra en identifier la fonction et, tout en la respectant, imaginer d'autres moyens de la satisfaire. Car toutes les composantes de l'être humain ont une raison d'être, une fonction qu'il

258

est essentiel de connaître, de comprendre. Cette étape permet surtout au patient de prendre conscience de sa richesse intérieure – lui qui ne ressentait que du vide !

Développer l'estime de soi

L'estime de soi ne peut exister que si l'on se connaît : comment pourrais-je aimer un livre que je n'aurais pas lu ? C'est pour cette raison que cet aspect du travail thérapeutique, mieux se connaître, est essentiel : car sur quoi développer une estime de soi tant que l'on se sent vide ? Puisque l'estime de soi et le respect que l'on se porte sont inséparables l'une de l'autre, il faut bien que les patients aient acquis de bonnes raisons de s'apprécier. Lorsqu'ils se connaissent mieux, ils commencent à entrevoir ce dont ils ont réellement besoin : sortis de leur ignorance sur eux-mêmes, ils abordent cette phase de retrouvailles avec espoir. Même s'ils restent encore un peu sceptiques sur ce droit au respect de ce qu'ils sont, même s'ils ne sont pas encore très sûrs de leur valeur personnelle. Ils sont déjà très soulagés de savoir que cela leur est permis et que, pour acquérir de l'estime de soi, il convient de savoir définir ce « soi » unique qu'est tout être humain. Un « soi » certes imparfait, mais un « soi » avec qui vivre en harmonie.

« Tu es plein de secrets que tu appelles Moi », disait Paul Valéry. Il est temps de les découvrir au lieu de souhaiter être quelqu'un d'autre. Acquérir la capacité de se définir, de décrire qui l'on est en toute lucidité représente une avancée fondamentale. Connaître ses compétences, ses capacités (quels qu'en soient les domaines) permet de développer une meilleure confiance en soi. Tout en admettant aussi ses limites : nul être au monde ne peut posséder *tous* les savoir-faire, c'est rigoureusement impossible. Même si, au fil du temps, certains peuvent s'apprendre ou être perfectionnés. Au cours de cette recherche, le sentiment d'impuissance généralisée diminue, d'autant plus que le thérapeute peut inciter les patients à reconnaître qu'ils peuvent se montrer efficaces de bien des façons pour les autres : pourquoi alors ne pas mettre en œuvre leurs nombreux talents pour eux-mêmes ? Pourquoi alors continuer à croire qu'ils ne dépendent que des autres ? La confiance en soi commence à s'installer sur un socle solide en découvrant tous les savoir-faire qui ont été mis en œuvre au service d'autrui. Quand ce n'est pas, cerise sur le gâteau, une ébauche de fierté qui les gagne au regard de ce qu'ils ont été capables de faire. Cette prise de conscience est très bénéfique et permet, au fil des séances, de construire un sentiment de soi de plus en plus positif. Les patients perçoivent qu'ils possèdent eux aussi une puissance personnelle qu'ils pourront utiliser pour eux. L'échec ne sera plus leur terreur, pas plus que le jugement d'autrui : ils savent désormais qu'ils peuvent s'appuyer sur des compétences bien réelles.

L'installation de la confiance en soi précède celle de l'estime de soi qui pourra s'enraciner dans ce terreau de bonne qualité. Progressivement, les patients vont poser sur ce qu'ils *sont*, et non plus sur ce qu'ils savent *faire*, un regard à la fois lucide et bienveillant. Les découvertes vont se succéder à vive allure, avec le même plaisir que s'ils apprenaient à connaître une personne qu'ils ne connaissaient pas et qui leur plaît de plus en plus : ses goûts, ses centres d'intérêts et ses aspirations, ses pensées, ses émotions, ses désirs et ses besoins. Ce qui n'empêche pas, au passage, de relever des traits de personnalité peut-être moins plaisants et de les accepter car ils font partie d'eux-mêmes tout autant que leurs qualités. Et comment pourraient-ils comprendre et être en mesure d'analyser ce qui est en pleine lumière lorsqu'ils ignorent ce qui se trouve dans des zones d'ombre ?

Au cours de la thérapie, le thérapeute aide ainsi les patients à se rapprocher d'eux-mêmes, à se rencontrer comme on peut retrouver un ami perdu de vue depuis très longtemps. Il ne s'agit pas de s'encenser mais bien plutôt de rechercher en soi les lieux d'énergie, les forces qui ont permis à ces femmes et à ces hommes de survivre malgré tout, malgré des carences affectives graves, malgré des traumatismes dont d'autres auraient pu mourir par dégoût de la vie. Car même s'ils sont en dépression, ce qu'ils ont déjà appris sur eux, ce qu'ils pressentent en eux, les tire vers la sortie de ce trop long tunnel. Il est donc davantage question d'une recherche de cohérence avec soi-même, de fidélité à soi et à ses plus profondes aspirations. Le désir d'être aimé est on ne peut plus humain, mais pas à n'importe quel prix. C'est ce prix à payer qui est alors remis sérieusement en question : l'amour se donne, il ne se monnaye pas. Comme il peut se refuser : il faut pouvoir l'accepter en comprenant que l'on peut être très aimable et pas aimé par telle ou telle personne. Ce nouveau regard sur soi va le permettre et « l'approbation des autres ne servira plus de prothèse à l'estime de soi[1] », ce ne sera plus nécessaire, ou plus du tout dans les mêmes proportions. Les patients trouveront en eux la capacité à supporter de ne pas toujours plaire. Que ce soit dans la vie privée ou professionnelle, le désir de reconnaissance est humain, mais pas toujours exprimé : il faudra alors se contenter de ce que l'on reçoit et combler les manques en s'octroyant à soi-même cette approbation, cette reconnaissance. La dépendance diminue, l'estime de soi se construit peu à peu.

> *Florence fait le bilan d'une année :*
> *« Le verre à moitié vide :*
> *— j'ai eu la peur de ma vie. Imaginant le pire, la maladie, la douleur, la solitude ;*
> *— une colère, celle de ne pas être aimée. Sans commentaires ;*
> *— droguée de l'affect. Voilà bien ce que je suis. Avec parfois, l'impression d'avoir jeté mon orgueil avec l'eau du bain. Un transgène que je porte dans mon ADN, issu d'un croisement avec une serpillière ;*
> *— ce sentiment de ne pas avancer. Que toute ma vie sera comme cela. Une page blanche que je n'arrive pas à noircir. Une errance ;*
> *— toujours pas vraiment convaincue d'être totalement aimable. Un paradoxe ;*
> *— trop de retours en arrière. Une vision sévère de mon éducation qui ne m'a pas laissé assez d'autonomie, une personnalité trop écrasée par les desiderata de ma mère, trop*

---

1. F. André et C. Lelord, *op. cit.*, p. 117.

soumise à sa volonté. Et voilà donc la personne que je suis devenue : en retard sur les autres (parce que sinon, bien sûr, ma vie aurait été tout autre, j'aurais été une guerrière, une battante, une winneuse. Voilà qui donne, en sous-impression, une idée de la looseuse que je me figure être) ;

— trop de nombrilisme. En même temps, je n'ai pas vraiment d'autres directions vers lesquelles regarder… ;

— trop feignante. je me laisse vivre. À tendre à la facilité, il me semble qu'on tend à la médiocrité. Plus d'exigence intellectuelle. Une grosse flemme.

Verre à moitié plein :

— je me suis réconciliée avec mon corps. Après mon opération du rein, j'ai pris conscience que je pouvais lui faire confiance. Une libération. On s'entend bien mieux, lui et moi ;

— je commence à penser que je suis quelqu'un de bien. Selon mes valeurs. Mon intégrité. Oui, je mérite de bonnes choses. Oui, je suis quelqu'un de bien ;

— une grande année de voyage : un retour à New York, glacé. Mon fétiche, my city. *Un retour printanier à Madrid.* Ola, Guapa ! *Un été au soleil. Un automne asiatique. La découverte du raffinement japonais. L'Asie. Une vision différente du monde. Un enchantement ;*

— une année de rencontres. Deux histoires un peu similaires, mais avec des hommes/garçons différents. Cela change. Cela fait avancer. Cela marque au stabilo les erreurs à éviter. Du sexe. Ça fait aussi du bien, malgré tout, au moral. »

Le soi et le « soi idéal »

Les dépendants affectifs pathologiques se sont longtemps détestés de ne pas correspondre à leur « soi idéal », de ne jamais atteindre l'idéal grandiose que leurs fantasmes avaient forgé en ignorant que les rêves n'étaient pas toujours adaptés à la réalité. Idéal grandiose de perfection en tout : aspiration tout aussi irréaliste qu'irréalisable. Alors, bien évidemment, l'écart entre ce qu'ils croyaient être et ce qu'ils auraient désiré être ne les autorisait qu'à se rejeter eux-mêmes – tout comme, par projection, ils ne pouvaient qu'imaginer le rejet par les autres. C'est ce qui arrive lorsque le « soi idéal » relève de l'utopie, « ce pays où l'on n'arrive jamais… ». S'il est on ne peut plus louable de vouloir se perfectionner, évoluer, il est illusoire de vouloir se parer de toutes les qualités, de toutes les vertus.

Il est préférable de s'évaluer avec lucidité, avec les qualités et les immanquables défauts et limites de la condition humaine. Comment, d'ailleurs, être en mesure de repousser des limites si nous ne les connaissons pas ? Comment pourrais-je déterminer ce qui est bon ou pas pour moi si je ne sais pas ce qui me convient, si je n'ai pas accès à mon identité profonde ? Comment saurais-je découvrir ce qu'il y a de bon en l'autre si je ne reconnais pas ce qui est bon en moi ?

Si l'idéal de soi représente un bon aiguillon pour se motiver à avancer, à faire vivre ce qui existe en soi, il ne doit pas servir de référence pour se juger négativement. Je peux dire « Je veux développer cette qualité », mais pas « Je n'y parviendrai jamais », sauf, j'insiste, s'il s'agit d'une ressource que je ne possède pas du tout et qui ne correspond en rien à ma personnalité. Je ne peux pas devenir quelqu'un d'autre et c'est très bien : les différences interpersonnelles ne peuvent qu'enrichir les relations. La vie serait bien ennuyeuse si nous n'étions pas uniques ! Mieux vaut alors s'en accommoder et s'appuyer sur ses ressources, celles en qui nous pouvons avoir confiance.

Mieux les patients se connaissent, plus ils savent ce qu'ils veulent, ce qu'ils désirent, ce qu'ils souhaitent. Moins ils subissent les autres. Ils cessent de répéter encore et encore ce passé qu'ils tentaient, mais en vain, de fuir dans une quête d'amour. Car, chemin faisant vers l'estime de soi, ils comprennent que, pour se montrer loyaux envers eux-mêmes, respectueux d'eux-mêmes – ce qui leur évitera bien des culpabilités existentielles, comme nous l'avons vu –, ils doivent être à l'écoute d'eux-mêmes. Tout comme ils apprennent qu'ils ne pourront plus, telles des girouettes, changer d'avis sur eux selon qu'ils seront ou non appréciés par l'autre. Ils savent que le très humain désir d'approbation et de reconnaissance ne doit plus tenir les rênes de leurs émotions, décisions, comportements, et qu'il est plus important de tenir compte d'eux-mêmes en premier lieu. Ils savent depuis bien longtemps que le désir de plaire à tout prix est un très mauvais conseiller…

Leur estime de soi allant croissant, leurs anciennes croyances porteuses de rejet et de mépris de ce qu'ils sont ne sont plus aux commandes : les patients ne cherchent plus à « confirmer » qu'ils n'ont pas de valeur, ils quittent les « prédictions auto-réalisatrices » qui les confortaient dans le désamour d'eux-mêmes. Ne se détestant plus, ils vont commencer à « vérifier », grâce à des comportements différents et un autre mode de communication, que le monde, les autres, ne leur sont pas hostiles. La honte de n'être « que » ce qu'ils sont, la culpabilité de n'être pas parfaits s'éloignent dans les brumes du passé. Croyant davantage en eux, ils s'autorisent, enfin, à entrer en contact avec leurs désirs, leurs souhaits et à en tenir compte. S'appréciant tels qu'ils sont, sans idée de grandiosité, ils savent qu'ils sont capables de prendre des décisions en se prenant en compte, et de s'y tenir. De faire des choix sans les regretter, de soutenir une discussion sans se perdre dans l'autre, de « prendre parti » pour eux-mêmes lorsque c'est nécessaire, d'accepter les critiques quand elles sont fondées et les désaccords. Le sentiment de leur valeur personnelle va se développer après chaque victoire, chaque succès, et il ne s'effondrera pas devant l'erreur ou l'échec.

Le bonheur des autres, s'il peut continuer à faire partie des préoccupations des anciens dépendants affectifs pathologiques, n'est plus une obsession puisqu'ils ont abandonné, au cours de la thérapie, le perpétuel besoin de reconnaissance par les autres. Leur propre approbation, lorsqu'elle est justifiée, leur suffit : elle conforte régulièrement l'estime de soi. Il n'est plus nécessaire de se voiler la face, de se mentir à soi-même ou de tenter de se justifier aux yeux des autres : la spontanéité reprend ses droits. Surtout, les patients découvrent, sans trop vouloir y croire dans les débuts, que la bonne relation qu'ils entretiennent avec eux-mêmes – ayant pris conscience de leur richesse en tant qu'être – leur permet d'apprécier les moments où ils sont seuls. De trouver du plaisir à se retrouver en leur propre compagnie. Un plaisir certain, même, de s'accepter tels qu'ils sont, sans se dévaloriser et sans hypertrophie du Moi, ce que je qualifie de boursouflure de l'ego – qui est paradoxalement le fait des personnes souffrant d'un grave complexe d'infériorité…

Ces patients savent désormais admettre et assumer leurs désirs et leurs besoins : confiants en leur puissance personnelle, ils peuvent décider que leur mission sur terre n'est plus de s'aliéner dans les désirs des autres. L'exploration clairvoyante de leur véritable personnalité les mène progressivement vers l'intégrité vis-à-vis d'eux-mêmes. **Loyauté, cohérence, intégrité :** trois valeurs existentielles essentielles pour s'accepter (même lorsque le long fleuve de la vie n'est pas toujours tranquille) et se motiver à se construire la meilleure vie possible. Trois valeurs découlant directement d'une estime de soi solide, même si elle peut varier parfois, selon ce que l'on est en train de vivre. Les amplitudes de ces variations ne seront pas très grandes car le sentiment bien intégré de sa propre valeur personnelle constitue un rempart puissant contre l'effondrement. Même dans la tourmente, la liberté de penser et de ressentir par soi-même demeure, tout comme l'idée que l'on est précieux d'abord à ses propres yeux et que notre devoir est de savoir nous protéger, nous ménager.

Du nécessaire égoïsme

Au nombre des objections entendues au cours de ces thérapies, la plus fréquente est : « Mais je vais devenir égoïste ! C'est impossible ! » Pourtant il peut être très utile et nécessaire de le devenir : s'occuper de soi, savoir se ménager et se protéger, écouter ses émotions et en tenir compte, connaître ses besoins et ses désirs et chercher à les satisfaire lorsque c'est possible représentent sans doute des attitudes et des comportements que l'on pourrait qualifier d'égoïstes. Dans le bon sens du terme. Car si le fait de respecter son intégrité et sa loyauté envers soi-même est égoïste, soyons égoïstes ! Si la fidélité à ce que l'on est au plus profond de soi est égoïste, soyons égoïstes ! Il convient de parvenir à bien déterminer ce que l'on peut faire pour l'autre sans se trahir soi-même, sans frôler la limite qui engendrerait de la colère contre l'autre – qui n'y serait pour rien.

Pourquoi faudrait-il accorder davantage de valeur aux autres qu'à soi-même ? Pourquoi faudrait-il accorder davantage de valeur aux désirs des autres qu'aux siens ? À quel titre ? Au nom de quoi ? Serions-nous moins importants que les autres ? En quoi ? Pourquoi ? L'abnégation a duré trop longtemps : qu'a-t-elle rapporté ? Du malheur et de la colère à l'égard des autres, justement. Serait-il impossible de s'occuper de soi ET des autres ? S'attacher à ses priorités, à ses propres besoins et aspirations empêcherait-il de prendre en compte ceux des autres ? Mon expérience m'a toujours démontré que l'on ne peut vraiment apporter quelque chose aux autres que dans la mesure où l'on sait se respecter soi-même. L'estime de soi n'a rien à voir avec l'égocentrisme : elle n'exclut pas l'autre, tout au contraire : elle autorise un « savoir-vivre avec » de bonne qualité.

Toutes ces idées, nouvelles pour les patients, tous ces savoir-faire et savoir-être ne s'acquièrent pas en un jour ! Si, intellectuellement, ils sont assimilés relativement facilement, il faudra du temps avant qu'ils ne soient définitivement intégrés et mis en œuvre. Je dis relativement, car ces patients opposent souvent de nombreuses objections à ces changements de regard sur eux-mêmes. Leurs arguments s'appuient sur leurs expériences d'échecs répétés à la fois dans leur relation avec eux-mêmes et avec les autres. Ce qui est normal. La patience est un aspect très important dans leur accompagnement vers cette forme de libération : les barrages érigés non seulement sont solides, mais ils ont été renforcés au cours de leur vie passée. Le manque de frontières entre le sentiment de soi et les problèmes fait que ces patients se sont trop longtemps confondus avec ces derniers. Comme s'ils n'étaient que des problèmes et non des êtres humains ayant des problèmes à résoudre. Il est alors question de porter un autre regard sur soi : par le passé, ils ont fait ce qu'ils pouvaient, persuadés qu'il leur était impossible d'agir autrement. Au lieu de continuer à s'en vouloir, il leur est proposé de se considérer avec tolérance et bienveillance car cette réhabilitation est un passage nécessaire vers l'acceptation de soi, de tout ce qui les constitue. Cette étape franchie, ils savent qu'ils doivent, quoi qu'il puisse arriver, demeurer fidèles à eux-mêmes afin d'éviter de retrouver leur vieil ennemi : le désamour. « Pour s'aimer soi-même, il est indispensable de se comporter de manière à s'admirer soi-même[1] » : c'est ce qu'ils apprennent en consolidant leur

---

1. D.W. Winnicott, *Agressivité, culpabilité et réparation, op. cit.*

estime de soi. Ils prennent ainsi conscience qu'il ne suffit pas d'avoir des désirs : la volonté de les prendre en charge – au moins en partie – est tout aussi nécessaire. Ils ne sont plus des enfants en perpétuelle et vaine demande, mais des adultes qui savent compter sur eux. La volonté et le désir s'unissent pour faire des choix, bâtir des projets, construire leur présent au jour le jour, et l'avenir.

Lorsque le socle de l'estime de soi est consolidé, la dépendance affective est amoindrie, la relation avec soi-même améliorée : les patients peuvent alors apprendre à construire de meilleures relations avec les autres.

Construire une meilleure vie relationnelle

Au cours de l'apprentissage précédent, les patients ont pu découvrir l'autocompassion, l'indulgence à leur égard et l'acceptation de ce qu'ils sont, avec ce qu'ils peuvent apprécier en eux et ce qu'ils aiment moins. Ayant renoncé à la perfection, ils sont désormais en mesure de tolérer l'imperfection des autres : d'être moins exigeants vis-à-vis d'eux d'autant plus que leurs attentes ne sont plus les mêmes. Ayant admis leurs « faiblesses » – leur vulnérabilité liée à leur humanité –, ils les admettent plus volontiers chez autrui. Ils ont compris que leur bonheur est d'abord en leurs propres mains et que les autres ne peuvent qu'y contribuer. Débarrassés du lourd fardeau de cette obligation à les rendre heureux, ces autres vont enfin pouvoir bénéficier d'un regard plus objectif sur ce qu'ils sont et ce qu'ils sont en mesure d'apporter – qui ne sera en aucun cas un dû. Les patients apprennent le renoncement à des idées et des croyances, qu'ils quittent parfois très difficilement.

Les renoncements nécessaires

Le temps est venu de renoncer à quelques illusions qui n'entraînaient que de graves désenchantements. Comme celle, dont l'abandon est douloureux, qui voudrait que l'on soit *totalement compris par les personnes qui nous aiment*, même celles qui nous aiment vraiment beaucoup. C'est une illusion car il est, nous l'avons vu, rigoureusement impossible de se mettre complètement à la place de l'autre. Bien sûr, ceux qui nous aiment ont compris beaucoup de choses sur nous, nous connaissent souvent très bien, mais cette compréhension, cette connaissance ne seront jamais *totales*. C'est ainsi. Même nos parents, même nos compagnes et compagnons de vie, même nos meilleurs ami(e)s ne nous comprendront jamais comme nous le souhaiterions. C'est bien pourquoi – étant les seuls à nous connaître réellement, en profondeur – il est essentiel de demeurer fidèle à soi-même. Personne ne nous connaissant mieux que nous, personne ne peut nous dicter de façon péremptoire nos choix, nos décisions, nos comportements et encore moins nos pensées ou nos sentiments. Nous pouvons demander des conseils, les écouter, y réfléchir, mais en dernier lieu, c'est nous qui décidons, choisissons – c'est nous qui agissons, pensons, ressentons. Même si nous préférons suivre les avis d'une personne que nous trouvons habilitée à nous en donner, notre espace de décision est malgré tout préservé. Il s'agit de nous, de notre vie et personne, en dépit de toute sa meilleure volonté, ne peut nous contraindre à quoi que ce soit concernant notre vie. Car c'est nous qui déterminons quel sens nous donnons à ce qui se passe, c'est nous et nous seuls qui déterminons l'importance que nous attribuons aux situations que nous vivons, c'est nous qui, seuls, connaissons nos priorités. Bien évidemment, personne n'a réponse à tout et il est souvent conseillé de faire appel à des « experts » qui sauront nous guider. L'idée, ou le désir d'une autonomie totale n'est qu'une utopie et surtout le reflet d'une psychorigidité : nous avons besoin des autres. Cependant, c'est notre choix de faire appel à eux : ils n'ont rien à imposer. Une dépendance infantile à des figures d'autorité, donc surtout à des valeurs parentales, n'a plus à guider les adultes : il est urgent de renoncer à ce que les parents comprennent « totalement » leurs enfants. Cela n'adviendra sans doute jamais. Il est illusoire aussi d'attendre de parents possessifs, surprotecteurs et contrôlant qu'ils acceptent que leurs enfants prennent leur envol pour vivre à leur guise. Tout comme il est indispensable de cesser de croire que les parents connaissent leurs enfants mieux que ces derniers : si cette illusion est très rassurante pour des enfants, elle l'est déjà moins pour des adolescents et tout à fait obsolète pour des adultes. Comme il est illusoire – et infantile – aussi de croire que les parents vont changer pour devenir, enfin, ce que leurs enfants voudraient qu'ils soient. En règle générale, il est préférable de renoncer à tout projet de changement sur l'autre, les autres…

Oxanna, 37 ans, s'adresse à sa mère : « Maman, j'essaie de te trouver des circonstances atténuantes : toutes les mères font des erreurs, les tiennes ne sont sans doute pas pires que les autres. Or si ma mémoire a parfois effacé la trace de ma colère à ton égard, des faits toujours renouvelés viennent raviver cette colère qui devrait pourtant, depuis le temps, être rangée dans un tiroir poussiéreux. Ainsi, je t'ai eue au téléphone trois minutes aujourd'hui, et tu boudais, tu boudais comme tu as souvent boudé quand tu n'étais pas contente de mon attitude, car je ne t'ai pas donné de nouvelles depuis... quatre jours ! Tu me disais : "Je ne suis pas contente de ce que tu es, de ce que tu fais, alors je boude pour que tu sois ce que je voudrais que tu sois..." Tu veux encore me changer – alors que moi je fais des efforts pour accepter que tu ne changeras jamais ! Tu n'aimes pas ce que je suis : c'est affreusement douloureux, vexant et injuste.

Mon adolescence a été une lutte constante contre toi pour m'affirmer, pour respirer. Je devais, telle une fée, rendre ta vie soudainement merveilleuse. J'étais née pour être à ta seule disposition. Tu ne t'es jamais inquiétée que de toi. Tu as tenté de me modeler, physiquement et intellectuellement pour être quelqu'un qui n'était pas moi. J'ai l'impression de t'avoir fait honte, à toi, ma mère, toute la vie. En fait, je rayais ma vie pour te faire plaisir. Je ne me souviens pas de tes compliments. Je me souviens de ta honte. Et je n'avais pas le droit à l'erreur. Notre vie de famille ressemblait à celle d'un camp militaire...

Tu as lu mon journal intime. Quand, après le bac, à 17 ans, j'ai voulu partir à Paris, tu m'as dit : "Comment

273

vas-tu gagner ta vie ? Tu ne sais rien faire ? Tu veux quoi ? Te prostituer ?" Ton statut de mère suffit pour te donner raison. Et c'est toujours à moi que tu demandes de te soutenir quand tu es malade, alors que tu as un mari. À son sujet, tu m'as dit que tu aurais été plus heureuse si tu ne l'avais pas rencontré. Tu m'as raconté des choses que j'aurais aimé ne pas savoir. Tu t'es engueulée avec lui toute ta vie, violemment parfois. Tu sais mieux que moi ce qui me convient, tu sais mieux que moi comment mener ma propre vie. C'est dommage car c'est la mienne et je ne compte pas t'en faire cadeau. Je regrette de devoir mettre des limites à ton emprise sur ma vie, de la distance, des bornes. Je refuse d'étouffer davantage. »

Une autre illusion est à abandonner : celle, conservée depuis la toute petite enfance, qui nous porterait à croire en notre omnipotence, notre toute-puissance. Les patients ont payé très cher, émotionnellement parlant, de croire qu'il leur suffisait de se mettre au service inconditionnel des autres, de se sacrifier à eux, pour recevoir de l'amour en échange. Cette croyance relève de la pensée magique de l'enfant : l'adulte doit s'en séparer pour se débarrasser d'une dépendance affective pathologique. Si les sourires du petit enfant ont pu attendrir sa mère, il n'en va plus ainsi lorsqu'on est devenu grand ! Lâcher cette forme utopique de pouvoir sur l'autre permet de relativiser l'impact que l'on peut avoir sur lui. Et si nous devons respecter notre intégrité et notre cohérence, il nous faut aussi respecter l'intégrité et la cohérence des personnes qui nous entourent. Si les patients se respectent, ils se doivent de respecter les autres. Afin de briser la boucle de rétroaction négative[1].

Dans le même ordre d'idée, les patients renoncent à l'illusion qu'ils peuvent avoir un **contrôle total sur autrui** – comme l'avaient leurs parents sur eux-mêmes. La vie relationnelle, pour être agréable, épanouie et épanouissante, se doit d'être « égalitaire » : elle ne doit en aucun cas représenter une recherche de pouvoir sur ou contre quelqu'un. Cette forme d'obstination, le plus souvent pathologique, est à ce point manipulatrice qu'elle est la plupart du temps le fait des pervers narcissiques. Elle ne génère que des relations très destructrices. Même si, trop souvent, pouvoir et force de caractère sont confondus, bien à tort : la véritable force intérieure réside plutôt dans le renoncement au pouvoir et le respect de l'autre. Qu'avons-nous besoin de ce pouvoir qui ne peut en rien se comparer à de l'amitié ou de l'amour ? Sinon pour compenser un complexe d'infériorité… « Un chef est un homme qui a besoin des autres », disait Paul Valéry. S'il est humain d'avoir envie d'aider et de soutenir les autres, cela n'a rien à voir avec le désir de prendre le contrôle, surtout s'ils le demandent et que l'on agit dans le respect de ce qu'ils sont. Il n'est pas question de chercher à les duper et de profiter de leur faiblesse passagère. Ce qui est évidemment possible si l'on n'est pas dans un rôle de Sauveur. Renoncer à contrôler l'autre, c'est devenir capable de refuser de rendre un

---

1. En communication, la « boucle de rétroaction » (ou *feed-back*) décrit l'influence qu'ont deux interlocuteurs l'un sur l'autre au cours d'une interaction. C'est un concept essentiel en analyse systémique.

service, de dire «non», ou encore de se dire: «Ceci ne me concerne pas, je ne veux pas m'en mêler!» C'est aussi arrêter de se sentir totalement et sans cesse concerné par ce que vit l'autre, de faire les choses à sa place quand il peut très bien le faire. Renoncer à contrôler l'autre, c'est savoir se désengager de sa vie lorsqu'il ne nous demande rien. C'est alors cesser de rechercher inlassablement des marques d'approbation ou de reconnaissance. C'est quitter la dépendance et la codépendance.

Il en va de même pour la notion de **contrôle total sur soi**. Quoi que prônent et espèrent certains, cette idée ne concerne pas l'être humain, d'autant plus qu'elle renvoie à la notion de **perfection**: autre illusion à lâcher définitivement. Savoir se contrôler pour vivre avec les autres de façon «civilisée» est une chose, se durcir tous les muscles pour, peut-être, parvenir au contrôle total sur soi n'est sûrement pas compatible avec la nécessaire flexibilité qui permet de s'adapter aux personnes et aux situations. Incompatible aussi avec l'idée que l'être humain est faillible: c'est l'une de ses définitions… L'on en reviendrait alors aux pratiques des dépendants affectifs pathologiques qui tentaient sans cesse de museler leurs émotions, leurs pensées, leur spontanéité. Ce qui correspondrait à l'inversion de l'objectif des patients. Je me souviens d'une femme qui était venue à un stage que j'animais sur les émotions. Lorsqu'elle a compris qu'il s'agissait de les accepter et de les comprendre, elle s'est levée et, prenant ses affaires, s'est dirigée vers la porte en me disant sur un ton à la fois très autoritaire et rempli de colère: «Moi, ce que je voulais, c'est apprendre à les contrôler totalement. Je n'ai pas ma place ici!»…

276

Sans doute les patients ont-ils déjà renoncé à cette croyance qui les persuadait que **le bonheur ne peut venir que de l'autre**. Il y a et il y aura toujours des limites à ce que l'on peut attendre d'autrui et il vaut mieux prendre son bonheur en main plutôt que de tendre vers l'autre un plateau… qui ne sera jamais rempli comme on le voudrait. Un être humain ne peut donner que ce qu'il a et il n'est même pas obligé de le faire. Chacun d'entre nous a ses limites, tout comme il possède un libre arbitre. Évidemment, sachant qu'il s'agit de dépendants affectifs pathologiques, cette notion de limite à ce que l'on peut faire pour l'autre peut paraître étrange, eux qui donnaient « tout » à l'autre. Pourtant, leur relation à eux-mêmes étant déjà considérablement réparée, ils sont en mesure d'accéder à ce renoncement-là. Si douloureux soit-il. Car il les renvoie face à eux-mêmes et à leur responsabilité à leur égard.

Florence : « Aujourd'hui, je suis la femme seule. Qui au vu des chemins torturés et tortueux que j'empruntais, pourrait le rester. Qu'il est lourd le chemin que j'avais choisi ! Je pensais que j'étais faite ainsi, atypique, hors norme. Celle qui renvoyait aux femmes leur condition de mère et de compagne. J'étais la nuit au jour, je suis la lune au soleil, je suis la mer à la terre, la célibataire face aux couples, la femme solitaire face à la famille. Depuis hier, j'oscille entre les rires et les larmes. Je sais qu'il me faudra me défaire de certaines choses… Le renoncement appelle la tristesse, non ? Je fais pourtant le ménage dans ma vie, dans ma tête. Le vide. Comme sous l'eau. Partant du principe simple et efficace que tout a une place … et si cela n'en a pas, cela n'a rien à faire ici. Avec ma dernière rencontre, j'ai commis l'erreur de trop. Celle qui devrait faire que voilà, c'est fini, je m'arrête là, je descends ici. Je ne peux m'en prendre qu'à moi. Je ne peux plus vivre ma vie ainsi, une fille fragile dans une solide armure. Pas si solide… Alors j'ai enfin commencé cette fameuse lettre à mon père :

"Cher, très cher Papa,

Longtemps, j'ai attendu que tu me regardes. Que tu me voies. Exister. Longtemps, j'ai attendu d'exister pour toi, à tes yeux. Et je pourrais me demander si je n'attends pas encore. Longtemps je t'ai attendu, au propre comme au figuré. J'aurais tellement voulu que tu me voies. Que tu me parles. Que j'existe à tes yeux. Comme une enfant. Comme un être humain. Comme ta famille. Enfant, je ne sais pas ce que je représentais pour toi… Ta fille, bien sûr. Une certaine idée de l'obligation, aussi. Mais toujours dans un ordre secondaire. Au second plan, sur la photo.

Avoir la place qui me revenait, voilà ce que j'aurais voulu. Ma place d'enfant. Ma place de fille. Pas ce qui arrivait après ton boulot, ta maîtresse. Moi, j'aurais voulu arriver après Maman. Simplement. Je n'existais pas beaucoup lorsque j'étais enfant, mais lorsque vous avez divorcé, j'ai été l'instrument du chantage, un pion sur le jeu d'échec. Et j'ai encore moins existé pour moi. J'existais pour vous. Alors, l'absence, le silence, l'homme occupé, l'homme pas disponible, autant de signes que je reconnais tellement bien. Un vrai détecteur. Qu'on me mette dans une salle avec cinquante hommes, je serai attirée par celui qui sera en main. Pour mon malheur.

Alors, pour exister aux yeux des hommes, j'ai eu besoin d'attirer sur moi le regard, de provoquer, de ne pas baisser *les yeux. Qu'est-ce qui attire le plus le regard d'un homme chez une femme ? Sinon la sensualité, la sexualité ? Et j'ai confondu les choses. Je me suis dit que l'homme qui me regarde est un homme qui m'aime. Sans comprendre vraiment qu'un homme qui me regarde, c'est simplement un homme qui a envie de moi. Pas plus. Pas moins. J'ai confondu. Je me suis dit qu'un homme qui me regarde était un homme pour qui j'existe. Alors j'existe. Moi. Dans les yeux de cet homme. Un instant. Un court instant. Et puis…*

Et si je ne défais pas ce nœud, je n'avancerai pas, je n'avancerai plus. Ne pas défaire ce lien, ne pas me défaire de cet état, de cette façon de faire, c'est renoncer à une nouvelle histoire d'amour. Une belle et saine histoire d'amour. Aujourd'hui, j'ai le choix : le choix de rester à vivre ces échecs, ces histoires finies avant d'avoir débuté, le choix de continuer à m'écorcher pour des raisons qui ne sont plus tout à fait les miennes, parce qu'à un moment donné dans ma vie de petite fille, je n'ai pas existé dans la vie, papa. Ou alors je choisis le côté de la lumière, je choisis de ne plus attendre d'exister pour un homme, pour être la première dans le cœur de cet homme, pour ne plus accepter d'être la énième mais bien d'être la première, la seule.

Je suis quelqu'un de bien. Je choisis d'être aimée pour ce que je suis, pour celle que je suis. Je fais le choix de ne plus attendre."»

Il convient aussi de renoncer à certaines **attentes impossibles à satisfaire** – les déceptions seront moins intenses, elles ne précéderont plus la rancune, la frustration et la colère. Ainsi les attentes vont être « revues à la baisse » : elles seront plus facilement satisfaites car plus adaptées à chaque personne. L'étayage sur ses parents est normal tout au long de l'enfance, l'étayage sur l'autre n'est plus de mise dans le monde des adultes. Sinon, c'est cet autre qui est encore et toujours fautif, responsable des problèmes. Ce qui est parfois vrai, mais, à bien y regarder, très rarement. Pour parvenir à ce renoncement, certains deuils s'avèrent nécessaires – ou à terminer – ce qui signifie accepter la réalité. Deuil de la mère idéale, du père idéal, de la famille idéale, du conjoint idéal, de l'ami idéal… Pour y parvenir (prenons l'exemple de la mère idéale), je demande aux patients de réfléchir aux qualités et aux comportements qu'aurait eu une mère idéale. Puis de chercher en eux-mêmes s'ils possèdent ces qualités, s'ils sont capables d'avoir ces comportements. Le plus souvent, les réponses sont positives. Après cette clarification, les patients sont invités à mettre en œuvre l'ensemble de ces ressources – puisqu'elles existent – pour devenir une bonne mère vis-à-vis d'eux-mêmes et s'apporter ce dont ils ont besoin. Cesser de le chercher ailleurs et d'être constamment déçus. Cesser de le rechercher chez ses amis, son partenaire, ses enfants – qui, bien trop souvent, portent les attentes de leurs parents, de leurs grands-parents, dans une chaîne malsaine entretenue depuis des générations. D'autant plus que : « Un enfant n'est pas une assurance contre la solitude ni la souffrance[1]. » Apprendre à être pour soi une bonne mère et un bon père est une étape essentielle de la thérapie.

Ainsi, les personnes faisant partie de l'environnement humain des patients sont acceptées, bien qu'imparfaites, ne

---

1. D. Tartt, *Le Maître des illusions*, Plon, 1993.

sont plus idéalisées. Savoir que l'on ne peut pas « tout » attendre des autres, qu'ils ont eux aussi des limites, qu'ils ne possèdent pas les réponses à tous nos problèmes, génère un apprentissage : l'acceptation de la frustration qui fait, aussi, partie de la condition de l'être humain. C'est ce que l'on apprend dès la petite enfance. D'autant plus qu'il est impossible de concevoir une vie exempte de la moindre difficulté, de chagrins – entre deux périodes d'intense satisfaction et de joie. Le thérapeute, conscient des fréquents dilemmes vécus par les patients, se doit de les guider vers l'acceptation de la nécessaire tolérance non seulement à la frustration, mais à la souffrance. L'objectif de la thérapie n'étant pas – ce qui est expliqué dès le début – d'être « heureux tout le temps », ce qui ne veut pas dire grand-chose, mais de récupérer sa puissance personnelle.

Lors de l'expérimentation de ces changements d'attitude (tant vis-à-vis des autres que d'eux-mêmes), les patients peuvent être pris de doute quant à leurs réelles motivations : consciemment, ils sont pleinement désireux de ces importants changements, tandis qu'inconsciemment, l'espoir de prolonger l'immaturité affective risque de persister. Devenir responsable de sa vie peut encore faire très peur. Le thérapeute doit se montrer très attentif et leur rappeler que « la culpabilité existentielle naît de l'omission : coupables de ce que l'on n'a pas fait de sa vie[1] ». Il leur rappelle les affres qu'ils vivaient avant d'entreprendre, avec un beau courage, leur thérapie. Il rassure régulièrement les patients sur l'importance de ce nécessaire travail, sur les nombreux avantages qu'ils retireront de ces renoncements successifs. Il les

---

1. I. Yalom, *op. cit.*, p. 386.

informe des dangers des prophéties dévalorisantes : « Je n'y arriverai jamais, ce n'est pas pour moi… », prophéties auto-réalisatrices qui les ont tant fait souffrir dans le passé. Séance après séance, ce travail thérapeutique les renvoie à une réalité qu'ils avaient depuis si longtemps bannie ou ignorée : l'obligation de ne compter que sur eux, de renoncer désormais à leur **sentiment d'impuissance**, à **l'apitoiement sur eux**. Encore des renoncements… Pourtant, grâce à eux, de nouveaux possibles apparaissent dans le ciel bien couvert qu'était le leur.

Un autre renoncement – ô combien pénible – est à faire : il s'agit d'abandonner la croyance selon laquelle leur mission sur terre est de **faire le bonheur des autres**. Tout comme ils ont lâché l'illusion que leur bonheur ne pouvait venir que de l'extérieur. Il faut prendre le temps d'expliquer que, tout comme eux, autrui est responsable de son propre bonheur et que l'on peut y participer s'il en exprime le désir. Mais que sa demande constitue la limite de ce qu'ils peuvent accomplir pour eux. « Mais alors, ma vie deviendra inutile ! », ainsi peut se résumer la panique que ce renoncement implique. Car « être utile » est un besoin consubstantiel chez les dépendants affectifs pathologiques. Or il ne s'agit pas de cesser de l'être, mais d'apprendre à l'être à bon escient et en réponse à une demande – tout simplement pour éviter d'être intrusif comme peut l'être un Sauveur. Apprendre à être *réellement* utile tout en restant fidèle à soi-même, sans mettre dans l'ombre ses propres besoins. La générosité, la sollicitude, l'empathie et la compassion sont de belles valeurs : il serait bien dommage de les gâcher par excès ou par désir de possession de l'autre. Ne dit-on pas qu'il est préférable d'apprendre à pêcher plutôt que de pêcher à la place de l'autre ?

« Prière Gestalt » de Fritz Perls

« Je m'occupe de mes affaires et tu t'occupes de tes affaires.
Je ne suis pas dans ce monde pour satisfaire tes attentes.
Et tu n'es pas dans ce monde pour satisfaire les miennes.
Tu es toi et je suis moi.
Si par chance nous nous trouvons mutuellement, c'est merveilleux.
Sinon, nous n'y pouvons rien. »

J'en arrive maintenant aux renoncements les plus douloureux, liés à celui de **plaire**, et qui débouche sur la terreur d'être peut-être **moins aimé** si l'on ose enfin quitter les oripeaux des anciens costumes endossés pour séduire, pour se conformer. Moins aimé ou, pire, ne plus être aimé par certaines personnes : l'on pourrait se demander s'il s'agissait vraiment d'amour… Crainte de déplaire à ses parents. À la question : « Vont-ils moins m'aimer ? », je répondrai : « S'ils vous aiment vraiment, ils vous aimeront toujours, comme vous êtes. » Ils n'ont pas à désirer le contrôle sur eux en faisant miroiter une belle récompense s'ils se soumettent. Ni les parents sur leurs enfants, ni les adultes entre eux, cela va sans dire. Crainte aussi de déplaire à ses amis, à son compagnon de vie, à son entourage, alors que l'on sait tellement bien les servir… Mais s'ils ne savent apprécier que le

« service », quelle est la valeur de leurs sentiments ? Et quelle est la valeur des sentiments de celui qui ne sait que se sacrifier ? Tellement de questions, tellement de peurs…

Car il s'agit bien là de renoncer « pour toujours » à la **fusion**, à la dépendance affective pathologique. D'accepter de se détacher en existant, de devenir un individu à la fois séparé et relié à d'autres : il s'agit d'un processus « normal » qui permet de se sentir une personne entière et complète. C'est ainsi que l'on peut acquérir l'autonomie, sachant, j'insiste, que l'indépendance totale n'existe pas. Seul ce détachement permet d'accéder à la véritable intimité avec l'autre, dans le respect de l'intégrité de chacun. Car comment être intime avec quelqu'un si j'ai l'illusion qu'il fait partie de moi ? Seuls deux êtres séparés sont en mesure de se réunir, d'aller l'un vers l'autre. Ce qui est valable en amitié et en amour l'est tout autant pour les liens tissés en famille. Seule la qualité de la vie relationnelle est en mesure d'atténuer grandement la terreur de l'isolement existentiel. Seule la **défusion** peut apporter cette qualité. Le désir d'être aimé est bien humain, tout individu sur terre est dépendant affectivement, mais le besoin de fusion-totale-tout-le-temps ne peut qu'éroder les liens jusqu'à leur disparition. À l'inverse, se sentir libre dans l'expression des attachements autorise leur approfondissement et garantit leur durée.

Cette **acceptation du détachement** fait sourdre tant d'angoisses que le temps est une aide très précieuse : tout se fera très lentement, très progressivement, avec des moments d'arrêt pour rassurer le patient. L'idée même de se détacher renvoie immanquablement à l'angoisse archaïque de séparation : il faut rassurer et rassurer encore sur le fait que l'on est mieux aimé si l'on est séparé. Que l'on perd une forme de sécurité – illusoire en réalité –, que l'on y gagne en terme de capacité à mieux vivre. Il s'agit d'entamer ce travail de renoncement, qui s'apparente à un deuil, à l'acceptation de la séparation – ce qui se passe déjà lors de la naissance puis à la fin de la fusion avec sa mère. Une séparation qui ne va pas sans peine mais qui autorisera l'apprentissage d'une solitude bien vécue. N'est-on pas heureux de se retrouver avec son meilleur ami ? Devenir capable d'être seul avec soi-même permet un amour authentique pour l'autre. L'estime de soi est bien là : une magnifique victoire pour les patients. Ils sont devenus leur propre mère suffisamment bonne, l'autoparentage est un succès. Ils savent qu'ils sont aimés, qu'ils peuvent l'être.

Accepter la séparation, le détachement, ne peut se faire que si l'on a su construire des frontières efficaces entre son monde intérieur et le monde extérieur.

Construire des frontières extérieures

Lorsque la notion de séparation – qui n'est en rien un isolement – est bien intégrée, les patients sont aptes à reconnaître qu'ils sont différents des autres, uniques en leur singularité. Capables d'établir une nette distinction entre eux et autrui pour ne plus se diluer, se perdre dans ces autres. « Être connecté signifie être en lien, avoir une relation. Si on n'est pas séparé, on ne peut pas se connecter[1]. »

_____
1. A. Linden, *op. cit.*, p. 9.

La notion de territoire est tout aussi importante chez les êtres humains que chez les animaux. Si ces derniers le marquent avec leurs odeurs, nous marquons aussi le nôtre (sans le savoir) très tôt dans notre histoire. La fonction de la partie du cerveau nommée cerveau reptilien (car il nous vient de très loin) est justement de protéger notre territoire. Il s'agit bien sûr de notre espace personnel : le premier territoire physique étant notre corps qui n'appartient à nul autre qu'à nous-mêmes. C'est pourquoi les punitions corporelles constituent des intrusions majeures sur le corps des enfants, c'est pourquoi les attouchements sont considérés comme des viols. Depuis l'enfance, nous défendons jalousement *notre* lit, *notre* étagère, *notre* tiroir, *notre* chambre, *nos* affaires (vêtements et objets de tous ordres). Et nous avons raison : il y va de notre sentiment de sécurité. Sans cet espace personnel, nous nous sentons en danger et pouvons très vite devenir agressifs. Ce qui explique certains comportements peu civils dans les transports en commun où l'on est tassé comme des bestiaux partant à l'abattoir, ou dans un petit appartement partagé par une famille très nombreuse, ou dans des immeubles où les bruits de la vie privée des uns empiètent sur le territoire de la vie privée des autres…

Il en va de même pour ce qui concerne notre espace personnel cognitif, psychologique et affectif : il nous faut le défendre contre toute forme d'intrusion ; sans pour autant s'y réfugier dans une sorte de repli qui exclurait les contacts avec les autres et entraînerait une forme de solitude « retranchée » peu vivable. Après tout, pénétrer chez quelqu'un par infraction est puni par la loi. Nombreux sont celles et ceux qui, ayant subi un vol de radio dans leur voiture ou un cambriolage, ont le sentiment d'avoir, disent-ils, « subi un viol ». La protection du territoire physique relève du peu d'instinct qui nous reste. J'aimerais évoquer ici ce que j'appelle « l'apprentissage de la porte fermée ». Tant je suis consternée lorsque j'entends des parents me dire qu'il n'y a pas de porte à leur chambre ! Qu'ils demandent à leurs enfants de ne jamais fermer complètement la porte de la leur ! Qu'ils ne frappent pas avant d'y entrer ou bien ils frappent et entrent sans attendre la permission ! Autant d'intrusion relève du plus grand irrespect, même lorsqu'il s'agit d'enfants. « Mais il a peur du noir… » : à quoi servent les veilleuses, à quoi servent les appareils qui permettent d'entendre pleurer le petit dans sa chambre, dans *son* espace ? Pas plus tard qu'hier, une patiente me disait que même la porte de la salle de bains ne fermait pas, que ses parents pouvaient y entrer pendant qu'elle se douchait ! Sans parler de la porte des toilettes… Tout comme l'impudeur et l'exhibition des corps qui déstabilisent les – mêmes – enfants… qui subissent ainsi de nombreuses invasions dans leur territoire sous prétexte qu'ils sont des enfants.

Cependant, car ces exemples décrivent des intrusions très évidentes, il n'est pas toujours aisé de repérer les « franchissements » de frontières commis par les autres – comme nous ne sommes pas forcément conscients des nôtres. Qui pourrait qualifier d'intrusion le simple fait de donner un conseil sans qu'il ait été demandé ? Qui pourrait qualifier d'intrusion le simple fait de poser certaines questions d'ordre privé « parce qu'on s'inquiète et qu'on a besoin d'être rassuré » ? Les donneurs de leçons de morale, même déguisées, savent-ils qu'ils sont intrusifs ? Avec les meilleures intentions du monde, nous risquons bien souvent d'envahir quelque peu le territoire de l'autre. En réalité, nous n'identifions ces empiétements sur notre espace personnel qu'en étant très disponibles à ce que nous ressentons. Et donc une fois que le « mal » est fait. Une fois que nous ressentons des émotions de l'ordre de la **colère**, mais sans toujours savoir vraiment pourquoi. Maintenant, vous le saurez : sans même qu'il y ait un désaccord ou un conflit, la colère peut être générée par une intrusion dans votre territoire personnel invisible. D'autant plus que l'intimité autorise souvent ces entrées dans cet espace très privé. Les frontières ne sont pas toujours très claires. Dans de nombreux exemples donnés dans les parties précédentes, les différentes formes d'intrusion sont multiples. Comme cette mère qui, en cachette, met des petites annonces pour « caser » sa fille, ou celle qui, sans le lui dire, met une annonce pour que sa fille trouve un autre travail. Et tant d'autres, dans l'enfance – beaucoup de parents désirent que leurs enfants partagent avec eux leur espace personnel : « Tu me dis bien tout, n'est-ce pas ? Tu ne me caches rien, ce serait très vilain de ta part », quand ils ne lisent pas leurs journaux intimes. Quand ils ne mettent pas une pression insupportable pour le choix des études, voire du partenaire en amour. Entre deux adultes recherchant la fusion, l'intrusion est constante : « On se dit tout » en est la phrase type.

La colère, comme la révolte, est nécessaire pour faire cesser toute forme d'intrusion. Défend-on son pays en s'envoyant des fleurs ? « La protection de notre vie privée nécessite parfois une réaction défensive pleine d'assurance et parfois de colère[1]. » D'autant plus que cette saine colère peut s'exprimer dans le plus grand calme, un calme qui trouve sa source dans la certitude d'être dans son bon droit. C'est toute notre attitude non verbale qui transmet le message : « **Propriété privée, défense d'entrer sans permission** ». Plus les enfants grandissent et plus ils ont le droit de refuser nettement et fermement l'invasion parentale. Devenus adultes, ce refus est un devoir : parce qu'ils sont loyaux envers eux, parce qu'ils se respectent. Ils se doivent à eux-mêmes de la refuser où d'en fixer les limites, ou encore de l'accepter si tel est leur bon vouloir. C'est à eux de décider. Ce qui n'équivaut pas, évidemment, à une déclaration de guerre : il n'est question ici que de protéger son espace personnel. « Le but des frontières est de se protéger du monde, de ne pas être submergé par les émotions des autres ou des situations physiquement, mentalement, émotionnellement ou spirituellement dangereuses[2]. »

Comment affirmer que l'on aime quelqu'un si l'on veut lui **imposer** une idée : « Je trouve ton envie de partir seule au Japon très inquiétante, tu ferais mieux d'y renoncer… », une façon de faire : « Moi, à ta place, je m'y prendrais autrement », **modifier** ses pensées : « Tu ne peux pas penser ainsi, tu te trompes, tu ne sais pas ce que tu dis », ce qu'il ressent : « Moi, à ta place, je ne serais pas si triste, tu as tort, tu sais… ». De quel droit et pour qui se prend-on ?

---

1. E. Guilane-Nachez, D. Akutagawa, T. Whitman, *Mêlons-nous de nos affaires ! Nos territoires et ceux des autres dans la vie personnelle et professionnelle*, InterÉditions, 1997, p. 23.

2. A. Linden, *op. cit.*, p. 9.

Toute forme de contrôle sur l'autre est intrusive. Certaines personnes ont la fort désagréable manie de finir les phrases commencées par les autres : quelle prise de pouvoir ! Et quelle intrusion ! « Mais c'était juste pour l'aider, lui montrer que j'avais bien compris… » : mauvaise décision. Si, enfin, la phrase est terminée par celui qui l'avait commencée, la vérité tombe comme un couperet : « Ce n'est pas du tout ce que je voulais dire ! »

Protéger son territoire – afin d'éviter toute atteinte à son intégrité – consiste aussi à expliquer aux personnes de son environnement proche que l'on peut avoir envie de solitude ou de silence à certains moments, sans que ce soit interprété comme une bouderie ou le signe de mauvaise humeur. Cela ne signifie pas que certains de leurs comportements ne nous plaisent pas ou que certaines paroles nous font souffrir. Ce territoire personnel (psychologique, mental, émotionnel) est celui de notre identité : il représente le dernier bastion de notre moi profond. Il génère les plus grandes colères lorsqu'il est envahi. Franchement, entre nous, comment supportez-vous que des gens, même proches, se mêlent de vos affaires ? À votre avis, comment les autres supportent-ils que l'on se mêle des leurs s'ils ne demandent rien ? Les patients qui souffraient d'une dépendance affective pathologique étaient les meilleurs envahisseurs, les plus doués – leur quête effrénée d'amour les poussait dans les derniers retranchements des autres : leur espace personnel. Le renoncement à la fusion et l'acceptation de la séparation vont les aider à se détourner de ce qui était chez eux extrêmement spontané et tellement intrusif. Comme ils ont appris à trier ce qui était de leur responsabilité et ce qui relevait de celle de leurs parents durant leur enfance, il leur faut maintenant déterminer clairement ce qui leur appartient et ce qui appartient à l'autre. Séparer ce qui est leur propre problème de ce qui est le problème de l'autre. Ce qui est leur propre émotion de ce qui est l'émotion de l'autre. Ce qui est sur leur territoire de ce qui est sur le territoire de l'autre.

Marie, 32 ans, écrit à ses parents : « Maman, je voudrais exprimer ma souffrance, et cela après que ces dernières semaines, nous soyons arrivées à un point où nous ne pouvions plus communiquer. Je vais vous dire des choses que je ne vous ai jamais dites auparavant. Ma souffrance, dis-tu, oui, il y en a. Elle est plus précisément expliquée dans deux lettres que je vous ai écrites il y a plus d'un an, que je ne vous avais pas envoyées jusqu'ici, pour vous ménager. Je crois qu'il est bon maintenant que vous les receviez et les lisiez, je les ai ajoutées à cette lettre dans l'enveloppe. De la souffrance oui. Vous m'avez volé une partie de mon enfance. Oui, parce que la situation était tellement compliquée chez vous, entre vous deux, qu'il n'y avait pas de place pour que je m'exprime, que je tente de nouvelles aventures, que j'aille découvrir le monde. Non, ma seule issue était de travailler, je me répétais qu'ainsi, j'aurai la paix, vous ne m'embêteriez plus avec vos problèmes de couple, de famille.

J'ai souffert, oui, j'étais dans la peur ambiante de vos réactions, je n'étais pas en confiance, je tremblais au moindre de vos pas, portant mon attention sur le son qu'allait faire la poignée du garage à votre retour, ce qui indiquait plus ou moins l'état d'esprit dans lequel vous étiez, particulièrement pour toi Maman, dont je ne savais jamais dans quel état tu étais, avec la crainte que ça n'explose à tout moment, sans savoir pourquoi. J'avais peur de faire trop de bruit, d'être vivante. Vos crises me laissaient paralysée, je faisais tout pour ne plus faire de bruit, pour ne pas vous contrarier, me sentant obligée de rester à vos côtés parce que passer du temps avec des amis, ce n'était pas possible, pour toi Maman, surtout (interdit d'être bien ailleurs). L'extérieur était mauvais, il fallait toujours se méfier. J'ai été victime de votre système et je pense que vous avez vécu sur mon dos.

Papa, jamais tu ne t'es dit que des enfants pouvaient avoir besoin d'encouragements, qu'ils pouvaient être félicités quand ils réussissaient ? Nous réprimander, nous demander toujours plus, ça, tu savais faire, mais je cherche quand est-ce que tu nous as félicités. Je ne trouve pas. Et c'est toi ensuite qui me dis que je suis perfectionniste ! On a tenté d'en parler tous les deux de tout cela, il y a un an. Tu m'as alors indiqué que tu avais toute confiance en moi à l'époque, que tu savais que je « réussirai » mes études. Mais alors pourquoi t'es-tu acharné à me baratiner avec les grandes écoles, X ? Combien de cauchemars ai-je fait quand, une fois arrivée à T., je retournais en prépa, parce que cette école n'était pas assez bien, qu'il fallait à nouveau tenter X et tout cela avec la crainte de ne pas avoir une école aussi bien à nouveau ? N'as-tu pas compris que je cherchais ton regard, ton admiration, de la reconnaissance, que je n'aurai jamais ? Pourquoi ce que je faisais n'était jamais assez bien ? Que de jalousie j'éprouvais quand tu étais tendre avec les cousins, et je me demandais bien ce que je devais faire pour que tu le sois avec moi ! J'étais prête à tout pour que tu me regardes, mais j'ai le sentiment que tu ne semblais pas t'en rendre compte. L'édu-

cation, c'était à la dure, sans émotion, avec comme unique objectif de vie : réussir à intégrer une grande école, gage ensuite d'une vie réussie. Je n'ai pas le souvenir de vous avoir entendu dire : "Un jour, tu te marieras, ce sera un beau moment... Un jour avec ton mari, vous ferez le choix d'avoir des enfants..."

À croire que je n'ai pas le droit de mieux réussir ma vie affective que la vôtre. Tout comme je n'ai pas eu la permission de mieux réussir ma vie professionnelle, de gagner plus d'argent. Maman, plutôt que de t'en réjouir, tu le vis mal. Jalousie ? Aimer, n'est-ce pas vouloir le meilleur pour l'autre, le sentir épanoui, indépendant ?

Mais, effectivement, exprimer cela à vos côtés, c'était impossible, vos disputes occupaient trop l'espace de parole, sans compter que j'étais votre otage, quand Maman venait dans ma chambre pendant des heures, me raconter ses déboires conjugaux, que je n'avais pas à écouter et à entendre, et que toi, Papa, tu pensais plus à toi qu'à tes enfants. Que jamais tu n'as demandé à Maman de me laisser tranquille, tu ne me protégeais pas, tu t'appuyais sur moi pour arrondir tout cela.

Non seulement votre fille a souffert, mais elle subit encore vos insultes, vos reproches, vos tentatives de chantage affectif. Les enfants n'ont pas à être des clones de leurs parents. Normalement, ils doivent recevoir la permission d'être différents, d'aimer et de s'épanouir ailleurs.

Vous voir, me proposez-vous ? Peut-être, quand Maman se contrôlera, car maintenant, je ne veux plus de ses crises d'hystérie, c'est terminé pour moi. Je demande aussi que vous arrêtiez de jouer aux victimes, que vous vous comportiez en parents responsables. Et, au passage, ce n'est pas parce que vous êtes des parents que vous avez forcément raison. Il serait temps que vous reconnaissiez vos erreurs.

Ce que je veux maintenant, c'est que : 1) Vous me laissiez vivre ma vie d'adulte, sans souhaiter contrôler ce que je fais ; je ne veux plus perdre mon énergie avec vos problèmes, vos angoisses ; cette énergie, j'en ai besoin pour construire ma vie de femme. 2) Vous ne vous comportiez plus comme des victimes. 3) Vous reconnaissiez vos erreurs et me présentiez des excuses pour vos comportements nuisibles, pendant mon enfance, car la victime, c'était moi, et non vous, comme vous semblez croire.

Si vous souhaitez que nous nous voyions, il va falloir que vous acceptiez mes règles. Je ne connais pas bien vos enfances, même si j'en pressens quelques éléments, avec leurs consé-quences dans nos vies. Je vous suis reconnaissante de m'avoir apporté du confort matériel, de m'avoir fait découvrir l'Europe, de m'avoir offert des séjours linguistiques, de m'avoir payé mes études à Paris. Cela vous intéressera peut-être de savoir que je n'ai plus de troubles alimentaires, que je mange maintenant de tout, sans crainte, sans angoisse, que j'ai retrouvé une hygiène de vie saine et stable, que j'ai des amis de qualité, et surtout, que je suis heureuse avec D., d'autant plus maintenant que nous partageons notre quotidien. »

Cet apprentissage ne peut exister sans rendre concrète la notion de séparation : en découvrir les conséquences dans la vie de tous les jours. Pour clarifier les territoires (le sien et celui de l'autre), il est plus facile d'en faire une image : deux cercles reliés par un « pont » représentent deux personnes, ou plutôt l'espace personnel de deux personnes qui sont séparées et connectées. Les cercles déterminent le tracé des frontières. Des frontières perméables : le lien existe toujours, tout comme la communication. Souvent, je propose aux patients d'imaginer que ces « bulles » possèdent une porte et des fenêtres, avec des poignées à l'intérieur. Il leur appartient de se mettre au rebord de la fenêtre pour discuter avec l'autre, ou d'ouvrir grand la porte pour l'inviter à partager son intimité… Une bonne relation avec soi permet de faire tout ce qui est nécessaire pour protéger son territoire, une solide estime de soi autorise à en préciser le tracé, à le rendre clair – pour soi-même et pour les autres – afin de s'y sentir en sécurité. Comme lorsqu'il s'agissait des frontières internes, il n'est nullement question d'ériger des murs entre soi et les autres : c'est le fait des psychopathes. Il s'agit simplement de clarifier ses frontières extérieures qui, grâce aux ouvertures, ne signifie pas l'exclusion des nécessaires nourritures affectives. Bien au contraire, elles permettent de se sentir impliqué dans la vie des autres en déterminant, en choisissant les limites de cette implication, en autorisant les désaccords, en acceptant de ne pas « mettre à l'intérieur » de son territoire les émotions de certains autres afin de conserver le lien affectif existant avec eux – l'on peut connaître les émotions d'autrui sans nécessairement les ressentir : ce n'est pas une forme d'amour. En supprimant aussi cet étrange besoin d'avoir toujours raison. Mais en refusant à autrui l'autorisation de faire des commentaires sur vous (sauf s'ils sont doux à entendre), de vous critiquer quand vous ne leur demandez pas leur avis ou, pire, de vous faire des remarques malveillantes. Portes et fenêtres constituent des ouvertures à l'autre, dans tous les sens du terme. Une écoute, un intérêt, pas un poids que l'on voudrait porter par je ne sais quel esprit de sacrifice, car : « L'homme naïf étouffe les êtres qu'il chérit dans l'écœurant cocon de sa bonne volonté[1]. »

> *Florence : « Je reviens d'un séjour dans le Midi, un séjour pendant lequel force a été de me souvenir que j'étais la fille de mes parents, et que certains schémas semblent immuables. Je pense qu'il n'y a plus d'amour entre moi et ma mère, et l'obligation du devoir filial est dénuée de plaisir… Regagner mes positions. Savoir qu'à un moment de ma vie, j'ai eu très peur et que, dans un réflexe enfantin, je me suis tournée vers ceux qui auraient pu me protéger, mes parents… Savoir depuis longtemps qu'ils n'en sont pas capables. Défaire ce nœud-là. Rapidement. Dire Merci et au revoir. Arrêter. »*

Il s'agit aussi, avec les frontières extérieures, de trouver un équilibre qui prenne en compte le possible conflit entre respecter sa cohérence et son intégrité et se suradapter au désir de l'autre, entre rester fidèle à soi et le désir d'aider les autres, certains autres. Tout va dépendre de qui il s'agit, de la nature de la demande (sans demande, il n'y a pas d'aide mais du Sauvetage), de son envie d'y consacrer de l'énergie, et de quelle quantité d'énergie l'on dispose à ce moment-là. « Et la spontanéité ? », me direz-vous peut-être… Eh bien je vous répondrai qu'après tant d'années, de décennies passées

---

1. R. Blye, *L'Homme sauvage et l'enfant. L'avenir du genre masculin*, Le Seuil, 1992, p. 96.

dans la dépendance affective pathologique, les patients mis dans ce type de situation doivent parfois prendre le temps de réfléchir. Leur spontanéité leur a joué tant de vilains tours… D'autant plus qu'il ne peut exister de véritable empathie – l'aptitude à comprendre l'autre en décidant, pour un moment, de voir la situation avec ses yeux et non plus les vôtres – tant que l'on s'imagine dans l'obligation d'aider quelqu'un. Ce qui implique de sortir de l'égocentrisme pour « se brancher » sur l'autre.

Les patients qui souffraient d'une dépendance affective pathologique sont désormais sortis du déni de leur réalité, ils ont réussi à construire de bonnes relations avec eux-mêmes et avec les autres. Ils vont maintenant s'engager sur le chemin qui va les mener vers la maturité affective.

Vers la maturité affective

Grâce à leur travail, les patients ont mûri, grandi. Ils acceptent d'entrer dans l'âge adulte, ce qu'ils refusaient, inconsciemment, jusqu'alors car ils se berçaient d'illusions qui dissimulaient leur grande peur d'avoir à devenir responsables de leur vie. Ils laissent derrière eux un passé qu'ils ont pu, en partie, réparer. Ils l'acceptent malgré tout ce qu'il portait comme souffrance, malgré ses répercussions qui les ont longtemps détournés de leur véritable personnalité. Ils savent qu'ils ne doivent plus aliéner leur paix intérieure, leur cohérence ni leur intégrité dans une vaine recherche d'approbation, de reconnaissance ou d'amour. Qu'il n'est plus question désormais de ne s'attribuer quelque valeur qu'en fonction du regard que les autres portent sur eux.

Accepter la responsabilité de sa vie

Le propre d'un individu adulte est de savoir se prendre en charge, d'assumer ses pensées, ses désirs, ses émotions (tous ses désirs et toutes ses émotions dans le présent) et la façon de les exprimer. D'assumer ses comportements et leurs conséquences, tant sur lui-même que sur les autres. J'insiste sur le fait que les patients sont en mesure d'assumer leurs sentiments d'aujourd'hui, alors qu'ils ne sont pas responsables de ceux ressentis dans leur passé, mais bien plutôt de l'attitude qu'ils décident d'avoir désormais à leur égard. Ce qui implique de savoir réfléchir pour développer la conscience de soi. Savoir ce que l'on veut et ce que l'on ressent, admettre que ses besoins (qu'ils soient d'ordre affectif ou émotionnel) ne seront pas toujours satisfaits, ou qu'ils doivent être différés. Être capable d'accorder aux autres la même liberté d'être ce qu'ils sont. Renoncer à les « utiliser » pour leur propre profit mais devenir curieux de ce qu'ils sont vraiment dans leur entièreté afin de mieux les comprendre. Et, s'ils le peuvent et le désirent, répondre à leurs demandes d'aide ou de soutien. Accepter, même si cela peut être parfois pénible, de décevoir, de déplaire, de ne pas être aimé sans se sentir abandonnés pour autant. Compter sur eux pour donner un sens à leur vie, en restant à la fois séparés et reliés, même si tous les rêves n'ont pas été réalisés. Être en mesure, plutôt que de se dévaloriser au moindre « ratage », de repérer quelle était la fonction positive – la motivation, la peur ou le besoin à satisfaire – de tel ou tel comportement inadapté à la situation. Se donner le droit à l'erreur sans se fustiger. Se faire confiance : écouter ses émotions, les nommer, comprendre leur message. Savoir s'appuyer sur ses ressources, et parfois sur ses limites.

C'est tout cela, et sans doute plus encore, prendre la responsabilité de sa vie, décider de dépendre de soi-même tout en respectant autrui, tout en sachant accepter son aide et son soutien lorsque c'est nécessaire. Savoir protéger ses frontières extérieures et tenir compte de celles d'autrui. Se considérer comme une personne pleine et entière, aussi importante que toutes les autres. Accepter de prendre leur part de responsabilité dans ce qu'ils vivent, ce qui signifie cesser d'accuser le monde entier de leurs malheurs. Accepter de prendre leur part de responsabilité, lorsque cela est justifié, dans la blessure faite à l'autre : être capable de réparer ou de s'en excuser. Et réciproquement. Comprendre la boucle de rétroaction de la communication : avoir conscience de l'impact de leurs comportements sur l'autre. Car il est essentiel d'intégrer l'idée que l'être humain, par ses comportements, peut susciter aussi bien le pire que le meilleur chez ses interlocuteurs. Il est aussi de leur responsabilité de s'adapter – ou non – à ces derniers, et donc d'en assumer les conséquences. Et réciproquement. Intégrer l'idée que l'on ne peut être différent de ce que l'on est et que l'on peut évoluer toute sa vie. Garder en mémoire que, grâce au reparentage, il est toujours possible de se consoler et qu'il serait dommageable de répondre aux désirs de fusion qui ne manqueront pas, dans les mauvais moments, de réapparaître. Des individus responsables d'eux et de leur vie. Si « l'irresponsabilité est la clef de la jeunesse éternelle[1] », il convient aussi d'accepter que nous construisons nous-mêmes, et pour la plus grande part, notre vie, pour le meilleur et pour le pire.

Vous avez déjà fait la connaissance de Yalcin et de sa peur d'aimer, de son enfance douloureuse aussi. Aujourd'hui, il veut vivre sa « vraie » vie et abandonner son rêve de devenir « le plus grand footballeur, celui que tous aiment et admirent ». Il refuse de vivre un jour de plus « le martyr avec I. » :

« Je veux prendre mon envol, affirme-t-il avec assurance, je ne veux plus lui appartenir, je ne veux plus être son punching-ball ou son bouc émissaire, je ne veux plus supporter son contrôle perpétuel sur moi. Ma vie est comme un livre dont les pages ne sont pas reliées : je prends les feuilles dans le désordre mais je veux les remettre en place pour reconstituer le livre. Je n'écouterai plus ses jugements et ses critiques – elle se moquait même de ma religion, "une religion de merde", disait-elle. Je ne veux plus être sa victime car je suis en train de découvrir qui je suis. J'étais bien trop dépendant de ses idées et ses jugements. Elle n'a su que donner des titres à ses promesses, elle n'a pas su agir. Je ne lui obéis plus et je me sens bien en disant ma vérité : j'ai

___

1. D. Kiley, *op. cit.*, p. 56.

accédé à ma vie en parlant à I. de mes souffrances. Elle n'a pas le monopole de l'enfance malheureuse. Aujourd'hui, elle tente de résoudre mes problèmes mais je ne lui demande rien. Je lui refuse le rôle que j'ai si longtemps joué : la victime. Je reprends possession de ma vie : j'ai donné mon temps aux autres au lieu de m'occuper de moi. I. me garde depuis longtemps auprès d'elle par un chantage au suicide, décrétant que je n'avais pas d'autre mission que, je la cite, lui apporter du bonheur ! Mais je suis en pleine révolution et je parviens à dire que je ne suis plus d'accord, je sais maintenant lui dire non.

Quand je l'ai rencontrée, j'avais la pêche, j'adorais danser. Puis j'ai perdu l'envie de sortir, de rencontrer des gens. Je n'avais plus envie de danser, je ne faisais plus de sport. J'étais devenu casanier, triste, seul avec mon joint du soir pour me détendre. Avec elle, l'amour était un gouffre qui me faisait tellement peur ! Mes parents acceptent très bien la distance que j'ai installée vis-à-vis d'eux. Ils me regardent enfin comme un adulte et ne tentent plus de me culpabiliser. Avant, je croyais que je devais sauver le monde, être le meilleur de ma famille, sa fierté. Ce rêve n'existe plus. L'amour d'I. est tellement égoïste ! Je ne m'en rendais pas compte, je lui faisais confiance. Je me suis occulté moi-même : j'ai accepté ses œillères par amour, c'est pour ça que j'ai accepté de subir. Après le travail, plus je m'approchais de la maison, moins bien je me sentais. Il n'y a pas longtemps, j'ai trouvé le courage de lui dire que j'avais peur de la mère qu'elle pouvait être. De toute façon, nous ne ferons pas d'enfant ensemble : depuis plus de cinq ans, elle ne parle que de ça et je n'éjacule plus. C'est mon corps qui refuse. Je me donne encore du temps, mais je sais que ma vie avec elle est en train de se terminer. »

Se montrer responsable de soi, c'est aussi accepter de devenir autonome vis-à-vis des figures d'autorité, qui faisaient tellement peur ! En tout premier lieu ses parents. Quitte à leur déplaire, quitte à les contrarier : ils ne changeront sans doute pas, mais votre attitude lorsque vous êtes avec eux, ou en communication avec eux (qui, elle, a changé) leur démontrera que vous n'êtes plus un petit enfant que l'on peut contraindre et contrôler. Même si vous serez toujours et à jamais leur enfant, vous êtes désormais un enfant devenu adulte, agissant comme tel. Tant qu'ils seront vaillants et en bonne santé, vous ne leur devez rien. Si vous éprouvez de l'affection pour eux, agissez en fonction de ce qu'elle implique pour vous. Et acceptez la réciproque : ils ne vous doivent plus rien aujourd'hui. Et si le lien s'est effiloché, que reste-t-il ? Il importe de l'analyser consciemment pour en tenir compte. « En disposant à tout âge de la lucidité nécessaire, nous pouvons éviter de chanter encore et toujours les mêmes chansons tristes[1]. » Tout ceci en gardant en mémoire que le désir est souvent trop exigeant, tandis que le souhait est plus souple. Formuler un souhait, c'est savoir que, même réaliste et réalisable, il peut être différé, ou jamais satisfait, ou même... peu souhaitable en fonction de ce que l'on est et de l'environnement humain.

---

1. J. Viorst, *Les Renoncements nécessaires. Tout ce qu'il faut abandonner en route pour devenir adulte*, Robert Laffont, « Réponses », 1988, p. 347.

Vanessa, 34 ans. « J.-C., il y a maintenant cinq ans que nous vivons ensemble et j'ai parfois l'impression que je ne sais plus ce que signifie être une femme. Ton égocentrisme me désespère. J'ai tout tenté, tout essayé pour te faire comprendre qu'un couple, ça ne marche pas comme ça, à la fois chacun de son côté et moi à ton service quand ça te chante. Je ne te désire plus depuis longtemps, tu ne penses qu'à ton plaisir, comme si j'étais une poupée… Je me sens exploitée, physiquement, matériellement, psychologiquement, affectivement. Dans notre vie, tout tourne autour de toi, de tes idées, de tes envies, de tes muscles! Nous sommes tellement éloignés l'un de l'autre! Pendant toutes ces années, j'ai eu peur de toi, car tes mots, tes regards, tes gestes peuvent être si blessants, ils m'ont si souvent blessée… Tu me reproches d'avoir pris du poids, tu critiques mes goûts, mes façons de penser. J'ai petit à petit découvert en toi un petit tyran complètement imbu de sa personne, élitiste, vaniteux. Insupportable, agressif. J'ai passé des nuits entières à te parler, à t'expliquer : tu ne m'entends pas, tu t'en fiches. Comme si rien ne pouvait te toucher. Parfois, tu me fais très peur, j'ai l'impression que tu es prêt à me frapper. Je préfère vivre seule : j'en ai même besoin pour me retrouver. J'ai passé tellement d'années seule pendant mes études, j'ai l'habitude. Et puis là, c'est mon choix. Je te quitte, et le seul fait d'écrire ces mots m'apaise.

Jean-Paul Sartre disait que « nous sommes condamnés à la liberté » : c'est ce qu'implique la responsabilité de soi. Une liberté qui fait très peur, dont les dépendants affectifs pathologiques ne voulaient surtout pas : ils la fuyaient. Ils prennent conscience qu'il est temps pour eux maintenant de la regarder en face, d'oser prendre le risque de s'y confronter, avec tout le cortège d'hésitations, de doutes, d'essais et erreurs qu'elle comporte. Se sentir libre ne signifie pas croire que l'on peut faire tout et n'importe quoi, quand on en a envie – même si c'est ainsi que l'on vit au Pays du Jamais Jamais[1]... S'il existe, ce n'est pas sur notre vieille terre. Croire en sa liberté, c'est arrêter de croire que notre destin ne nous appartient pas, ou qu'il existe une fatalité – le *fatum* – qui conduirait nos pas là où nous ne le voulons pas. Nous ne sommes pas des marionnettes, nous possédons un libre arbitre, nous sommes capables d'analyse, de réflexion. Et nous ne sommes pas omnipotents non plus. Les miracles de la pensée magique n'appartiennent qu'aux enfants... Être libre implique de refuser de rester dans l'ignorance.

Être responsable de soi, c'est savoir s'accorder suffisamment d'attention – sans se noyer, tel Narcisse, dans le miroir – pour connaître ses véritables besoins, qu'ils soient d'ordre physique (s'occuper de son corps, le ménager et le soigner), matériel, émotionnel, affectif, spirituel, etc. Il est essentiel de savoir de quelles nourritures affectives (notre besoin essentiel) nous avons vraiment besoin et faire en sorte d'être rassasié. Ce qui est valable pour tous les autres besoins, dans la mesure du possible et tout en restant réaliste. Ce qui n'empêchera jamais de rêver, rassurez-vous. Mais il s'agit de cesser de confondre le rêve et la réalité, de savoir distinguer quand nous sommes en train de rêver notre vie et quand nous la vivons réellement. Cette prise en

---

1. Au pays de *Neverland* (Peter Pan).

charge de soi par soi implique un regard différent sur soi et, par conséquent, de nouveaux comportements, de nouvelles attitudes. Car sans cette volonté de changer, de quitter des habitudes nuisibles à soi-même, il n'y a pas de liberté possible. Dans tous les domaines. Tout comme il est nécessaire de regarder le monde et soi dans le monde sous des angles différents : pour en modifier le sens donné dans les temps difficiles. Ce regard nouveau, cette attribution de sens encore inédite va engendrer des transformations dans la vie des patients. Leurs priorités ne seront plus les mêmes, leurs choix non plus, pas plus que leurs décisions, leurs orientations dans la vie, leurs projets.

> Bernard : «Je découvre que j'ai des envies sans en avoir peur. Je parviens à m'affirmer tout en restant serein. On se moquait toujours de moi, enfant, quand je disais que j'aimais regarder les oiseaux... J'ai décidé d'aller les voir chaque vendredi pendant la pause du déjeuner. Finalement, c'est très simple, il suffisait que je le décide. D'ailleurs, on ne se moque plus de moi, ou alors je n'y fais plus attention : ça m'est bien égal. Je n'ai plus honte de moi, de mon physique, de qui je suis. Je sais dire non (pas encore assez à mon goût, mais c'est toujours mieux que jamais), je sais dire quand je ne suis pas d'accord ou en colère. Je ne m'enferme plus dans le silence. Il m'arrive même, parfois, de frôler l'insouciance, la légèreté ! Je ne savais pas ce que c'était...
> Moi qui avais peur de tout le monde, je découvre, dans mon travail, que j'aime beaucoup animer des séminaires, des groupes de travail. Les gens viennent vers moi... Je me suis inscrit à un cours de dessin : c'est super... Je ne suis plus

malade, je dors bien. Je dis ce que je pense, ce que je ressens. C'est le plus difficile, mais j'y prends du plaisir. J'existe !

Se savoir libre peut, vers la fin de la thérapie, effrayer les patients qui, souffrant d'une sorte d'amnésie temporaire, ont oublié qu'ils ne sont plus impuissants comme ils le croyaient au début de leur thérapie, qu'ils peuvent quitter leur rôle de victime sans craindre de devenir transparents aux yeux des autres. Qu'ils peuvent, grâce à une vie relationnelle nourrissante, compenser le sentiment d'isolement inhérent à toute vie, réalité à laquelle seule la maturité affective permet d'accéder. Et l'accepter. Qu'ils se doivent à eux-mêmes de développer tout leur potentiel sommeillant dans les profondeurs de leur être. Et que cela leur demandera des efforts – dont, enfin, ils seront les premiers bénéficiaires ! –, qu'ils connaîtront sans doute des échecs, mais aussi des réussites qui les rempliront de fierté. Ils pourront se réjouir de tout ce que leur vie leur apporte (en acceptant de n'être pas constamment comblés) et cesser de ne penser qu'à ce qu'ils ne possèdent pas, n'ont pas vécu, ne peuvent pas faire ou qu'ils ne seront jamais. Ils pourront utiliser leur culpabilité existentielle (pour n'avoir pas plus tôt fait fructifier tout le potentiel qui est en eux, pour s'être trop longtemps délaissés) comme tremplin sur lequel rebondir pour s'éveiller davantage à ce qu'ils sont, à ce qu'ils sont capables de faire pour eux, de vivre pour eux. Les patients sont désormais conscients qu'ils sont à la fois responsables du sens qu'ils donnent à leur vie et aux événements qui la remplissent, et de leurs comportements dans leur façon de mener cette vie. Ce qui est essentiel dans leur thérapie dans la mesure où elle contribue à chasser le désespoir lié à la culpabilité lorsque l'on s'est montré déloyal envers soi-même.

J'aimerais terminer ce chapitre par cette citation qui, de mon point de vue, le résume pleinement. « L'être de l'homme […] ne lui est pas seulement donné : il lui est exigé. L'être humain en est responsable ; au sens littéral, il est tenu de répondre, s'il est interrogé, sur ce qu'il a fait de lui-même. Celui qui l'interroge est son juge, lui-même qui se tient devant lui. Cette situation génère de l'angoisse, […] qui est angoisse de culpabilité […], de rejet de soi ou de la condamnation. […] Dans ces limites, il lui est demandé de faire de lui-même ce qu'il est censé devenir, c'est-à-dire de remplir sa destinée. Dans tout acte d'affirmation de soi morale, l'être humain contribue à l'accomplissement de sa destinée, à l'actualisation de ce qu'il est potentiellement[1]. »

Mûris, grandis, devenus des adultes responsables, les patients sont alors prêts pour tenter l'aventure de l'amour.

Oser l'amour authentique

Le désir d'une rencontre naît d'une projection dans l'avenir. Une rencontre **authentique** implique d'avoir renoncé à la séduction et à la résignation, au contrôle de l'autre et à son « utilisation ». Renoncer à séduire signifie prendre conscience que l'on *est* séduisant : le *faire* laisse la place à l'*être*. C'est ce qui fait toute la différence, très qualitative.

_____

1. P. Tillich, *Le Courage d'être*, Le Seuil, 1971.

Renoncer à la résignation, c'est refuser de se soumettre à une quelconque forme de prise de pouvoir sur soi par l'autre – refuser d'être manipulé, utilisé par l'autre. Une rencontre authentique est une rencontre où l'on prend le risque de se dévoiler, de se montrer tel que l'on est – et de n'être pas toujours « agréé », ce qui ne veut pas dire que l'on n'est pas aimable au sens premier du terme, mais tout simplement que l'on ne plaît pas à cette personne-là. D'autant plus qu'il serait inutile de chercher à plaire tant que l'on ne se plaît pas : sinon le « mauvais goût » de l'autre serait trop flagrant et son intérêt sans valeur aucune. Une rencontre authentique implique aussi que vous êtes prêt à écouter la personne qui vous fait face, que vous êtes curieux d'elle, de tout ce qui la constitue. Comment, sinon, savoir qui elle est, la connaître afin de faire naître une véritable attirance fondée sur cette connaissance – et non sur la peur d'être seul. Pour cela, il faut décider de prendre du temps… C'est le plus beau cadeau que l'on puisse faire à l'autre et à soi-même – à l'amour aussi. Décider aussi que vous êtes libre de ne pas aimer : une nouvelle liberté qui va conférer à l'amour une belle qualité.

Car les sentiments humains ont une fâcheuse tendance à se confondre, à notre plus grand dam. Il n'est pas toujours simple de distinguer le désir du besoin de l'autre, ce besoin de l'amour, la peur de la séparation qui, à elle seule, n'est en rien une preuve d'amour, à l'instar de la codépendance et de la dépendance affective pathologique. Sans oublier cette curieuse forme de non-amour qui voudrait que l'on aime parce que l'on est aimé… Le besoin de l'autre n'existe que dans l'amour de l'autre : « J'ai besoin de toi car je t'aime », équation qui n'est plus de l'amour lorsqu'elle est inversée :

« Je t'aime parce que j'ai besoin de toi. » Par parenthèses, ceci est valable aussi bien en amitié qu'en amour. Comme les patients ne pouvaient pas s'apprécier tant qu'ils ne se connaissaient pas, ils ne pourront pas entrer en amour (je n'aime pas le verbe « tomber » à ce sujet) sans cette connaissance, même partielle dans les premiers temps, de l'autre. Bien sûr, ils pourront être amoureux, se sentir irrésistiblement attirés, selon l'expression de Boris Cyrulnik. Mais ce sentiment amoureux ne constitue que les prémisses de l'amour qui naît d'une connaissance mutuelle. Il y faut de la curiosité, disais-je, mais aussi de la disponibilité, beaucoup d'attention et une vraie capacité à l'écoute, une écoute totale. Sans mettre de côté ce qui plaît moins, sans le minimiser et sans en faire non plus une « clause d'exclusion », enfin pas forcément, tout va dépendre de quoi il s'agit. Cette ouverture à l'autre (sans *a priori* ni présuppositions) tel qu'il est, facilite grandement le dévoilement, progressif si c'est votre désir, de soi. Tout en sachant aussi que le verbe aimer n'est pas le synonyme du verbe posséder…

De quoi est constitué l'amour authentique ?

Chaque partenaire se sent responsable de la relation et il lui tient à cœur de rester vigilant afin que ce qui la compose soit préservé, sachant que « l'amour mature constitue une modalité d'être en relation avec le monde[1] » bien particulière. De quoi est fait l'amour mature ?

---

1. I. Yalom, *op cit.*, p. 512.

• En tout premier lieu, du **sentiment d'amour**, d'affection, de tendresse désintéressée : c'est le socle de la relation.

• De **respect**, tant de soi tel que l'on est, que de l'autre tel qu'il est. Un respect dans tous les domaines : physique, psychologique, affectif et émotionnel, mental et spirituel. Un respect de l'autre dans son identité unique, sa différence et son imperfection. Ce qui implique un **désir toujours renouvelé de le connaître**, dans tous ses aspects, son évolution, ses mouvements de l'âme, ses aspirations.

• De **confiance**, un élément fondamental, qui autorise l'expression de soi, le dévoilement de soi.

• **D'aide, de soutien et de sollicitude**, parfois même d'inquiétude généreuse pour l'autre, qui permettent de donner du réconfort et de la consolation, dans tous les domaines, autant que l'on puisse le faire. L'**empathie** et la **compassion** trouvent leur véritable place dans cette forme d'amour. Tout comme la **fierté de l'autre** est ressentie, autorisant la **fierté de soi**, la fierté d'être aimé.

• **D'envie de donner**, de plaisir d'aimer et de donner, et non d'attente passive. Le moteur n'est pas le besoin de se sentir exister à travers l'amour de l'autre mais dans la joie du don, dans un mouvement que l'on sait initier de façon active. Car la vraie générosité suppose de savoir faire des efforts : l'altruisme authentique est alors revalorisé puisqu'il n'attend rien en échange.

• **De plaisir des plaisirs**, dans toutes leurs déclinaisons : physiques, mais pas seulement. Intellectuels, sensoriels, émotionnels, spirituels…

• Cette **responsablité partagée**, la **réciprocité**, qui s'attache à tous les aspects de la relation, s'accompagne

310

nécessairement de **lucidité** sur l'évolution de l'autre, la sienne, car tout ce qui est vivant est en mouvement.

• D'**enthousiasme**, né de l'amour et de la volonté d'un développement heureux de la relation.

L'amour mature développe le **désir de croissance personnelle** – de soi et de l'autre, car il autorise les échanges affectifs désintéressés, dans une spirale qui s'enrichit sans cesse.

Désirer une rencontre authentique signifie que l'on sait que « l'amour accompli est une union qui implique la préservation de l'intégrité, de l'individualité. Le paradoxe de l'amour résidant en ce que deux êtres deviennent un et cependant restent deux[1] ». Ce paradoxe est la première condition pour qu'existe une véritable intimité entre deux êtres séparés et reliés. Les patients restent cependant conscients qu'ils sont eux-mêmes limités dans ce qu'ils peuvent offrir à l'autre, tout comme il existe des limites à ce que l'autre peut donner. Le désir d'absolu s'efface devant la réalité de l'être humain à la fois faillible et limité, mais qui, à l'intérieur de ces limites, peut s'avérer un véritable trésor, un sujet d'émerveillement. L'entrée en amour, qui a lieu dans cette partie que l'on nomme inconscient avant même que la conscience en soit réellement avisée, s'oppose totalement à l'autocentrage : elle permet de s'extraire de soi, par moments, pour donner du temps à l'autre, pour se préoccuper de lui, de ce qu'il est, de ce qu'il désire au plus profond de lui, de ce qu'il pense et de ses aspirations. Ainsi il se sent

---

1. E. Fromm, *L'Art d'aimer*, Desclée de Brouwer, 2007.

écouté, compris, honoré parfois, de la plus belle façon. Tandis que l'égocentrisme s'occupe exclusivement du désir que cet autre ressemble à ce que vous vous voulez qu'il soit plutôt qu'à ce qu'il est.

L'amour authentique, accompli, permet aux patients de voir qui est l'autre : le brouillard et les écrans de fumée installés par les peurs et les illusions infantiles ont presque disparu du ciel des amours naissantes. Je dis presque car cette entrée en amour distille de la peur : elle renvoie aux séparations vécues lors de la naissance et de « l'apparition » du *Je* et du *Tu* – la fin de la fusion avec sa mère. Si ces séparations se sont passées en douceur et en réassurance sur le fait d'être toujours aimé malgré elles, les amours balbutiantes ne connaîtront pas – ou si peu – cette peur. Mais le sentiment de sécurité a cruellement manqué à la plupart des patients qui vont affronter ce retour de l'angoisse de séparation en même temps qu'ils découvrent l'amour. Ce n'est pas pour autant qu'ils doivent s'en détourner, surtout pas ! Ils ont pu, au cours de la thérapie, construire des frontières entre le passé et le présent, entre le présent et le futur : ils sont alors capables de « ranger » cette angoisse dans une boîte posée sur une étagère de la bibliothèque de leur vie passée. Ils ne la projetteront pas sur leur avenir.

Durant la thérapie, en découvrant ce qui était caché dans les zones d'ombre, les patients ont appris la bienveillance à leur égard (pas le laxisme), et leur tolérance vis-à-vis d'eux-mêmes les conduit à adopter la même attitude face à l'autre. Ils sont conscients que l'amour de l'autre n'a pas pour fonction de réparer leurs carences affectives, ou de panser les nombreuses blessures de toutes sortes : qu'il s'agisse de la confiance en soi, de l'estime de soi ou du narcissisme. Ils ont lâché les illusions qui les poussaient à confondre un amour dit «romantique» fondé sur la fusion, ou un attachement fondé sur la peur et le désamour de soi avec l'amour authentique. Ils ont appris qu'ils ne pouvaient à la fois aimer quelqu'un et espérer qu'il devienne quelqu'un d'autre, qu'il change. «Entre le *Je* et le *Tu*, il n'y a ni buts, ni appétits, ni anticipation ; et les aspirations elles-mêmes changent quand elles passent de l'image rêvée à l'image apparue. Tout moyen est obstacle. Quand tous les moyens sont abolis, alors seulement se produit la rencontre[1]. »

Oser l'amour authentique, c'est accepter de vivre une merveilleuse aventure : l'espoir et le désir procurent le courage nécessaire aux efforts consentis pour traverser ensemble les déconvenues et les difficultés de la vie. Est-il utile d'ajouter qu'ils en valent la peine ? Et l'aventure est toujours possible.

Avant de conclure ce livre, je voudrais partager avec vous cet hommage magnifique rendu par l'écrivain Amos Oz à l'art d'aimer de son grand-père.

> «Il ne faisait pas semblant par politesse tout en rongeant son frein.
> Il n'interrompait pas son interlocutrice en terminant impatiemment ses phrases à sa place.
> Il ne la coupait pas et n'intervenait pas pour résumer sa pensée et passer à un autre sujet.
> Il ne la laissait pas parler en l'air, profitant de l'occasion pour préparer mentalement sa réponse.

---

1. M. Buber, *Je et tu*, Aubier-Montaigne, 1969, p. 30.

Il ne feignait pas un intérêt ou un plaisir qu'il éprouvait réellement : sa curiosité était insatiable.

Il s'intéressait de très près à sa partenaire. Il se plaisait à l'attendre, et même si elle prenait son temps, il patientait en se délectant de ses va-et-vient.

Il ne la houspillait pas. Ne la bousculait pas. Il la laissait achever, après quoi, loin de se précipiter, il faisait durer le plaisir :

Y en aurait-il encore un peu ? S'il lui venait une autre vague ?

Il aimait qu'elle lui prenne la main pour le guider, à son rythme. Il était content de l'escorter, comme une flûte accompagnant une mélodie.

Il était heureux de la comprendre. De s'informer. De savoir. Il voulait la connaître à fond. Et davantage.

Il aimait se donner, plus encore qu'il n'appréciait son abandon à elle. Elle lui parlait tout son soûl, lui confiant les détails les plus intimes, secrets et sensibles, confidences qu'il écoutait avec intelligence, douceur, sympathie et patience.

Avec plaisir et émotion.

Quantité d'hommes aiment le sexe tant et plus, mais ils haïssent les femmes.

Mon grand-père, me semble-t-il, aimait les deux.

Avec tact : il ne calculait pas. Il ne subtilisait pas son dû, il ne se hâtait pas. Il aimait naviguer sans se presser de jeter l'ancre[1]. »

---

1. A. Oz, *Une histoire d'amour et de ténèbres*, Gallimard, 2002.

Conclusion

« Les individus obéissant à une motivation de croissance n'établissent pas des liens fondés sur une perception des autres comme pourvoyeurs pour leurs
différents besoins, mais les considèrent comme des
êtres complexes, uniques et entiers. »

Irvin Yalom

Parvenue à la fin de cet ouvrage, je voudrais insister sur le fait qu'il est possible, grâce à la psychothérapie, de se libérer du carcan invivable qu'est la dépendance affective pathologique. De reprendre possession de soi et, enfin, de connaître des relations avec les autres aussi enrichissantes qu'épanouissantes. Sur le fait aussi qu'il est possible, après la réconciliation avec soi, de donner un sens à sa vie en étant moins focalisé sur soi-même : en étant curieux de s'ouvrir aux autres et au monde, en sortant de soi pour participer davantage à la vie qui est autour de nous, s'y impliquer en fonction de ses valeurs profondes et de ses aspirations. Car « le sens de la vie se trouve dans l'opportunité que nous avons de produire ou de contribuer à quelque chose qui nous dépasse, [...] qui fait appel à toute la noblesse latente de l'individu et lui offre une cause à laquelle se consacrer[1]. »

Je ne doute pas que les patients puissent découvrir ce qui sommeillait en eux depuis leur petite enfance : une vraie

---

1. W. Durant, *On the meaning of life*, Ray Long & Richard R. Smith, 1932.

gentillesse, même s'ils se sont trop longtemps fourvoyés en la confondant avec leur quête. Une gentillesse authentique qui est l'une des plus belles qualités de l'être humain. Il m'arrive souvent de la voir à l'œuvre chez mes proches et j'en suis à chaque fois émerveillée. Cette gentillesse-là n'a l'air de rien, reste discrète. Elle est faite d'écoute attentive constante, sans en avoir l'air ; de petits actes qui peuvent éclairer chaque journée... Elle est faite de sourires et de douceur, d'humour tendre et d'attention. Elle est joyeuse ou inquiète selon les circonstances, elle est toujours présente, quoi qu'il puisse se passer. Elle est faite de petits rituels comme de surprises heureuses, de regards complices et de paroles jolies, de larmes partagées et de joies toutes simples. Elle trouve sa source dans la profonde bonté, dans un altruisme qui sait oublier ses propres besoins lorsque c'est nécessaire. Qui sait aller au-devant de la demande d'aide si elle est évidente et pénible à formuler, sans exigence de réciprocité. Car elle est faite aussi de confiance.

Ni intrusion ni besoin de contrôle, elle est respectueuse du secret et ne force pas la confidence. Elle sait attendre pour consoler, réconforter, encourager, valoriser. Elle est tolérante et bienveillante, attendrie devant l'erreur ou la maladresse. Elle sait rire de ce qui n'est pas grave, pleurer devant la douleur. Elle sait seconder, soutenir dans les projets, s'inté-resser aux goûts, aux désirs. Elle sait donner tout ce qu'elle a à offrir, avec bonheur et intelligence, tact et finesse. Elle n'exige rien : ni louanges ni compliments, et sait recevoir. Elle est dévouée sans excès, sans fioritures. Elle est engagement implicite envers l'autre. Elle n'a pas besoin d'être clamée sur les toits : il lui suffit d'être. Il lui suffit d'avoir confiance en elle, instinctivement. Elle ne répond à aucune contrainte, elle n'obéit à aucune loi, céleste ou terrestre. Elle est libre et librement consentie, n'a de comptes à rendre à personne. Elle n'espère pas le paradis. Elle n'est pas charitable : elle *est* gentillesse. *Elle est* – et cela lui donne la meilleure raison d'exister.

Bibliographie

ABRAHAM Nicolas, TOROK Maria, *L'Écorce et le Noyau*, Flammarion, 1987.

ADÈS Jean, LEJOYEUX Michel, *Encore plus! : sexe, travail, argent*, Odile Jacob, 2001.

AÏN J., *Transmissions, liens et filiations. Secrets et répétitions*, Érès, 2003.

ANCELIN-SCHÜTZENBERGER Anne, DEVROEDE Ghislain, *Ces enfants malades de leurs parents*, Petite Bibliothèque Payot, 2005.

ANDRÉ Christophe, LELORD François, *L'Estime de soi. S'aimer pour mieux vivre avec les autres*, Odile Jacob, 1999.

AUBERT Nicole, *Le Culte de l'urgence. La société malade du temps*, Flammarion, 2003 (avec la collaboration de Christophe Roux-Dufort).

BADINTER Élisabeth, *X Y – De l'identité masculine*, Odile Jacob, 1992.

BARRAL, W., *Françoise Dolto, c'est la parole qui fait vivre. Une théorie corporelle du langage*, Gallimard, 2003.

BEATTIE Melody, *Vaincre la codépendance*, J.-C. Lattès, 1991.

BENSAÏD Catherine, *Aime-toi, La vie t'aimera. Comprendre sa douleur pour entendre son désir*, Robert Laffont, 1992.

BERGERON Henri, *L'État et la toxicomanie : histoire d'une singularité française*, PUF, 1999.

BLYE Robert, *L'Homme sauvage et l'enfant. L'avenir du genre masculin*, Le Seuil, 1992.

BOWEN M., *La Différenciation de soi*, ESF, 1984.

BOWLBY John, *Attachement et perte*, PUF, 1978.

CORNEAU Guy, *Père manquant, fils manqué. Que sont les hommes devenus ?*, Éd. de l'Homme, 1989.

CORNEAU Guy, *Le Meilleur de soi*, Robert Laffont, coll. « Réponses », 2007.

CORNEAU Guy, *N'y a-t-il pas d'amour heureux ? Comment les liens père-fille et mère-fils conditionnent nos amours*, Robert Laffont, coll. « Réponses », 1997.

CYRULNIK Boris, *Sous le signe du lien*, Hachette, 1989.

CYRULNIK Boris, *De chair et d'âme*, Odile Jacob, 2006.

DAMASIO Antonio, *L'Erreur de Descartes. La raison des émotions.* Odile Jacob, 1995.

DAMASIO Antonio, *Spinoza avait raison : joie et tristesse, le cerveau des émotions*, Odile Jacob, 2003.

DOLTO Françoise, *La Cause des enfants*, Robert Laffont, 1985.

DOLTO Françoise, *Inconscient et Destin*, Le Seuil, 1988.

DOLTO Françoise, *Tout est langage*, Gallimard, coll. « Folio Essais », 1994.

DUMAS D., *Sans père et sans parole. La place du père dans l'équilibre de l'enfant*, Hachette, 1999.

EHRENBERG Alain, *L'Individu incertain*, Hachette Littérature, « Pluriel », 1995.

FERENCZI Sandor, *L'Enfant dans l'adulte*, Petite Bibliothèque Payot, 2006 (préface de Simone Korff-Sausse).

FERENCZI Sandor, *Sur les addictions*, Petite Bibliothèque Payot, 2008 (préface de Catherine Audibert).

FERENCZI Sandor, *L'Enfant et le monde extérieur. Le développement des relations*, Payot, 1972.

FERENCZI Sandor, *Processus de maturation chez l'enfant. Développement affectif et environnement*, Payot, 1970.

FERENCZI Sandor, *Confusion de langue entre les adultes et l'enfant*, Payot, 2004.

FERENCZI Sandor, *Journal clinique*, Payot, 1985.

FORWARD Susan, *Le Chantage affectif. Quand ceux que nous aimons nous manipulent*, InterÉditions, 1998.

FORWARD Susan, *Parents toxiques. Comment échapper à leur emprise*, Marabout, 2007.

FRANKL Victor, *Raisons de vivre*, Éd. du Tricorne, Genève, 1993.

FROMM Erich, *L'Art d'aimer*, Desclée de Brouwer, 2007.

GLOVER Robert A., *Trop gentil pour être heureux. Le syndrome du chic type*, Petite Bibliothèque Payot, 2005.

GUADENEY Nicole et Patrice, *L'Attachement*, Masson, 2006.

GUY-GILLET G., *La Blessure de Narcisse*, Albin Michel, 1994.

HARRUS-RÉVIDI G., *Parents immatures et enfants adultes*, Petite Bibliothèque Payot, 2004.

KILEY Dan, *Le Syndrome de Peter Pan. Ces hommes qui ont refusé de grandir*, Odile Jacob, coll. « Poche », 2000.

KLEIN Mélanie, *La Psychanalyse des enfants*, PUF, 1959.

KLEIN Mélanie, RIVIÈRE Jean, *L'Amour et la Haine*, Petite Bibliothèque Payot, 1984.

KLEIN Mélanie, RIVIÈRE Jean, *La Psychanalyse des enfants*, PUF, 1959.

KORCZAK Janusz, *Comment aimer un enfant*, Robert Laffont, 1978.

KORCZAK Janusz, *Le Droit de l'enfant au respect*, Robert Laffont, 1979.

LEMAY Michel, *J'ai mal à ma mère*, Fleurus, 1979.

LEWIS Roy, *Pourquoi j'ai mangé mon père*, Presses Pocket, 1998.

LEDOUX Michel H., *Dictionnaire raisonné de l'œuvre de Françoise Dolto*, Payot, coll. « Désir », 2006 (préface de J.-D. Nasio).

LOWENSTEIN William (Dr), *Ces dépendances qui nous gouvernent. Comment s'en libérer ?*, Calmann-Lévy, 2005.

MAY R., *Le Désir d'être*, Épi, 1973.

MAY R., *Psychologie existentielle*, Épi, 1971.

MAY R., *Amour et volonté*, Stock, 1971.

MEMMI Albert, *La Dépendance. Esquisse pour un portrait du dépendant*, Gallimard, coll. « Folio-Essai », 1979.

MILLER Alice, *Notre corps ne ment jamais*, Flammarion, 2005.

MILLER Alice, *L'Enfant sous terreur. L'ignorance de l'adulte et son prix*, Aubier, 1986.

MILLER Alice, *C'est pour ton bien. Les racines de la violence dans l'éducation de l'enfant*, Aubier, 1984.

NAOURI Aldo, *Éduquer ses enfants. L'urgence aujourd'hui*, Odile Jacob, coll. « Poche », 2009.

PALMER Ellen, *Les Frontières dans les relations humaines. Pour être soi et ensemble, séparé et connecté*, InterÉditions, 2008.

PINKOLA ESTÈS Clarissa, *Femmes qui courent avec les loups. Histoires et mythes de l'archétype de la femme sauvage*, Grasset, 1996.

RANK Otto, *Volonté et psychothérapie*, Payot, 2002.

RANK Otto, *La Volonté du bonheur : au-delà du freudisme*, Stock, 1975.

REYNAUD Michel, *Les Pratiques addictives*, Odile Jacob, 2000 (en coll. avec P.-J. Larquet, G. Lagrue).

REYNAUD Michel, *Cannabis et santé*, Flammarion-Médecines-Sciences, 2004.

REYNAUD Michel, *Médecine et addictions*, Masson, 2005 (en coll. avec D. Bailly et J.-L. Venisse).

REYNAUD Michel, *L'Amour est une drogue douce… en général*, R. Laffont, 2005 (en coll. avec C. Siguret).

REYNAUD Michel, *Traité d'addictologie*, Flammarion, 2006.

TISSERON Serge, *Vérités et mensonges de nos émotions.* Albin Michel, 2005.

VAN DER BROUK Jeanne, *Manuel à l'usage des enfants qui ont des parents difficiles*, Le Seuil, coll. « Point Virgule », 1979 (préface de Françoise Dolto).

VIORST Judith, *Les Renoncements nécessaires pour devenir adulte. Tout ce qu'il faut abandonner en route pour devenir adulte*, Robert Laffont, coll. « Réponses », 1988.

VIORST Judith, *Renoncez à tout contrôler !*, Robert Laffont, coll. « Pocket », 2003.

WHITFIELD Charles L. (Dr), *L'Enfant intérieur. Découvrir et rétablir l'enfant en soi*, Éd. Modus Vivendi, 1993.

WINNICOTT Donald W., *La Mère suffisamment bonne*, Petite Bibliothèque Payot, 2006 (préface de Gisèle Harrus-Révidi).

WINNICOTT Donald W., *Le Bébé et sa mère*, Payot, 1997.

WINNICOTT Donald W., *Le Processus de maturation chez l'enfant*, Payot, 1996.

WINNICOTT Donald W., *Conseils aux parents*, Payot, 1995.

WINNICOTT Donald W., *Jeu et réalité*, Payot, 1971.

WINNICOTT Donald W., *L'Enfant et sa famille*, Payot, 2002.

WINNICOTT Donald W., *Agressivité, culpabilité et réparation*, Petite Bibliothèque Payot, 2004 (introduction rédigée par les traducteurs anglais Madeleine Michelin et Lynn Rosaz).

YALOM Irvin, *Le Bourreau de l'amour. Histoires de psychothérapie*, Éd. Galaade, 2005.

YALOM Irvin, *Mensonges sur le divan*, Éd. Galaade, 2007.

YALOM Irvin, *Apprendre à mourir*, Éd. Galaade, 2008.

YALOM Irvin, *La Thérapie existentielle*, Éd. Galaade, 2008.

YALOM Irvin, *La Malédiction du chat hongrois. Contes de psychothérapie*, Éd. Galaade, 2008.

ZORN Fritz, *Mars*, Gallimard, 1979.

Remerciements

Je tiens à remercier chaleureusement toutes celles et tous ceux qui ont accepté de figurer dans ce livre. Par souci de confidentialité, je ne citerai pas leur nom, mais je voudrais dire ici combien je suis sensible à leur confiance. Et un grand merci à tous ceux qui m'ont encouragée, soutenue et éclairée de leurs idées tout au long de l'écriture.

Table des matières

3. TRAITER LA DÉPENDANCE AFFECTIVE PATHOLOGIQUE

Suivi éditorial : Caroline Pajany

Composition IGS-CP
Impression CPI Bussière en juillet 2015
à Saint-Amand-Montrond (Cher)
Éditions Albin Michel
22, rue Huyghens, 75014 Paris
www.albin-michel.fr

ISBN : 978-2-226-21765-3
N° d'édition : 19171/08. – N° d'impression : 2017337.
Dépôt légal : octobre 2010.
Imprimé en France.